es 1641
edition suhrkamp
Neue Folge Band 641

Ein Buch über Langeweile muß nicht langweilig sein. Ebensowenig wie ein Buch über Poesie poetisch und ein Buch über Dummheit dumm sein muß. Aber ist, wird der Leser fragen, Langeweile überhaupt der Rede wert in einer Zeit, wo immer und überall etwas »los« ist? Wer klagt denn heute über Langeweile? Mangel an Zeugen ist freilich noch kein Beleg für die Nichtexistenz eines Phänomens. Wenn man den Eigenarten von offener, aber auch versteckter Langeweile auf die Spur kommen will, erweisen sich Äußerungen von Schriftstellern als sehr aufschlußreich. Diese Autoren sprechen und verstehen viele Dialekte der Langeweile und veranlassen uns, genau hinzuhören. Indem sie das Allgemeine im Besonderen entschlüsseln, schaffen sie Authentisches, in dem wir uns wiedererkennen können. Am Anfang steht die Frage: Was ist Langeweile? Es geht um ihre Spielarten: »situative«, »überdrüssige«, »existentielle«, »schöpferische« Langeweile. Erklärungen liefern uns ebenso Philosophie wie Psychologie und Soziologie. Der praktische Rat kann im übrigen nur lauten: Nehmen wir uns Zeit für eine schöpferische Langeweile.

Martin Doehlemann ist Professor für Soziologie an der Fachhochschule Münster.

Martin Doehlemann
Langeweile?

Deutung eines verbreiteten
Phänomens

Suhrkamp

edition suhrkamp 1641
Neue Folge Band 641
Erste Auflage 1991
© Suhrkamp Verlag Frankfurt am Main 1991
Erstausgabe
Alle Rechte vorbehalten, insbesondere
das der Übersetzung,
der Übertragung durch Rundfunk und Fernsehen,
auch einzelner Teile.
Satz: Leingärtner, Nabburg
Druck: Nomos Verlagsgesellschaft Baden-Baden
Umschlagentwurf: Willy Fleckhaus
Printed in Germany

1 2 3 4 5 6 – 96 95 94 93 92 91

Inhalt

Das Elend der modernen Konsum- und Entertainmentgesellschaft: Die Vermehrung der Langeweile durch ihre unaufhörliche Bekämpfung

Zeit für schöpferische Langeweile

Langeweile, diese inhaltslose Ewigkeit, diese genußlose Seligkeit, diese oberflächliche Tiefe, diese hungrige Übersättigung.

Und es ist recht sonderbar: die, welche sich selbst nicht langweilen, langweilen gewöhnlich andere, die hingegen, welche sich selbst langweilen, unterhalten andere. Die, welche sich nicht langweilen, sind im allgemeinen die, welche viel zu tun haben in der Welt, eben deshalb sind diese aber die allerlangweiligsten.

Kierkegaard

Einleitung

Muß ein Buch über Langeweile langweilig sein? Ebensowenig wie ein Buch über Poesie poetisch und ein Buch über Dummheit dumm sein muß. Ob es mir gelungen ist, dem Thema Langeweile, das uns ja gleichsam anzugähnen scheint, etwas Kurzweiliges und Interessantes abzugewinnen, möge der geneigte Leser entscheiden.

Aber ist, wird dieser fragen, Langeweile überhaupt der Rede wert in einer Zeit, wo immer und überall etwas »los« ist und expandierende Zerstreuungsindustrien unentwegt daran arbeiten, uns zu unterhalten? Wer klagt denn heute schon über Langeweile? Nicht so viele, das stimmt – und wenn, dann vermuten sie Langeweile eher bei den anderen als bei sich; sie selbst hätten gar keine Zeit dazu.

Nun ist Mangel an Zeugen noch kein Beleg für das Nichtvorhandensein eines Phänomens. Viele Menschen können oder wollen so etwas wie »leeres Sehnen« oder einen »unruhigen Stillstand der Seele« nicht benennen. Über Befragungen und Beobachtungen ist also Langeweile nur beschränkt erkundbar. Wenn man den Eigenarten von offener, aber auch von versteckter, »larvierter« oder verbrämter Langeweile auf die Spur kommen will, erweisen sich Äußerungen von (toten und lebenden) Schriftstellern – nicht nur von berühmten – als ertragreich. Diese »Datensammler« und »Datenverarbeiter« finden in den Sozial- und Verhaltenswissenschaften nur wenig Beachtung. Und doch sprechen und verstehen diese Autoren oftmals viele Dialekte der Langeweile und veranlassen uns, genau hinzuhören. An ihre Aussagen können keine Maßstäbe einer quantitativen Repräsentativität angelegt werden. Indem sie das Allgemeine im Besonderen entschlüsseln, schaffen sie Authentisches, in dem wir uns und andere wiedererkennen können.

Am Anfang steht die Frage: Was ist Langeweile? Es geht um ihre Erscheinungsformen und Spielarten. Wir unterscheiden zwischen einer Gelegenheits- oder »situativen Langeweile« (bei kurzfristigen Handlungseinschränkungen), einer gegenstandsbezogenen »überdrüssigen Langeweile« (Mangel an »anderem«), einer selbstbezogenen »existentiellen Langeweile« (Mangelgefühle der inneren Leere und Sinnarmut von Welt) und einer »schöpferischen Langeweile« (Gefühle von innerer Leere als Offenheit, Empfänglichkeit und Aufbruch).

Welche Erklärungen gibt es für Langeweile? Antworten – oder zumindest Ansätze dazu – finden sich bei der Theologie, Anthropologie, Philosophie, Verhaltensbiologie, Psychologie und Soziologie.

Im historischen Rückblick lassen der höfische Adel und, in der bürgerlichen Arbeitsgesellschaft, die Boheme – und sie bis heute – die Neigung zu Langeweile als einem Lebensstil erkennen.

Wenn man die menschlichen Lebensphasen betrachtet, scheint es heftige Langeweileschübe in der Jugendzeit und im mittleren Lebensalter zu geben.

Schließlich wird die These vertreten, daß in der sich abzeichnenden Entertainmentgesellschaft, die uns hauptsächlich via Shopping, TV und Beschleunigung modischen Wechsels von Lebensarten unaufhörlich Fun und Erlebnis verspricht, die Langeweile herrschen wird wie nie. Sie wird in einer öden Spirale aufgeschaukelt durch langeweileverstärkende Langeweilevertreibungsmedien und -maßnahmen.

Fazit? Abschalten – aber nicht selbst, wie uns die Unterhaltungsmaschinerie nahelegt, sondern eben diese Maschinerie, und sich Zeit nehmen für eine schöpferische Langeweile.

Burkhard Fritsche

Erscheinungsformen der Langeweile

Auf ganz unterschiedliche Beobachter macht die gegenwärtige westliche Gesellschaft einen eigentümlich schalen, faden Eindruck, gerade auch in dem Bereich, wo die Normen von Spaß und Vergnügen herrschen, im Freizeitbereich. So meint der Psychoanalytiker und Soziologe Erich Fromm (1974, S. 220), wir seien – außer durch Rüstung und Umweltzerstörung – durch eine innere Leblosigkeit bedroht, durch eine unzureichende innere Produktivität, durch chronische Langeweile, die nach stets wechselnden Reizen von außen verlange. Der Soziologe Arnold Gehlen (1963, S. 320) bemerkt einen »unfrohen Gesamtanstrich der außerhalb der Arbeitslast zum Zeitvertreib verurteilten Menschheit«. Den Filmregisseur Pier Paolo Pasolini (1978, S. 37) bedrückt die »Gleichförmigkeit der Lebensäußerungen«. Ihr Hauptmerkmal bestehe in einer inneren »Traurigkeit« darüber, daß man im allgegenwärtigen Konsumzwang sich selbst und seinesgleichen verlorengehe. Der Philosoph Peter Sloterdijk notiert: »Das Grau ist der Grundton eines Zeitalters, das insgeheim längst wieder vom farbigen Knall träumt« (1983, Bd. 1, S. 251). Am deutlichsten wird der Psychologe Sam Keen (1981, S. 87). Er spricht von Langeweile und innerer Leere als einer Zeitkrankheit, einer unsichtbaren Seuche, die wie psychischer Smog die Menschen einhülle und ihre Wahrnehmungs- und Aufnahmefähigkeit lähme.

Freilich ist das alles noch ziemlich allgemein gehalten. Noch kriegen wir »Langeweile« nicht zu fassen. Gibt es denn keine konkreten, untrüglichen Äußerungsformen von Langeweile? Schwerlich. Denn im Grunde kann jede Tätigkeit, vom Däumchendrehen bis zum Verüben eines Mordes, aus Langeweile geschehen, *muß* aber nicht. (Gerade Mord aus Langeweile als letztmögliches Mittel zum Herstellen von »unmittelbarer Wirklichkeit« hat schon viele Schriftsteller beschäftigt.[*])

---

[*] Vor kurzem Michael Kleeberg, *Der saubere Tod*, 1987. Der Dramatiker Friedrich Hebbel fragt in seinem Tagebuch am 10. Februar 1842: »Warum sollte ein Mensch nicht einen Mord verüben können, bloß um der Langeweile zu entgehen?«

Harmloser und vertrauter geht es da im folgenden anonymen Gedicht aus dem Jahre 1703 zu (zit. nach Völker 1975, S. 35):

Auf den mancherley zeit-vertreib

Wie wunderlich wird nicht die lange zeit vertrieben!
Der eine bringt sie zu mit schlaegen, der mit lieben,
Dort jenem macht music, dem karten-spiel vergnuegen,
Der sieht zum fenster nauß, ein ander faenget fliegen.
Der laeufft die stub entzwey, der schnitzelt an der wand,
Und jener beisset sich die naegel von der hand.
Noch andre suchen noch was anders auszuueben.
Wie wunderlich wird nicht die lange zeit vertrieben!

Das ist uns Heutigen gar nicht so fremd. (Uns fehlt vielleicht nur ein laufendes Fernsehgerät im Hintergrund.) Aber, wie gesagt, das alles muß nicht aus Langeweile geschehen: In Gedanken versunken kaut der Philosoph an seinen Nägeln, steht die Hausfrau am Fenster, geht der Schüler im Raum auf und ab und kratzt die Sekretärin mit einem Brieföffner auf dem Schreibtisch.

Der Freizeitforscher Horst W. Opaschowski (1983, S. 56ff.) hat sich in einer Repräsentativbefragung 1983 erkundigt, ob die Leute das Gefühl kennen und was sie tun, »wenn Ihnen zu Hause die Decke auf den Kopf fällt«. 82% der Befragten kennen das Gefühl (das Opaschowski nicht ganz zu Recht als »Gefühl der Langeweile« deutet) und versuchen, hauptsächlich mit Hilfe von Fernsehen oder Spaziergängen dagegen anzugehen.

Das Wort Langeweile selbst ruft bei den Befragten vielfältige Assoziationen hervor: innere Leere, unausgefüllt sein, Stillstand, mit sich nichts anfangen können, Gewöhnung an das Vorleben-Lassen in Massenmedien, Verunsicherung durch zeitliche Freiräume, Enttäuschung überhöhter Erwartungen an die Freizeit.

Langeweile wird vorrangig als Problem »der anderen« und nicht als eigenes gesehen. Wer Langeweile bei sich selbst fühlt, erlebt sie als innere Unruhe, hat zu nichts Lust, fühlt sich »genervt« und will oft einfach »davonlaufen« – und kommt doch meist nicht weiter als bis zum Telefon und zum Fernsehgerät. Zweierlei fällt auf:

1. Langeweile gilt in der Öffentlichkeit eher als Freizeitproblem denn als Arbeitszeitproblem.

2. Ein positiver Begriff von Langeweile im Sinne von einkehrendem Stillestehen, geduldigem Verweilen oder empfindsamem Abwarten ist weitgehend verlorengegangen. Langeweile nistet irgendwo zwischen leichtem Unbehagen und schwerer Mißstimmung, ist, so paradox das klingt, zielloses Streben, ruhelose Apathie, ungutes Nebeneinander von Betätigungsdrang und -hemmung, eine »Leidenschaft der Indifferenz« (Levinger 1951, S. 114).

Das durch Befragungen herausgearbeitete Bild der Langeweile läßt sich möglicherweise ergänzen durch eine

Literarische Annäherung I:
Der Sonntag und die Langeweile

Am siebenten Tage, so steht es in der biblischen Schöpfungsgeschichte, ruhte Gott von allen seinen Werken, die er gemacht hatte. Am Sonntag soll also ein Abglanz der heiligen Freude und erhabenen Ruhe Gottes auf die Menschen fallen. Ist und war der Sonntag immer ein selig erfüllter Mußetag? Dieser Tag hat ja für Gott, im Unterschied zu uns, eigentlich keinen Abend – was Friedrich Nietzsche (1895, Bd. 2, S. 232) zu der Bemerkung veranlaßt haben mag, daß die Langeweile Gottes am siebten Tage ein interessantes Thema für einen großen Dichter sein könnte. Wie aber steht es mit den Menschen?

Das Allensbacher Institut für Demoskopie fragte mehrmals eine repräsentative Auswahl von Bundesdeutschen ab 14 Jahren (Piel 1987, S. 59/87): »Kennen Sie das, wenn einem manchmal an Sonntagen oder Feiertagen die Zeit so lang wird?« Im Jahr 1958 wurde diese Frage von 23% der Befragten bejaht, 1979 von 35%, 1983 von 38%, wobei überdurchschnittlich viel Zustimmung von Leuten aus unteren Bildungs- und Berufslagen kam (und von solchen, die viel fernsehen; davon aber später). Solche demoskopischen Befunde dürfen nicht überbewertet werden; sie hängen z. B. stark von Frageformulierung und Befragungssituation ab. Immerhin: An Sonntagen scheinen Gefühle von gedehnter, entleerter Zeit durchaus verbreitet zu sein – und warum sie zunehmen, soll weiter unten untersucht werden.

Sonntags Kino heißt ein Roman von Jürgen Theobaldy (1978) über Jugendliche am Ende der 50er Jahre. Ein Kapitelanfang (S. 75):

> »Ein trüber Nachmittag, der Himmel drückte auf die Stadt, ein düsterer Wind wühlte in den Wolken, bauschte sie auf, trieb sie voran, und darunter, zwischen den Häusern und unter den Dächern, verharrte ein Sonntag, der wie immer so stillstand, daß die Uhren ohne ihn weitergingen, die tatsächlichen Stunden und die gezählten erst morgen früh, sobald der Wecker zu läuten begann, wieder zur Deckung kamen.«

Gerade am späteren Sonntagnachmittag, wo angesichts des »drohenden« Montags das wochenendliche unbestimmte Sehnen sich als vergeblich entpuppt, wird die Langeweile zuweilen »tödlich«: der Schwebezustand eines ruhelosen Nichts. Es sei dahingestellt, ob damit auch die Familienkräche und Beziehungstragödien zusammenhängen, die sich am Sonntagabend häufen.

Lakonisch wendet sich der französische Schriftsteller Jacques Prévert (1900 - 1978; zit. nach Kuhn 1976, S. 337) an

> »die, die vor Langeweile sterben am Sonntagnachmittag,
> weil sie Montag kommen sehen
> und Dienstag, und Mittwoch, und Donnerstag, und Freitag,
> und Samstag,
> und Sonntagnachmittag.«

Zu denen gehört auch Riko aus Theobaldys Roman (S. 93):

> »Fünf Tage im Büro hatte Riko wieder vor sich, ein zäher Schlamm von Stunden, in den er sich hineinsetzen mußte und warten und nicht schreien, so laut wie möglich, wo schon die bloße Länge einer Stunde ihn folterte.«

So wartet mancher sehnlichst auf das Wochenende, an dem er dann die Zeit totschlägt.

Daß Langeweile den Sonntag gänzlich entfärben kann, ist nicht neu. Aus dem puritanischen England, wo sonntags alle weltlichen Vergnügungen verpönt waren, gibt es einige Zeugnisse über sterbenslangweilige Sonntage. Oft waren auch die geistlichen Botschaften in der Kirche nicht von göttlichem Odem durchweht, sondern von flügellahmer Fadheit getrübt.

Das verrät auch die Attacke des Schriftstellers und anglikanischen Geistlichen Jonathan Swift (1667 - 1745) gegen das Schlafen in der Kirche:

William Hogarth, Die schlafende Gemeinde (1736/1762)

»Doch von allem schlechten Betragen ist keines dem Verhalten derjenigen vergleichbar, die hierher kommen, um zu schlafen. Opium wirkt auf viele Leute nicht so betäubend wie eine Nachmittagspredigt. Beständige Gewohnheit hat es so weit gebracht, daß die Worte eines beliebigen Predigers zu einer Art einförmigem Geräusch in der Ferne werden, mit dem nichts an Wirksamkeit zur Einschläferung der Sinne wetteifern kann. Denn daß es gerade der Klang der Predigt ist, der ihre Sinne lähmt, wird daraus deutlich, daß sie alle so regelmäßig erwachen, sobald sie zu Ende ist, und mit viel Andacht den Segen empfangen, verschlafen und betört von Unanständigkeiten, deren Aufzählung mir die Scham verbietet. (...) Dieses von mir geschilderte Verhalten unter Christen im Gotteshause (...), hat die Schuldigen veranlaßt einige Ausflüchte zu erfinden, um ihr Vergehen zu beschönigen (...). Erstens bemängeln sie den betreffenden Prediger: sein Verhalten, sein Vortrag, seine Stimme sind unangenehm, sein Stil und sein Ausdruck sind flach und eintönig, manchmal unpassend und absurd, der Gegenstand ist langweilig, trivial und fade (...) oder er verliert sich andererseits in unverständlichen Spekulationen, leeren Begriffen und abstrakten Gedankenflügen.

Zweitens bemängeln sie das Predigen im allgemeinen: es ist ein völlig ausgefahrener Weg, sie wissen bereits alles, was gesagt werden kann, sie haben dasselbe bereits hundertmal gehört. Sie beklagen sich darüber, daß die Prediger ein altes, abgedroschenes Thema nicht mit Witz und Phantasie beleben.

Eine andere Ursache dieser Mißachtung ist ein Herz, das nach weltlichen Dingen trachtet. Menschen, deren Denken die ganze Woche einzig und allein an irdische Dinge gefesselt ist, können die Kette ihrer Gedanken nicht so rasch lösen oder brechen, um sich einer Predigt zu widmen, die dem vollkommen fremd ist, was ihnen am meisten am Herzen liegt. Redet einem Wucherer von Wohltätigkeit, Mitleid und Rückerstattung und ihr werdet zu einem Tauben reden: Sein Herz und seine Seele und all seine Sinne sind unter seine Geldsäcke geraten, oder er schläft tief und träumt von einer Hypothek.« (Bd. 1, S. 546ff.)

Was für den Wucherer vermutlich nicht gilt, kann die Liselotte von der Pfalz (1652 - 1722), aus Paris berichtend, von sich sagen: »Gott hat mich bezahlt vor die Langeweil, so ich in seinem dienst ausgestanden.« (Zit. nach Völker 1975, S. 46.) Ob sich wohl auch das Gegenteil bezahlt macht, das uns der österreichische Künstler Friedensreich Hundertwasser (1987, S. 10) empfiehlt: »Man soll ja auch kein zweites Mal in die Kirche gehen, damit Gott nicht fade wird«?*

Der englische Erzähler Charles Dickens (1812 - 1870) gibt im dritten Kapitel von *Klein Dorrit* (1855 ff.) seine Eindrücke von schalen puritanischen Sonntagen in England anschaulich wieder:

> »Es war ein düsterer, trüber Sonntagabend in London. Betäubende Kirchenglocken in allen Graden der Dissonanz, hohe und tiefe, dumpfe und helle, schnelle und langsame, riefen aus Ziegel und Mörtel gräßliche Echos hervor. Melancholische Straßen im Büßergewand von Ruß tauchten die Seelen der Menschen, die dazu verdammt waren, aus den Fenstern auf sie niederzusehen, in finstere Verzweiflung. In jeder Straße, fast in jedem Gäßchen und fast an jeder Ecke hörte man eine traurige Glocke schwingen, läuten, klingen, als ob die Pest in der Stadt wäre und die Totenkarren die Runde machten. Alles, was möglicherweise einem von der Arbeit ermüdeten Volke Erholung bieten konnte, war verschlossen und versperrt. Schöne Bilder, alle Tiere, fremdartige Pflanzen und Blumen, alle natürlichen oder künstlichen Wunder der alten Welt (...). Nichts zu sehen als Straßen, Straßen, Straßen. Nichts zu atmen als Straßen, Straßen, Straßen. Nichts, was dem niedergedrückten Gemüt Abwechslung gewähren oder es hätte erheben können. Nichts blieb dem ermüdeten Arbeiter zu tun, als die Eintönigkeit seines

---

* Notiz in den *Westfälischen Nachrichten*, Münster, vom 20.1.1990: »Fast die Hälfte aller Gottesdienstbesucher in Großbritannien ist schon einmal vom Kirchenschlaf übermannt worden. 42% der regelmäßigen Kirchgänger gaben bei einer Umfrage des Kirchenforschungsinstituts *MARC* zu, während einer Predigt schon einmal eingenickt zu sein. Jeder dritte Kirchgänger erinnerte sich, während des Gottesdienstes auch auf die Uhr zu sehen. Und zehn Prozent gaben zu, die Uhr sogar an ihr Ohr zu halten und zu schütteln, weil sie meinen, sie sei bestimmt stehengeblieben.«

siebenten Tages mit der Eintönigkeit seiner sechs Tage zu vergleichen, darüber nachzudenken, was für ein trauriges Leben er führt, und sich auf die beste – oder die schlimmste Weise darüber hinwegzuhelfen, je nachdem (…).

(Für Herrn Clennam, der im Fenster eines Kaffeehauses saß, hat der unerträgliche Klang einer nahen Glocke) »eine lange Reihe trauriger Sonntage wieder auferweckt, und der Zug wollte nicht enden, als die Glocke schwieg, sondern setzte seinen Weg fort. ›Der Himmel verzeihe mir‹, sagte er, ›und denen, die mich erzogen haben. Wie ich diesen Tag gehaßt habe!‹

Da war der traurige Sonntag seiner Kindheit, als er mit auf dem Tisch gefalteten Händen dasaß, zu Tode erschreckt durch ein fürchterliches Traktätchen, das mit dem armen Knaben in der Weise begann, daß es ihn im Titel fragte, weshalb er zur Hölle eilte? – eine Wißbegierde, die er im Kinderröckchen und Höschen wirklich nicht zu befriedigen imstande war – und das, um sein kindliches Gemüt weiter zu erfreuen, in jeder zweiten Zeile eine Klammer hatte mit einer Grauen erregenden Verweisung wie 2. Ep.a.d. Thess. K. III., V. 6 & 7. Da war der öde Sonntag seiner Knabenzeit, als er wie ein desertierter Soldat von einer Kompanie Lehrer dreimal täglich zur Kirche geführt wurde, an den Knaben, der neben ihm ging, mit unsichtbaren Handschellen gefesselt, und als er gern zwei Mahlzeiten unverdaulicher Predigt für ein oder zwei Lot mittelmäßigen Hammelfleisches mehr zu seiner dürftigen Fleischkost hingegeben hätte. Da war der endlose Sonntag seiner Jünglingszeit, wenn seine Mutter, mit strengem Gesicht und hartem Herzen, den ganzen Tag hinter einer Bibel saß – deren Einband, wie ihre eigene Auslegung des Textes, hart und starr war, mit einem eingravierten Ornament auf dem Deckel, das wie eine Kette aussah.«

Die höllische, dissonante Monotonie der Londoner Kirchenglocken bringen für Mister Clennam die einförmige Ödnis eines Lebens zum Ausdruck, dem es an Nahrung für Herz, Geist und Einbildungskraft mangelt, wo die Bibel keine Frohbotschaft bringt, sondern Kälte und Abstumpfung.

Kirchenglocken tönen auch in die Langeweile eines Sonn-

tags, wie sie der österreichische Autor Hermann Broch (1886 -
1951) einmal einzufangen versucht. Aber es ist eine andere
Langeweile als die Londoner von Charles Dickens: Es ist die
friedlichere Langeweile der abebbenden Zeit und Betriebsam-
keit.

»Die Kirchenuhren der Stadt hatten soeben in unordent-
lichem Durcheinanderhallen – bloß die barockal glocken-
spielartigen Klänge, welche die Schloßkirche droben auf der
sanftgehügelten Stadthöhe ausschickte, hoben sich klarlini-
ger heraus – die zweite Stunde angezeigt. Der sommerliche
Sonntag wandte sich seinem Abstieg zu, langweiliger und
wohl auch langsamer als jeder Wochentag, und A., auf dem
Kanapee seines Wohnzimmers liegend, nahm es zur Kenntnis: die Langeweile des Sonntags ist eine atmosphärische; der
Stillstand der Massenbetriebsamkeit hat sich der Luft mitge-
teilt, und wer davon nicht ergriffen werden will, müßte den
Sonntag mit doppelter und verdreifachter Arbeit ausfüllen.
Wochentags hört man, selbst bei völliger Untätigkeit, keine
Kirchenuhren« (1950, S. 128).

Herr A. scheint sich auf seinem Kanapee nicht unwohl zu fühlen. Umfangen von behäbiger Stille läßt er die Stunden langsam
von den Glocken tropfen. Ja, sonntags wird das Weltgeschehen
sozusagen dickflüssiger, oder es wird, wie die österreichische
Schriftstellerin Brigitte Schwaiger (1977, S. 115) pampig fest-
stellt, »die Luft so zäh, daß Vögel mitten im Flug steckenblei-
ben. Der Fluß stockt unter der Brücke. Der Sonntag gehört den
Menschen, die in geordneten Verhältnissen leben.«

Genau das ödet auch den Sänger von Franz-Josef Degen-
hardts »Deutschem Sonntag« (1966) an, dessen erste Strophe
lautet:

> Sonntags in der kleinen Stadt,
> Wenn die Spinne Langeweile
> Fäden spinnt und ohne Eile
> Giftig-grau die Wand hochkriecht,
> Wenn's blank und frisch gebadet riecht,
> Dann bringt mich keiner auf die Straße
> Und aus Angst und Ärger lasse
> Ich mein rotes Barthaar stehn,
> Laß den Tag vorübergehn,

Hock am Fenster, lese meine
Zeitung, decke Bein mit Beine,
Seh, hör und rieche nebenbei
Das ganze Sonntagseinerlei.

Sonntagseinerlei nach Degenhardt: vormittags Kirchgang, von
dem die weiblichen Familienleittiere mit »dem gleich bösen
Blick zurückkommen«, dann üppige Mahlzeit mit laut zurück-
gehaltenen Verdauungsbäuerchen, Spaziergang mit aufgeputz-
ten, unglücklichen Kindern, heroische Kriegserinnerungen,
Kuchenschlacht und abends, ein Gläschen schlürfend, Fernsehen. Das war's – und wenn ein Ausflug stattfand, mag es sein,
daß das Mißverhältnis zwischen feiertäglich überhöhtem, passiv unbestimmtem Verlangen und tatsächlich empfundener Al-
lerweltsbanalität und Leere in sich und um sich herum zu dem
Gefühl eines »toten Tages« führt, wie es der Schweizer Lyriker
Urs Martin Strub (geb 1910) ausdrückt:

Der Sonntagabend

Warum, ich weiß es nicht: die Luft steht voller Tränen,
Der See, gebuchtet, blickt schon grau und feucht.
Wie eine Sage müden Grames deucht
Die Heimfahrt mir von dunkelgrauen Kähnen.

Kann sich ein bunt Gemenge also schlichten,
Halm, Wimpel, Welle also traurig sein?
Dort hängt die Stadt mit bleiernen Gewichten
Am falben Ufer, und im toten Stein
Der fremden Mauern, die wie Gluten starben,
Verlöschen die zu hoch gestimmten Farben.

Drang doch am Morgen alles mir entgegen
Gebauscht, gerafft, mit Segeln wolkenhaft!
In goldner Wallung flog der ganze Segen
Des jungen Tags aus brandenden Gehegen
Geschwellt, gejagt: ein jeder Fahnenschaft
Begann in der kristallnen Luft zu zittern
Und rief nach Sturm und herrlichen Gewittern!

Entgöttert fährt's zurück. Die Uferlehne
Trinkt alles ein mit kaltem, taubem Mund.

Die Fieberflamme einer Wolkensträhne
Erblindet glanzlos auf dem Wassergrund.

Warum, ich weiß es nicht: ich aber gleiche
Dem toten Tag an diesem toten Teiche.

Bei all diesem grauen Verhängnis der Sonntage verwundert es kaum noch, daß ein kecker französischer Künstler auf den dadaistischen Einfall kam, diesem Tag den Garaus zu machen (nach Char 1959, S. 125): Man unterteile die Woche in 24 Tage und füge jedem Tag eine Stunde Sonntag hinzu!

Wenn wir die literarischen Texte im Kopf noch einmal Revue passieren lassen, schält sich ein breiter Begriff von Langeweile heraus, der sich ungefähr so umschreiben läßt: ein sporadischer oder chronischer, mehr oder minder angespannter Zustand von Unausgefülltheit und Teilnahmslosigkeit, des öfteren verbunden mit Empfindungen eines verlangsamten Zeitflusses (und manchmal auch, wie wir sehen werden, mit solchen einer schrecklich schnell verrinnenden Zeit). Dieser Zustand kann in unterschiedlichen Schattierungen durch Mangelgefühle einer inneren Leere, eines »toten Lebens« gekennzeichnet sein, Gefühle des Überdrusses und äußerer Reizarmut, aber möglicherweise auch durch ein Verlangen* nach geistiger und seelischer Entschlackung und innerer Sammlung. Dabei lassen sich mehrere Arten von Langeweile unterscheiden.

Vier Arten von Langeweile

Die erste Art ist die *situative* oder Gelegenheitslangeweile. Sie stellt sich ein in unausweichlichen, als langweilig empfundenen Situationen: Warten bei Behörden oder im Autostau, Festvorträge, Schulstunden, fade Parties, lange Bahnfahrten, verordnete Bettruhe oder öde Gegenden. Auf situative Langeweile verweisen der von Swift beklagte Kirchenschlaf oder die tristen, sonntäglich ausgestorbenen Straßen Londons, wie Dickens sie sieht.

---

* Auch das Wort Verlangen hat eine Beziehung zum Zeitlichen.

Die zweite Art ist die *überdrüssige* Langeweile: Überdruß am (fest-)täglichen Einerlei, an der penetranten (All-)Gegenwart von Banalem und Spießigem. Wenn uns gewisse Pflichten »anöden«, gehört das ebenso dazu wie die hungrige Übersättigung dessen, der dauernd nach Genüssen jagt, oder das große Gähnen angesichts der »Tautologie der Welt«. In unseren literarischen Beispielen sind Menschen angeödet von der Monotonie der Wochentagsabfolge (Prévert), von der lauten Eintönigkeit der Londoner Glocken, die eine puritanisch-sonntägliche Leblosigkeit vertonen (Dickens) oder der selbstzufriedenen Spießigkeit deutscher Sonntage (Degenhardt).

Die dritte Art ist die *existentielle* Langeweile, die mit nagenden Gefühlen eines abgestorbenen Inneren, eines Leerlaufs der Seele und der Sinnarmut oder Inhaltslosigkeit der Welt einhergeht. Man weiß mit sich und der Welt nichts anzufangen, bleibt teilnahmslos. Diese Langeweile, bei der der Mensch »sich fehlt«, ist der kleinste Bruder des Todes, angedeutet im Gedicht von Strub: toter Stein, toter Teich, toter Tag.

Schließlich gibt es eine *schöpferische* Langeweile, von Goethe als »Mutter der Musen« gegrüßt (zit. nach Völker 1975, S. 78), die sich Zeit nimmt für die Zeit. Sie ist eine Insel in den Strudeln der Ereignismassen, auf welcher »der Traumvogel« möglicherweise »das Ei der Erfahrung ausbrütet« (Benjamin 1961, S. 417). Solches findet sich angedeutet im obigen Text von Hermann Broch.

Nun sind die vier Arten von Langeweile freilich vielfältig ineinander verwoben und im einzelnen vielschichtig. Um das zu zeigen und die Einsicht in die Wesensarten von Langeweile zu vertiefen, folgt die

Literarische Annäherung II: Warten

Welche Bedeutung Warten hat und ob es mit Langeweilegefühlen einhergeht, ist je nach historischer Zeit und Ort unterschiedlich. In einfachen, armen Gesellschaften zum Beispiel, wo es oft nicht so viel zu tun gibt und deshalb ein gewisser Zeitüberfluß herrscht, ist »Warten« – etwa auf das Nachlassen der Mittagshitze, auf Regen – ein integraler Bestandteil des Lebens und wird meist nicht als erzwungene Passivität empfunden. In hochindustrialisierten Gesellschaften dagegen sind die Menschen in vielfältigen Funktionen und Tätigkeiten miteinander verkettet, müssen immer wieder zwischen Handlungsalternativen auswählen und sie mit den Aktivitäten anderer zeitlich abstimmen. »Wartenmüssen« wird zur allgemeinen Erfahrung; denn all die komplexen Zeitpläne lassen sich nicht perfekt synchronisieren (wenngleich die Wartezeiten nach gesellschaftlicher Position unterschiedlich verteilt sind), und außerdem erfordert die allgemeine Mobilität allenthalben ein Warten auf Abfahrt und Ankunft, Verkehrsstauungen inbegriffen. Dieses Wartenmüssen wird weithin als Handlungshemmung und Zeitvergeudung angesehen, verbunden mit Gefühlen einer zu langen Weile. Das ist heute wohl der häufigste Anlaß der *situativen* Langeweile.

Ein frühes Beispiel dieser Gelegenheitslangeweile findet sich in François Rabelais' (1494 - 1553) *Gargantua und Pantagruel* (4. Band, 63. Kap.). Da sind die ansonsten wilden Gesellen mit ihrem Schiff in eine Flaute geraten:

»Wir konnten nichts tun (...) und saßen all in tiefen Gedanken, ganz verdrossen, muckisch, mogrich und niedergeschlagen: es sprach kein Mensch zum andern ein Wort. Pantagruel war auf einer Hangmatt hinten bei den Luken, mit einem griechischen Heliodor in der Hand, fest eingeschlafen; denn das war so sein' Art, daß er weit besser vom Blatt denn aus dem Kopf schlief. Epistemon lugt' durch sein Astrolabium nach der Pol-Höh. Bruder Jahn war in die Küch spaziert und sah allda an Ascension der Bratenwender und Horoskop der Tunken nach, welch Zeit am Tag es etwan sein möcht.

Panurg, mit einem Trichterlein von Pantagruelion am Mund, macht' im Wasser Blasen und Gulkern. Gymnastes spitzt' Zahnstocher aus Mastix. Ponokrates träumt', dämmert', zwickt' sich selber zum Lachen und kraut' sich im Kopf mit einem Finger. Karpalim schnitzt' aus einer Walnuß-Schal ein schön, klein, lustig, harmonisch Windmühlchen mit Flügeln aus vier saubern Spänlein von einem ellernen Teller. Eusthenes spielt' mit den Fingern auf einer langen

Feldschlang, wie auf einem Trunscheid. Rhizotomus macht'
aus der Schal einer Horst-Schildkröt ein samtenes Täschlein.
Xenomanes flickt' eine alte Latern mit einem Sperber-Ge-
schüh. Der Steuermann zog seinen Matrosen die Würm aus
der Nasen –

Als Bruder Jahn itzt aus der Cojen wieder kam und Panta-
gruelen ermuntert fand. Brach also flugs dies störrige
Schweigen mit lauter Stimm und frug ganz fröhlig: ›Wie he-
ben wirs Wetter bei stiller See?‹ – Panurg secundiert' ihm auf
der Stell und frug desgleichen: ›Wie vertreiben wir uns den
Griesgram?‹ – Epistemon terziert' darauf, frug wohlgemut:
›Wie kann man brunzen, wenns einem nicht not tut?‹ –
Gymnastes sprang mit gleichen Beinen in die Höh und frug:
›Was hilft fürs Augen-Flirren?‹ – Ponokrates rieb sich die
Stirn ein wenig, schüttelt' die Ohren, frug: ›Wie erwehrt man
sich des Hundsschlafs?‹ –«

Es entsteht ein Frage- und Antwortspiel, das alsbald von einem
üppigen Gelage begleitet wird.

Die verdrossene Langeweile des Wartens zeitigt hier nicht
nur Hundsschlaf, gefördert offenbar durch die Lektüre eines
griechischen Klassikers. Sie macht auch – mittels kleiner Han-
tierungen und großer Einbildungskraft – aus Alltagsgegenstän-
den feine Dinge: ein Musikinstrument, ein samtenes Accessoire.

Ein kleines Beispiel aus dem 20. Jahrhundert: Ein 13jähriger
Schüler schrieb einen Aufsatz »Als es mir mal langwilig war«
(Illge 1929, S. 983). Er macht diese Mischung aus »Augenflir-
ren« und visueller Projektion anschaulich, die aus dem inneren
Leerlauf starker Langeweile herrühren kann.

»Mein Freund und ich hatten verabredet, daß wir uns um
drei an einer Straßenecke treffen wollten. Es hatte viel ge-
schneit. Wir wollten rodeln gehen. Ich stand schon eine
Viertelstunde da und wartete auf meinen Freund. Mir wurde
es sehr langweilig. Ich schaute den Baum an, der vor mir
stand. Einmal sprang er in die Luft, einmal wurde er ganz
dünn und dann verschwand er. Das sah ich alles vor meinen
Augen. Dann dachte ich an das letzte Eisenbahnunglück und
sah es auch ganz deutlich. Schließlich dachte ich daran, daß
ich auf meinen Freund wartete. Ich fror an die Beine und lief

schnell auf und ab. Ich ärgerte mich und sah den Schnee schon wegtauen. Endlich kam mein Freund.«

Das war bisher *situative* Langeweile, die meist schnell verfliegt, wenn der Wind oder der Freund zur Stelle sind.

In die Richtung einer *überdrüssigen* Langeweile bewegen sich die Gefühle von Gustave Flauberts *Madame Bovary* (erschienen 1857). Sie hat ihren biederen Ehemann Karl, den Landarzt, ebenso satt wie »das langweilige Land, die beschränkten Kleinbürger, ein Dasein in Mittelmäßigkeit«. Sie wartet, wartet auf irgend etwas anderes, was es auch sei (1. Teil, Kap. 7 und 9).

»Emmas Dasein war kalt und öde wie ein Kornspeicher, dessen Luke nach Norden geht, und die Langeweile webte in den Ecken ihres Herzens wie eine häßliche Spinne ihr Netz (...). Karl war wenigstens doch jemand, der ihr zuhörte und ihr stets zustimmte. Sie sprach ja auch mit ihrem Windhund und hätte im Notfall ebenso mit dem Holzscheit im Kamin oder dem Pendel ihrer Stutzuhr geplaudert.

Im Grunde ihrer Seele jedoch wartete sie auf irgendein Ereignis. Wie der verzweifelnde Matrose auf dem Meere, suchte sie mit bangen Augen einen fernen, blassen Stern am unbestimmten Horizont ihres öden Lebens. Sie wußte zwar nicht, welcher Art dieser Stern, dieser Zufall sein sollte, welcher Wind sie auf seine Flügel nehmen und an welches Ufer er sie verschlagen sollte; wußte nicht, ob ihr Dasein eine winzige Schaluppe oder ein stolzer Dreimaster werden würde, mit Schmerz beladen oder mit Seligkeit bis zum Rande gefüllt. Und doch hoffte sie jeden Morgen beim Erwachen, daß ihr der Tag etwas bringen werde. Sie horchte auf jedes unbekannte Geräusch, sprang oft unvermutet auf und sank erstaunt wieder zurück, wenn nichts kam. Ging die Sonne nach dem ereignislosen Tage unter, so wurde Emma traurig und dachte mit Sehnsucht an den kommenden Morgen (...).

Und so sollte es also immer weitergehen, ein Tag wie der andere, jeder dem anderen gleich, jeder gleich leer und nichtssagend! (...).

Gott hatte es so gewollt! Die Zukunft war ein langer, dunkler Gang mit einer festverschlossenen Tür am Ende.«

Das ist schon ein Unterschied zwischen Rabelais' Seeleuten, die während der Flaute auf dem Deck herumhängen, und dem verzweifelt nach blassem Stern und fernem Ufer ausschauenden Matrosen, mit dem Emma Bovary verglichen wird. Der Ozean ist die Metapher für die von ihr empfundene Ödnis ihres Lebens.

Madame Bovary hat keinen Beruf, (noch) kein Kind und ein Dienstmädchen. Aber auch heutigen Müttern sind, wie Untersuchungen zeigen, solche Gefühle einer überdrüssigen Langeweile, die sich als »Warten« darstellt, nicht fremd. Sie ergeben sich etwa mit dem Eintritt des einzigen oder jüngsten Kindes in den Kindergarten. Das Nest ist leer, und die übrigbleibende Zeit wird oft als »plötzliches Loch« empfunden (Ley 1984, S. 248).

»Seit Jahren hatte ich wieder einige Stunden ganz für mich allein, und ich hatte mich immer gefreut auf diese Zeit. Aber nun saß ich da in der leeren Wohnung und wartete auf das nächste, das wieder heimkommen würde. Die Leere war mir unheimlich.

Ich fing an nachzudenken, wie mein Leben weitergehen solle. Mit einem Mal wurde mir klar, daß Kinder und Haushalt mein Leben nicht mehr ausfüllen konnten. Ich begann mich mit einem Wiedereinstieg in meinen früheren Beruf zu beschäftigen.«

»Als die Kleine zur Schule ging, hatte ich viel mehr Zeit als vorher. Da habe ich immer mehr das Gefühl bekommen, das sei langweilig, daheim immer auf die anderen zu warten. Und dann ist so ein bißchen die Unzufriedenheit gekommen, so ein bißchen das Gefühl, ich möchte wieder auswärts arbeiten gehen, ich möchte nicht mehr daheim so gottergeben warten.«

Im Unterschied zu Emma Bovary wissen diese Mütter, worauf sie warten. In ihrem Warten steckt der Überdruß an der leeren Zeit, aber auch ein stilles Überdrüssigwerden dessen, auf das sie warten.

Die *existentielle* Langeweile kennt ein Warten ohne Erwartung, ein Warten ins Leere hinein. Im sozusagen weltlosen Dasein gibt es nichts zu suchen, weil es nichts zu finden gibt. *Obermann* (1804) von Senancour (1770 - 1846) ist ein ziemlich frühes Beispiel dessen, der heftig unter existentieller Langeweile leidet.

»Es ist die Ratlosigkeit, die Langeweile, die Enge und Schalheit des Lebens, was mich anwidert und aufreibt (...) Manchmal frage ich mich, wohin mich dieser Zwang, der mich an die Langeweile fesselt, noch führen mag, diese Teilnahmslosigkeit, der ich nie entkomme, dieses fade, nichtige Verhältnis der Dinge, von dem ich mich nicht befreien kann, wo alles ausbleibt, auf sich warten läßt, in die Ferne rückt (...).

Immerzu warten und nichts erhoffen! stets diese Ungeduld ohne Verlangen, dieses Sorgen ohne Ziel; Stunde um Stunde nichtig und leer; Gespräche, wo man redet, um Wörter zu reihen, und es vermeidet, etwas zu sagen; Mahlzeiten, wo man ißt, weil man die Langeweile nicht mehr aushält (...)« (41. und 46. Brief)

Ein Warten, das sich im Warten erschöpft: Wer denkt da nicht auch an *Warten auf Godot* (1952) von Beckett? In dieser ontologischen Farce erscheint das Leben als ein absurdes Warten auf etwas, das nicht kommt – und der clowneske Zeitvertreib von Estragon und Wladimir hält eigentlich nur noch die Zeit in Gang, die sonst stehenzubleiben droht.

Wladimir hat den Hut des nicht anwesenden Lucky gefunden und reicht Estragon seinen eigenen Hut.

»WLADIMIR Da!
ESTRAGON Was?
WLADIMIR Halt fest.
Estragon nimmt den Hut Wladimirs. Wladimir setzt Luckys Hut auf. Estragon tauscht seinen Hut mit Wladimirs Hut und reicht seinen eigenen Hut Wladimir. Wladimir nimmt den Hut Estragons. Estragon setzt Wladimirs Hut auf. Wladimir tauscht Estragons Hut mit Luckys Hut, den er Estragon reicht. Estragon nimmt Luckys Hut. Wladimir setzt Estragons Hut auf. Estragon tauscht Luckys Hut mit dem Hut Wladimirs, den er Wladimir wieder reicht. Wladimir nimmt seinen Hut. Estragon setzt Luckys Hut auf. Wladimir tauscht seinen Hut mit dem Hut Estragons, den er Estragon reicht.

Estragon nimmt seinen Hut. Wladimir setzt seinen Hut auf.
Estragon tauscht seinen Hut mit Luckys Hut, den er Wladi-
mir reicht. Wladimir nimmt Luckys Hut. Estragon setzt sei-
nen Hut auf. Wladimir tauscht Luckys Hut mit seinem eige-
nen, den er Estragon reicht. Estragon nimmt Wladimirs Hut.
Wladimir setzt Luckys Hut auf. Estragon reicht Wladimirs
Hut Wladimir, der ihn nimmt und ihn Estragon reicht, der
ihn nimmt und ihn Wladimir reicht, der ihn annimmt und
wegwirft. Das alles mit schnellen Bewegungen.
WLADIMIR Steht er mir?
ESTRAGON Ich weiß nicht.«
(Zweiter Akt).

Das ebenso sinnlose wie komische Austauschen der Hüte zeigt
eine Gegenwart, die dünn, inhaltsarm ist, weil die Zukunft
fehlt. Im Dasein steckt kein Werden. Die Dauer dauert nur
fort, sonst nichts.

Beckett zeigt Leben als Warten. Das tut auch ein 17jähriger
Schüler in seinem Gedicht »Endlos« (Arbeitsgruppe Jugend
'83, S. 241 f.). Während aber bei Beckett die Zeit fast stehen-
bleibt und Godot ewig auf sich warten läßt, verrinnt im Lebensgefühl des Schülers die Zeit (außer den Schulstunden)
ziemlich schnell im Warten auf Etappen- und Lebensziele (einschließlich Tod), auf die sich allesamt das Warten nicht lohnt.
Warten also als leeres, ungelebtes Leben – und es bleibt offen,
ob Leben etwas anderes sein kann als Warten.

Endlos

Verdammte Scheiße
noch 'ne halbe Stunde bis zur großen Pause,
noch vier Tage bis zum Wochenende.
Noch drei Monate bis zu den Ferien,
noch dreieinhalb Jahre bis zum Abi ...
... bis zur Freiheit.
Freiheit???
Danach Studium:
fünf Jahre,
zehn Semester,
sechzig Monate,
zweihundertsechzig Wochen,

eintausendachthundertfünfundzwanzig Tage,
dreiundvierzigtausendachthundert Stunden Warten.
Immer dieses sinnlose Warten.
Ist das Leben? Und die Zeit verrinnt.
Jetzt bin ich siebzehn und warte,
auf die große Pause, auf das Wochenende ...
Nach dem Abi bin ich 20 und warte wieder,
auf das Ende der Vorlesung,
auf das Wochenende,
auf Semesterferien,
auf das Diplom.
Dann bin ich 26, und habe
ein Drittel meines Lebens mit Warten zugebracht.
Ist das Leben? War das bis jetzt Leben?
Aber nicht nur ich warte, da wartet noch jemand
auf mich. Der Bund! Er wartet, daß diese Warterei
vorbei ist, und ich bei ihm anderthalb Jahre
weiterwarten darf.
So wartet man sein ganzes Leben,
auf Urlaub,
Gehaltserhöhung,
Beförderung,
die Rente.
Und als Rentner?
Dann wartet man auf den Besuch
der Kinder zum
Kaffeekränzchen,
auf den Abend,
den Sonntag,
den Tod.

Weiter unten werden wir der Frage nachgehen, ob und inwieweit eine existentielle Langeweile, wie sie sich hier andeutet, jugendtypisch ist.

Auch die *schöpferische* Langeweile kennt das Warten. Das ungeduldige Herbeiwünschen eines Zukünftigen (eines schönen Ereignisses, eines Rendezvous), das ich kaum erwarten kann, ist wohl nur eine entfernte, wenngleich hübsche und einfallsreiche Cousine von Langeweile. (In der baierischen und tirolerischen Mundart heißt es, nach jemandem »Zeitlang haben«.)

Schöpferische Langeweile, die im Warten verweilt, meint die (oft schwierige) Zeit der inneren Sammlung, des Reifens und Klärens von Werkabsichten, Ideen und Gedanken. Das wird besonders bei »Künstlern und Kontemplativen aller Art« deutlich, wie Friedrich Nietzsche (1882) anmerkt:

> »Sie fürchten die Langeweile nicht so sehr als die Arbeit ohne Lust: ja sie haben viel Langeweile nötig, wenn ihnen *ihre* Arbeit gelingen soll. Für den Denker und für alle empfindsamen Geister ist Langeweile jene unangenehme ›Windstille‹ der Seele, welche der glücklichen Fahrt und den lustigen Winden vorangeht; er muß sie ertragen, muß ihre Wirkung bei sich *abwarten – das* gerade ist es, was die geringeren Naturen durchaus nicht von sich erlangen können!«
> (*Die Fröhliche Wissenschaft*, 1. Buch, Nr. 42)

Hermann Hesse meint (1904), daß manches Künstlerleben zu einem Drittel, sogar bis zur Hälfte aus solchen Zeiten besteht (1973, S. 10f.):

> »So entstehen die scheinbar leeren Mußepausen, deren äußerer Anblick von jeher Verachtung oder Mitleid der Banausen geweckt hat. So wenig der Philister begreifen kann, welche immense, tausendfältige Arbeit eine einzige schöpferische Stunde umschließen kann, so wenig vermag er einzusehen, warum so ein verdrehter Künstler nicht einfach weiter malt, Pinselstriche nebeneinander setzt und seine Bilder in Ruhe vollendet, warum er vielmehr so oft unfähig ist, weiterzumachen, sich hinwirft und grübelt und für Tage oder Wochen die Bude schließt. Und der Künstler selbst wird jedesmal wieder von diesen Pausen überrascht und getäuscht, fällt jedesmal in dieselben Nöte und Selbstpeinigungen, bis er einsehen lernt, daß er den ihm eingeborenen Gesetzen gehorchen muß und daß es tröstlicherweise oft ebenso sehr Überfülle als Ermüdung ist, die ihn lahmlegt. Es ist etwas in ihm tätig, was er am liebsten heute noch in ein sichtbares, schönes Werk verwandelte, aber es will noch nicht, es ist noch nicht reif, es trägt seine einzig mögliche, schönste Lösung noch als Rätsel in sich. Also bleibt nichts übrig als warten.«

David Kluge

Warten zu können macht freilich noch keinen Künstler. Und die schöpferische Langeweile des Wartens ist labil. Sie kann hinübergleiten in eine existentielle Langeweile, wie sie etwa der Maler Erik im Roman *Niels Lyhne* (1880) des dänischen Schriftstellers Jens Peter Jacobsen (1847 - 1885) erfährt (11. Kap.):

> »Er wurde mutlos und unzufrieden und verfiel in grübelnden Müßiggang, weil die Arbeit so tötend querköpfig war und weil er glaubte, daß er nur zu warten brauche, damit der Geist über ihn käme.
>
> (Er sagt zu seinem Freund Niels:)
>
> ›Ich sitze dann und grüble und richte nichts aus und *kann* nichts ausrichten, und dann ist es, als merkte ich, wie die Zeit mir entrinnt, Stunden, Wochen, Monate! Ohne Inhalt sau-

sen sie an mir vorüber, und ich vermag nicht, sie mit einer Arbeit an den Fleck zu bannen. Ich weiß nicht, ob du verstehst, was ich meine, es ist ja nur so eine Empfindung von mir; aber ich möchte eingreifen in die Zeit mit irgend etwas, das ich vollbracht hätte. Siehst du: die Zeit welche dazu gehört, um ein Bild zu malen, gehört immer mir, ich habe etwas von ihr, sie ist nicht dahin, nur weil sie vorüber ist. Ich werde krank, wenn ich bedenke, wie die Tage unaufhaltsam hingehen.‹«

Hier ist das Warten zukunftslos geworden (und Erik flüchtet in Alkohol und Kartenspiel). Die existentielle Langeweile ist sozusagen ein gefühlloses Gefühl, vor dem Nichts zu stehen – einem Nichts, dem auch die schöpferische Langeweile begegnet, dem sie aber schließlich Sinn und Form abgewinnen kann. Auch die überdrüssige Langeweile, die sich von den Banalitäten des Alltags und »der Mittelmäßigkeit des Universums« (Maupassant) angeödet fühlt, stößt manchmal an das Nichts. Dabei gilt nicht, wie bei der existentiellen Langeweile, alles als »nichtig« oder sinnlos, sondern nur als banal und fraglich – einschließlich des Daseins selbst. So schreibt Martin Heidegger 1935 in seiner *Einführung in die Metaphysik* (1953, S. 1):

> »In einer Langeweile ist die Frage da, wo wir von Verzweiflung und Jubel gleichweit entfernt sind, wo aber die hartnäckige Gewöhnlichkeit des Seienden eine Öde ausbreitet, in der es uns gleichgültig erscheint, ob das Seiende ist oder ob es nicht ist, womit in eigenartiger Form wieder die Frage anklingt: Warum ist überhaupt Seiendes und nicht vielmehr Nichts?«

Wenn vieles oder alles als sinnlos oder fraglich erscheint – welche Auswirkungen hat das auf das Zeitempfinden? Das deutsche Wort Langeweile drückt ja – im Unterschied zum französischen »ennui« und englischen »boredom« – ein subjektives Verhältnis zur Zeit aus, nämlich das Gefühl eines zögernden Zeitablaufs. Das findet sich in vielen Langeweilebekundungen. Bemerkenswert aber ist, daß sich dabei auch Gefühle einer schnell verrinnenden oder entfliehenden Zeit einstellen können – angedeutet etwa im Text »Endlos« des Schülers (S. 29f.) oder in der Klage des Malers Erik (S. 32f.) in Jacobsens Roman. Sie leiden nicht nur unter langer Weile, sondern sozusagen auch an der *Kurz*weiligkeit ihres Daseins.

Auf jeden Fall gibt es eine erhöhte Aufmerksamkeit für die Zeit und ihren (Über-)Fluß, eine größere Zeitempfindlichkeit: Man »hat« sie nicht einfach, sondern erleidet sie.

Es scheint sich zu lohnen, der Beziehung zwischen Langeweile und subjektivem Zeitempfinden etwas genauer nachzugehen.

Literarische Annäherung III:
Langeweile und Zeitempfinden

Der Begriff Zeit führt uns eigentlich in die Irre. Denn nicht »die Zeit« ist es, die enteilt oder nicht vergehen will, sondern eine Abfolge von Ereignissen, die wir für bemerkenswert halten und deren Abstände zueinander wir messen (anklingend im englischen Wort »timing«). Das wird anschaulich im Textstück von Flaubert (S. 26f.): Madame Bovary kann, außer dem Wechsel von Tag und Nacht, keine Abfolge von bemerkenswerten Ereignissen erkennen und empfindet deshalb die Tage als leer und die Zukunft als einen »langen dunklen Gang mit festverschlossener Tür am Ende«.

Wir wollen bei der Betrachtung der unterschiedlichen subjektiven Erfahrungen von Zeittempi (stockender oder beschleunigter Ablauf) zwischen *Langzeit*perspektiven und *Kurzzeit*perspektiven unterscheiden und zwischen einem *linearen* und einem *zyklischen* Zeitverständnis.

Nehmen wir die letztere Unterscheidung: Madame Bovarys Zeitvorstellung von einem »langen Gang« ist *linear* (wenngleich in ihrem Fall finster und ohne Aussicht nach vorne). Im linearen Zeitverständnis geht die Zeit geradeaus, sie schreitet »vorwärts« und ermöglicht damit Neues. So baut auch der technisch-instrumentelle Fortschrittsgedanke der Moderne auf einem derartigen Zeitverständnis auf.

Demgegenüber steckt im *zyklischen* Zeitbegriff, der in traditionalen Gesellschaften vorherrscht, die Vorstellung einer regelmäßigen Wiederkehr von natürlichen Ereignissen. Daß es nichts Neues unter der Sonne gebe, kann heitere Gelassenheit begründen, aber auch beunruhigen – wie schon den Prediger Salomo des Alten Testaments (1, 2-5; 2,17):

> »Es ist alles ganz eitel (…). Ein Geschlecht vergeht, das andere kommt; die Erde aber bleibt immer bestehen. Die Sonne geht auf und geht unter und läuft an ihren Ort, daß sie dort wieder aufgehe. (…) Darum verdroß es mich zu leben, denn es war mir zuwider, was unter der Sonne geschieht, daß alles eitel ist und Haschen nach Wind.«

Gerade die unentwegt auf- und untergehende Sonne, die doch nur die ewig gleichen Kreisläufe* des Werdens und Vergehens bescheint, gilt bis heute als ein Sinnbild für das fade Immergleiche der Welt. Lakonisch lautet der erste Satz in Samuel Becketts Roman *Murphy* (1938): »Die Sonne schien, da sie keine andere Wahl hatte, auf das Nichts Neues.«

Lineares und zyklisches Zeitverständnis dürften sich in den Köpfen der Menschen in unserer Gesellschaft mischen, wobei wohl die lineare Auffassung vorherrschend ist.

Wir wollen nun diese unterschiedlichen Zeitauffassungen auf die unterschiedlichen Zeit*tempi* beziehen, wie sie bei Langeweile empfunden werden können. Das Gefühl der Verlangsamung oder Beschleunigung von Ereignisabfolgen setzt typischerweise ein *lineares* Zeitverständnis voraus: Die Zeit stockt, dehnt sich oder enteilt, verfliegt. In der *zyklischen* Vorstellung bleibt die Geschwindigkeit typischerweise gleich – wie eben die Geschwindigkeit der Erdumdrehung oder der Sonnenumrundung.

Diese Unterschiede sollen kurz verdeutlicht werden. Wilhelm von Eichendorff (der ältere Bruder des bekannten Joseph) schrieb ein Gedicht (zit. nach Rehm 1947, S. 108):

An die Langeweile, chef d'œuvre

Qual zum Sterben, Langeweile,
Die mich unaussprechlich quält,
Mir die Stunden langsam zählt,
Daß ich keine übereile,
Mir zur Marter auserwählt,

---

* Die zyklische Zeitauffassung kann sich dynamisieren und wäre dann nicht mehr durch das Symbol des Kreises, sondern das der Spirale zu fassen; »alles wiederholt sich, nichts kehrt wieder«.

Laß mich los!
Lieber will ich Schmerzen leiden,
Lieber Stadt und Schauspiel meiden,
Als so ohne Lust und Leiden
Träge ruhn in deinem Schoß!
Graut mir früh des Tages Morgen,
Fürcht' ich schon den langen Tag;
Ach, er kriecht nach einem Schlag,
Wie der vor'ge ohne Sorgen,
Daß ich ihn kaum leben mag.
Und so zieht
Wie ein schwer bepackter Wagen,
Den die Achsen knarrend tragen,
Nun die Zeit, die, nicht zu tragen,
Ungenossen mir entflieht.

Der Zeitbegriff ist linear, deutlich erkennbar am Bild des schwer bepackten Wagens (der ja einen geraden Weg nimmt und nicht im Kreis herumfährt). Der Mensch leidet an der Entleerung und Verlangsamung der Stunden und Tage, die dennoch »fliehen«, also *beschleunigt* enteilen und nicht zu fassen sind.

Gefühle von Veränderungen der Zeitgeschwindigkeit – besonders solche einer Verlangsamung *und* Beschleunigung wie im Gedicht von Wilhelm von Eichendorff – beruhen auf einer linearen Zeitauffassung und vertragen sich offenbar *nicht* mit einem Langeweileempfinden, das die Zeiten zyklisch wiederkehren sieht. Denn hier leidet der Mensch weniger an einem Mangel an inneren und äußeren Ereignissen als am täglichen und universellen Ereignis*einerlei*, an den endlosen penetranten Wiederholungen, die man satt hat.

Schon der spanisch-römische Philosoph Seneca (etwa 4 v.Chr. bis 65 n.Chr.) warnt vor einem Lebensüberdruß, der von folgenden Fragen begleitet wird (Briefe an Lucilius):

»Wie lange noch immer das nämliche: aufwachen, einschlafen, zu essen begehren, Kälte und Hitze erleiden? Nichts nimmt ein Ende; in einem Kreislauf ist alles verschlungen, es flieht sich und hascht sich. Den Tag verjagt die Nacht, die Nacht der Tag, der Sommer läuft in den Herbst aus, dem

Herbst folgt Winter behend, dieser wird vom Lenz abgedrosselt; alles geht so vorüber, um wieder zu kommen. Nichts Neues erlebe ich, nichts Neues erblicke ich. Endlich stellt auch dem gegenüber sich Brechreiz ein.«

Das Zeitverständnis ist zyklisch; alles eilt gleichmäßig im Kreis herum. Diejenigen, die so fragen, leiden subjektiv nicht so sehr an einer »leeren Zeit«, sondern an dem, was die Zeit in Überfülle bringt: scheinbar immer das Gleiche. Warten nützt hier nichts, denn es kommt nichts Neues.

Schließlich soll die Unterscheidung zwischen *Kurzzeit-* und *Langzeit*perspektive getroffen und auf die Empfindungen von Zeittempi bezogen werden. Je nachdem, ob eine besondere Aufmerksamkeit den nahegelegenen Minuten, Stunden, Tagen gilt oder den ferner gelegenen Jahren und Jahrzehnten, wechseln die Empfindungen von Zeitgeschwindigkeiten. »Jeder Tag«, sagte ein Greis, der im Altenheim lebt, zu einem Zeitungsreporter, »wird hier zur Ewigkeit. Ich bin jetzt neunzig Jahre alt. Wo sind die geblieben?«

Im *Zauberberg* (erschienen 1924) von Thomas Mann macht sich Hans Castorp anläßlich seines Sanatoriumsaufenthaltes Gedanken über die Langeweile (4. Kap., Exkurs über den Zeitsinn):

»Über das Wesen der Langenweile sind vielfach irrige Vorstellungen verbreitet. Man glaubt im ganzen, daß Interessantheit und Neuheit des Gehaltes die Zeit ›vertreibe‹, das heißt: verkürze, während Monotonie und Leere ihren Gang beschwere und hemme. Das ist nicht unbedingt zutreffend. Leere und Monotonie mögen zwar den Augenblick und die Stunde dehnen und ›langweilig‹ machen, aber die großen und größten Zeitmassen verkürzen und verflüchtigen sie sogar bis zur Nichtigkeit. Umgekehrt ist ein reicher und interessanter Gehalt wohl imstande, die Stunde und selbst noch den Tag zu verkürzen und zu beschwingen, ins Große gerechnet jedoch verleiht er dem Zeitgange Breite, Gewicht und Solidarität, so daß ereignisreiche Jahre viel langsamer vergehen als jene armen, leeren, leichten, die der Wind vor sich her bläst, und die verfliegen. Was man Langeweile nennt, ist also eigentlich vielmehr eine krankhafte Kurzweiligkeit der Zeit infolge von Monotonie: große Zeiträume schrumpfen bei ununterbrochener Gleichförmigkeit auf eine das Herz zu Tode erschreckende Weise zusammen; wenn ein Tag wie alle ist, so sind sie alle wie einer; und bei vollkommener Einförmigkeit würde das längste Leben als ganz kurz erlebt werden und unversehens verflogen sein.«

Auch Immanuel Kant (1798) wundert sich darüber, daß Menschen, die sich oft langweilen und über die *Länge* von Stunden oder Tagen klagen, mit dem Altwerden über die *Kürze* des Lebens klagen. Die Ursache sucht der Ostpreuße in Analogie zu der Reisebeobachtung (1983, § 61), daß

»(...) die deutschen (nicht gemessenen oder mit Meilenzeiger wie die russischen Werste versehenen) Meilen je näher zur Hauptstadt (z. B. Berlin), immer desto *kleiner*, je weiter aber davon (in Pommern), desto *größer* werden; nämlich die *Fülle* der gesehenen Gegenstände (Dörfer und Landhäuser) bewirkt in der Erinnerung den täuschenden Schluß auf einen großen zurückgelegten Raum, folglich auch auf eine längere dazu erforderlich gewesene Zeit; das *Leere* aber im letzteren Fall wenig Erinnerung des Gesehenen und also den Schluß auf einen kürzeren Weg und folglich kürzere Zeit, als sich nach der Uhr ergeben würde.«

Je länger und eintöniger die Wegstrecke, desto »kurzweiliger« die Zeiterfahrung. (Das Wort »kurzweilig« im Sinne von »vergnüglich« setzt offenbar eine Kurzzeitperspektive voraus.)

Das »subjektive Zeit-Paradox« (Barth 1989, S. 208) besteht darin, daß sich in der Erinnerung die verfliegende Zeit erfüllter Augenblicke ausdehnt und die kriechende Zeit der einförmigen Momente beschleunigt. Denn das Gehirn kann sich bei der Rekonstruktion einer informationsreichen Zeitspanne an viele Einzelheiten halten. Somit wird sie lang. Umgekehrt werden geschehnisarme Zeiträume in der Rückbesinnung kurz.

Ob die Zeit der Langeweile als schneller, langsamer oder gleichmäßig vergehend erfahren wird, hängt also damit zusammen, ob ein lineares oder zyklisches Zeitverständnis und eine Langzeit- oder Kurzzeitperspektive vorherrschen. Wir wollen diese Unterscheidungen im Kopf behalten und wieder zurückkommen auf die Unterteilung in situative, überdrüssige, existentielle und schöpferische Langeweile.

Situative Langeweile stellt sich dann ein, wenn man nicht tun kann, was man tun will und wenn man tun muß, was einen überhaupt nicht interessiert oder unterfordert. Das bringt – in der Kurzzeitperspektive – oft Gefühle eines verlangsamten Zeitablaufs mit sich. Solche zähen Zeiten werden typischerweise erlebt in Warteräumen, Krankenbetten oder auch als »Gammelei« in der Bundeswehr.

Im Roman *Stiller* (1954) von Max Frisch hatte Julika, die lungenkrank im Sanatorium liegt, gemeint, nur »blöde Menschen« könnten sich langweilen, »sie also nicht« (1963, S. 168):

> »Es hatte aber mit Blödsinn gar nichts zu tun, im Gegenteil, vielleicht war es die echteste Art von Not, deren Julika jemals fähig war, diese unsägliche Langeweile, wenn man wirklich nicht weiß, wohin mit der nächsten Stunde, dieser höllische Geschmack von Ewigkeit, wo man nicht über das Zeitliche hinaussieht ...«

Das Jetzt scheint horizontlos und stehengeblieben zu sein – und setzt sich doch wieder in Bewegung, wenn die Kranke gesundet.

Anläßlich eines Theaterbesuchs gibt Alfred Kerr (1867 - 1948) eine witzig-bündige Fassung von der Zählebigkeit eines Jetzt, das ihn langweilt: »Als ich um 10 Uhr auf die Uhr schaute, war es erst halb neun.« Die äußeren Uhrzeiger scheinen festzukleben, und die inneren Uhrzeiger eilen voraus, um die Langweiligkeit des Bühnengeschehens, das ja noch gar nicht so lange dauert, abzukürzen.

Wer kennt sie nicht, diese Schulstunden, wie sie der Gymnasiast A. Deutscher (13. Klasse) erlebt (Zinnecker 1982, S. 90):

Schulstunde

Ding, dong, ding!
Disziplin!
Konzentration!
Der Lehrer!
Noch 35 Minuten.
Noch 34 Minuten.
Noch 33 Minuten.
Noch 32 Minuten.

Noch 31 Minuten.
Noch 30 Minuten.
Zahlen, Daten, Begriffe!
Unbegreifliches!
Noch 20 Minuten.
Noch 19 Minuten.
Noch 18 Minuten.
Noch 17 Minuten.
Noch 16 Minuten.
Noch 15 Minuten.
Du fährst auf einer Schiene!
Du kannst nicht ausbrechen!
Noch 10 Minuten.
Noch 9 Minuten.
Noch 8 Minuten.
Noch 7 Minuten.
Noch 6 Minuten.
Noch 5 Minuten.
Du fieberst dem Ende entgegen!
Die Zeit wird zum Kaugummi!
Noch 4 Minuten.
Noch 3 Minuten.
Noch 2 Minuten.
Noch 1ne Minute.
AAHHH!
Die nächste Schulstunde erwartet dich!

Der Schüler will durch das monotone Abzählen der noch verbleibenden Minuten nicht nur sich selbst zum Durchhalten zwingen, sondern auch die Zeit beschwören, weiterzumachen. Er schiebt sie ein bißchen.

Auch in diesem Gedicht, das den linearen Zeibegriff und die Kurzzeitperspektive betont, wird mit dem Satz »Du fährst auf einer Schiene!« eine Beschleunigung des Zeittempos in Langzeitperspektive angedeutet; denn eine Schiene endet ja nicht am nächsten Bahnhof und man »fährt« auf ihr meist in einiger Geschwindigkeit.

Die Langeweile des Schülers ist *situativ*, weil nicht jede Schulstunde so fad ist und weil er außerhalb der Schule relativ

viel eigene Zeit zur individuellen Gestaltung hat. Vergleichen
wir damit die Zeiterfahrungen von Arbeitern, wie sie Walther
Rathenau (1867 - 1922) beschreibt (zit. nach Kofler 1962, S.
193):

> »Wer mechanische Arbeit am eigenen Leib kennengelernt
> hat, wer das Gefühl kennt, das sich ganz und gar in einen ein-
> schleichenden Minutenzeiger einbohrt, das Grauen, wenn
> eine verflossene Ewigkeit sich in einem Blick auf die Uhr als
> eine Spanne von zehn Minuten erweist, wer das Sterben eines
> Tages nach einem Glockenzeichen mißt, wer Stunde um
> Stunde seiner Lebenszeit tötet, mit dem einzigen Wunsch,
> daß sie rascher sterbe, der wird das Märchen von der Arbeits-
> lust mit Hohn beiseiteschieben.«

Das geht weit über situative Langeweile hinaus. Bei diesem er-
zwungenen Totschlagen von Lebenszeit gibt es ja kaum Unter-
brechungen und nach der Wiederherstellungszeit des Feierabends beginnen am nächsten Morgen die Ewigkeiten von
vorne.

Hier herrscht *überdrüssige* Langeweile – aber es ist noch
mehr und überragt insofern den Rahmen unseres Langeweile-
konzeptes. Hier muß zwischen *Langeweile*- und *Monotonie*-
erfahrungen unterschieden werden. Langeweile entsteht eher
aus dem Gefühl, zu wenig zu tun zu haben, nicht richtig beschäftigt zu sein. Monotonie dagegen ergibt sich aus dem Gefühl, immer das Gleiche tun zu müssen bei starker Einengung
der Aufmerksamkeit und Motorik auf diese einförmige Tätigkeit (vgl. Martin u.a. 1980, S. 24). Unterforderung (als ein
Mißverhältnis zwischen Handlungsfähigkeiten und Hand-
lungsanforderungen) ist eine Grundlage von Langeweile.
Demgegenüber scheint eine Mischung aus Unterforderung *und*
Überforderung (»nichts im Kopf, aber gestreßt«) eine Grundlage von Monotonieerfahrung zu sein.

Ein Beispiel gibt Erhard Schümmelfeder (Werkkreis Literatur der Arbeitswelt 1981, S. 54 ff.), der an einer dröhnenden
Waschanlage für Glasscheiben arbeitet:

> »Die Uhr geht weiter. Die Arbeit geht weiter. Die Gedanken
> gehen weiter. Eine Glasscheibe auf den Rolltisch legen und
> 10 Sekunden warten. Sie dürfen sich nicht berühren. Sonst

Glasbruch. Nächste Scheibe. Alles in mir wehrt sich gegen diese grausam wiederkehrende Eintönigkeit. Bock. Scheiben. Tisch. Zehn Sekunden warten bis zur nächsten. Was soll man in 10 Sekunden denken? Weiß nicht. Irgendwas.

Wieder eine Scheibe. Bock. Scheibe. Tisch. Ein Traum, habe ich gelesen, dauert oft nur 20 Sekunden. Das ist eine Idee. Ein Traum: schichtweise. Aber ich muß aufpassen (...)

Und der Lärm macht mich fast verrückt. Er ist so furchtbar nahe (...) Wie in taubblinder Tiefe gefangen: Es sind acht Stunden bis zur Oberfläche. Was gibt es Langweiligeres, als dem stumpfen Monolog der Motoren ausgesetzt zu sein! Nichts greifbar Schönes in Sicht. (...) Die trüben Ornamentscheiben in den Fenstern, dahinter der Frühling, das sterile Neonlicht unter der hohen Decke, unter mir der kalte Betonfußboden, das Kläffen des Meisters in der Halle. Hat der Meister nicht auch gestern gekläfft? Und vorgestern? Und davor? Alles war schon einmal da. Die Zeiten verwechselt man leicht (...)

Noch eine Scheibe vom Bock nehmen. Wie spät es wohl ist? Eben war es kurz vor acht. Wieviel Scheiben habe ich inzwischen auf den Rolltisch gelegt? Zwei, drei, vier, fünf? Es ist noch keine acht Uhr. Oder ob es schon acht ist? Noch über sieben Stunden.

Noch eine. Wieder so schwer. Gleich kommt ein Stapel mit vielen kleinen Scheiben. Aufpassen. Bleiben leicht hängen. Draußen scheint die Sonne. Ich sehe es sogar durch die trüben Fenster. Eine Scheibe auf 'n Tisch legen (...).

Leicht ist die Arbeit hier. Und schwer.«

»Langweilig« ist der stumpfe Monolog der Motoren. Alles zusammen aber ist Monotonie, gegen die »sich alles in mir wehrt«. Auf den Tag bezogen ist es die lineare Vorstellung einer langsamen Abfolge endloser Minuten; auf die Tage und Wochen bezogen ist es die zyklische Zeitvorstellung eines unerbittlichen Kreislaufs von lähmendem *und* hetzendem Einerlei.

Dieser Überdruß übersteigt den einer überdrüssigen Langeweile in der Arbeitswelt, da Langeweile eher aus Unterforderungen resultiert. Diese aber sind heute oft mit (vorrangig nervlichen) Überforderungen gepaart, so daß verständlich wird, daß vergleichsweise wenige Berufstätige über Langeweile, viele aber über Monotonie klagen. Dabei wird die Zeit der langweiligen oder eintönigen Arbeit als verkaufte und bezahlte Lebenszeit gesehen, während langweilige Freizeit als verlorene Lebenszeit empfunden wird. Langeweile gilt also eher als Freizeitproblem – und sei es in der kurzen Mittagspause im Straßencafé:

> »Es ist schön, daß in jeder Mittagspause eine Katastrophe passieren könnte. Sie könnte sich sehr verspäten. Sie könnte sich sehr verlieben (…) An der Schreibmaschine hat sie viel Zeit, an Katastrophen zu denken. Katastrophe ist ihr Lieblingswort. Ohne das Lieblingswort wäre die Mittagspause langweilig« (Wondratschek 1969, S. 53).

Die Einförmigkeit der Arbeit strahlt als Langeweile in die arbeitsfreie Zeit aus und nährt Phantasien davon, daß mal wirklich etwas geschehe.

Pure Langeweile während der Arbeitszeit beschreibt Andreas Seltzer (1986, S. 56ff.). Ein junger Mann ist als »Filialleiter« zuständig für einen Antiquitätenladen. Obwohl nur selten Kundschaft kommt, darf er sich auf Weisung des manchmal vorbeiguckenden Chefs nicht fachfremd verhalten, z.B. Bücher lesen.

> »Streng genommen bestand die Arbeit darin, pünktlich am Vormittag zu erscheinen, die Rolläden aufzuziehen, die Alarmanlage abzuschalten, die Tür aufzuschließen, Post durchzusehen, zu lüften, diese und jene Kleinigkeit zu ordnen oder zu säubern und dann auf den Feierabend zu warten. Zu Beginn hielt er das manchmal kaum aus; die Stunden schienen sich endlos zu dehnen; später dann glaubte er ein Mittel gegen die Langeweile gefunden zu haben. Er passte sich ihr an. Weil er nicht untätig wirken durfte, gehörte dazu erstmal, die wenigen Pflichten nicht mehr wie bisher, gleich nach der Ankunft in der Filiale zu erledigen, sondern über den Tag zu verteilen. Bis zum Feierabend gab es dann immer noch etwas zu machen, und seine Stunden hatten eine gewisse Perspektive. Und: Wenn nicht gerade Kunden im Geschäft waren, verlangsamte er sein Tun schildkrötenhaft (…).

So wie er seinen Arbeitstag neu organisierte, indem er seine minimalen Pflichten über die Stunden verteilte und ihnen damit ein künstliches Gewicht gab, bekam auch anderes eine fast lächerliche Bedeutung: das Zubereiten des Kaffees etwa, oder das Verzehren eines Apfels und der belegten Brote, die er sich von zuhause mitgebracht hatte. Es wurde zu einem Ritual, dessen Zweck in der Hauptsache darin bestand, die Minuten an irgendeine halbwegs sinnvolle Tätigkeit zu binden.«

Er entdeckt auch, daß es den Antiquitätenhändlern der Nachbarschaft genauso geht, und beginnt deren Scheinarbeit zu verstehen: unermüdliches Polieren und Zurechtrücken aller Gegenstände.

Kommen wir zu einer Hausfrau, die voller Widerwillen und in witziger Selbstdistanz ihre Pflichten im Haushalt und gegenüber ihrem Ehemann halbwegs erfüllt (Schwaiger 1977, S. 44, 50):

»Beruf: Hausfrau, steht in meinem neuen Paß. Schnecke hätten sie besser geschrieben. Schnecke. Haare: gefärbt. Augen: braun. Besondere Kennzeichen: Keine, steht im Paß. Und ob. Man sieht sie nur nicht auf den ersten Blick. Besondere Kennzeichen: schlampig, ungerecht, undankbar, untüchtig, unrealistisch, unfroh, unzufrieden, faul, frech. Tisch decken, Tisch abräumen, Geschirr spülen, einkaufen, kochen, Tisch decken, Tisch abräumen, Geschirr spülen. Was koche ich zum Abendessen, dreihundertfünfundsechzigmal im Jahr die Frage: Was koche ich zum Abendessen? Sein oder Nichtsein, ob's edler im Gemüt, was kosten jetzt die Tomaten? Das mußt du doch wissen, ob jetzt Tomatenzeit ist oder nicht. Natürlich haben wir Geld, aber gerade wer Geld hat, muß wirtschaften lernen, es fällt dir kein Stein aus der Krone, wenn du dich ein bißchen dafür interessierst, geh auf den Markt, vergleich die Preise und Angebote, du sagst ja selbst, daß du dich langweilst, ruf Hilde an, sie soll dich beraten, Hilde wäre eine Freundin für dich, befreunde dich mit den Frauen meiner Freunde! (...)

Wie er den Zucker in die Tasse wirft, umrührt, den Löffel auf den Teller legt, die Tasse hebt, trinkt, wie er die Brille poliert und aufsetzt, die Tasse in die Küche trägt, Wasser rinnen läßt, die Tasse ausspült, wie er den Mantel nimmt und die Aktentasche, die Tür aufschließt und hinter sich schließt, und wieviel Zeit ich habe, das zu sehen, jeden Morgen.«

Ihr wird die Zeit zwar lang beim morgendlichen Betrachten ihres aufbrechenden Gatten, aber ihr verflüchtigen sich die Tage übers Jahr hin beim ewigen Fragen: Was koche ich heute? Als »Schnecke« wehrt sie sich gegen die fliehende Zeit – und dadurch, daß sie sie in Worte faßt, ihr als Schriftstellerin Sprache und damit Gestalt gibt.

In der überdrüssigen Langeweile begehrt der Mensch nach etwas »ganz anderem«. Er weiß aber oft nicht, was es sein könnte: Das Sehnen bleibt unbestimmt, die Neugier blind, und die Tretmühle des Daseins mahlt weiter.

Aus *Dantons Tod* (1835) von Georg Büchner, 2. Akt:

>»CAMILLE. Rasch, Danton, wir haben keine Zeit zu verlieren!
>
>DANTON *er kleidet sich an*. Aber die Zeit verliert uns.
>
>Das ist sehr langweilig, immer das Hemd zuerst und dann die Hosen drüber zu ziehen und des Abends ins Bett und morgens wieder heraus zu kriechen und einen Fuß immer so vor den andern zu setzen; da ist gar kein Absehen, wie es anders werden soll. Das ist sehr traurig, und daß Millionen es schon so gemacht haben, und daß Millionen es wieder so machen werden.«

Die Aufforderung Camilles, keine Zeit zu verlieren, dreht Danton in einem Wortspiel um. Was meint er? Können wir uns, an den Rand des Zeitflusses geratend, in einem Niemandsland des täglichen, millionenfachen Einerlei wiederfinden?

Ende des 18. Jahrhunderts machte in Kontinentaleuropa der Spott über den spleenigen Engländer die Runde, der sich erschießt oder aufhängt, um sich nicht mehr täglich an- und ausziehen zu müssen (Goethe) oder weil er nichts Neues in der Zeitung fand (Lenz) oder »um sich die Zeit zu passieren« (Kant). Von poetischen Phantasien, der Eintönigkeit des Lebens durch eine Flucht in das geheimnisvolle Totenreich zu entgehen, werden wir später noch hören.

Der Engländer. Detail aus einer Karikatur, um 1810

Der junge Mann im Antiquitätenladen, den wir oben (S. 43 f.) kennenlernten, versuchte, der überdrüssigen Langeweile durch Verlangsamung und stärkere innere Betonung seines Tuns zu begegnen. Georg Büchner führt uns am Anfang seines *Woyzeck* (1837) einen einfältig-hintersinnigen Hauptmann vor, der gegen die Anflüge einer *existentiellen* Langeweile die Verlangsamung von menschlichem Handeln und kosmischen Bewegungen empfehlen will:

»Hauptmann auf einem Stuhl; Woyzeck rasiert ihn
HAUPTMANN. Langsam, Woyzeck, langsam; eins nach dem
anderen! Er macht mir ganz schwindlig. Was soll ich dann
mit den zehn Minuten anfangen, die Er heut zu früh fertig
wird? Woyzeck, bedenk Er: Er hat noch seine schöne dreißig
Jahr zu leben, dreißig Jahr! Macht dreihundertsechzig Monate! und Tage! Stunden! Minuten! Was will Er denn mit der
ungeheuren Zeit all anfangen? Teil Er sich ein, Woyzeck!
   WOYZECK. Jawohl, Herr Hauptmann.
   HAUPTMANN. Es wird mir ganz angst um die Welt, wenn
ich an die Ewigkeit denke. Beschäftigung, Woyzeck, Beschäftigung! Ewig: das ist ewig, das ist ewig – das siehst du
ein; nun ist es aber wieder nicht ewig, und das ist ein Augenblick, ja, ein Augenblick – Woyzeck, es schaudert mich,
wenn ich denke, daß sich die Welt in einem Tag herumdreht!
Was 'n Zeitverschwendung! Wo soll das hinaus? Woyzeck,
ich kann kein Mühlrad mehr sehn, oder ich werd melancho-
lisch.
   WOYZECK. Jawohl, Herr Hauptmann.
   HAUPTMANN. Woyzeck, Er sieht immer so verhetzt aus!
Ein guter Mensch tut das nicht, ein guter Mensch, der sein
gutes Gewissen hat.«

Der Hauptmann phantasiert vom Langsamwerden bis an den
Rand der stillstehenden Ewigkeit und muß den Lauf der Welt
doch als unendliche Abfolge flüchtiger Augenblicke erkennen.
   Was wohl für viele Dichter und Schriftsteller gilt: Indem sie
der Langeweile eine sprachkünstlerische Form geben, bannen
und bewältigen sie sie zeitweise für sich und andere. Jean-Paul
Sartre gibt diesem Gedanken eine interessante Wendung. An-
toine Roquentin, die Hauptfigur in *Der Ekel* (1938), meint, die
banale, einförmig ablaufende Wirklichkeit dadurch aufmöbeln
und verwirklichen zu können, daß man sie *erzählt* (1982, S.
90 f.).

»Damit das banalste Ereignis zum Abenteuer wird, ist es nötig und genügt es, daß man sich daran macht, es zu *erzählen*.
Das ist es, worauf die Leute hereinfallen: ein Mensch ist immer ein Geschichtenerzähler, er lebt umgeben von seinen
Geschichten und den Geschichten anderer, er sieht alles, was

ihm widerfährt, durch sie hindurch, und er versucht sein Leben so zu leben, als ob er es erzählte (...).

Wenn man lebt, passiert nichts. Die Szenerie wechselt, Leute kommen und gehen, das ist alles. Es gibt nie Anfänge. Ein Tag folgt dem anderen, ohne Sinn und Verstand, ein unaufhörliches, eintöniges Aneinanderreihen. Von Zeit zu Zeit macht man eine Teilbilanz, man sagt: jetzt bin ich seit drei Jahren auf Reisen, jetzt lebe ich seit drei Jahren in Bouville. Es gibt auch kein Ende: man verläßt eine Frau, einen Freund, eine Stadt nie mit einemmal. Und außerdem sieht sich alles ähnlich: Shanghai, Moskau, Algier, nach zwei Wochen ist alles gleich (. ..).

Das heißt leben. Aber wenn man das Leben erzählt, verändert sich alles.«

Durch das Erzählen wird das lineare Einerlei der sinnlos ablaufenden Wirklichkeit interpunktiert; es gibt Heraushebungen, Zeitverschiebungen, Auslassungen, ein buntes Bild. »Aber man muß wählen: leben oder erzählen.«

Roquentins überdrüssige Langeweile streift an *existentielle* Langeweile. Denn ob Sprache die Abenteuer und den Sinn nachholen kann, den die Wirklichkeit selbst nicht beizubringen scheint, ist fraglich. Die Zeit selbst enthüllt uns nicht das Ziel ihres unentwegten Fortschreitens. Noch radikaler als Sartres Roquentin benennt der rumänische Philosoph Emile M. Cioran (geb. 1911) die Unbegreiflichkeit der verfallenden Zeit (1948; zit. nach Mattenklott 1987, S. 95):

»Bar jeglichen Inhalts und ohne auch nur den leisesten Anschein einer Bedeutung folgt ein Augenblick dem andern: sie spulen sich ab, sie nehmen einen Verlauf, der nicht der unsere ist. Befangen in stumpfen Wahrnehmungen, sehen wir ihrem Verfließen zu. Es ist die Hohlheit des Herzens vor der Leere der Zeit: ein Gegenüber zweier Spiegel, die ihr *Nichtvorhandensein*, die ein und dasselbe Bild der Nichtigkeit reflektieren. (...) Die Poesie der Lüge, den Stachel eines Rätsels – wo entdecken wir sie noch?«

Die Zeit scheint mit uns durch den Spiegelsaal des Nichts zu verrinnen.

Daß die existentielle Langeweile, die sich mit einer linearen

Zeitauffassung verbindet, von Gefühlen eines immens *beschleu-nigten* Zeitablaufs begleitet sein kann, belegt (der ca. 27 Jahre alte) *Obermann* (1804) von Senancour (1982, S. 176, 178):

> »Siehst du nicht, daß ich nichts finde, daß mich die Lange-weile umbringt? Ich traure allem nach, was vergeht; ich dränge, ich haste, der Ekel treibt mich weiter; ich fliehe die Gegenwart, begehre nicht nach der Zukunft; ich verzehre mich, ich verschlinge meine Zeit, ich eile dem Ende meiner Langenweile entgegen und erhoffe für nachher – nichts. (...) Ich sage dir, die Zeit entflieht in einer Eile, die wächst, je älter man wird. Hinter mir drängen sich die abgelebten Tage; mit ihren farblosen Schatten füllen sie den öden Raum; sie schichten ihre verbleichten Gebeine höher und höher auf: Welch düsteres Trugbild eines Grabmals! Und wenn mein verängstigter Blick sich vorwärts wendet und sich der Folge dereinst froherer Tage vergewissern möchte, welche die Zu-kunft bereithält, so erweist es sich, daß ihre vollen Formen und ihre reizenden Bilder vieles eingebüßt haben. Ihre Far-ben verbleichen; jener verschleierte Raum, der sie durch den Zauber des Ungewissen zu himmlischer Anmut erhöhte, läßt sie nun unverhüllt als dürre, gramvolle Gespenster erschei-nen. Im düsteren Schein, der sie in der ewigen Nacht erhellt, erblicke ich schon den letzten, der ganz allein an den Ab-grund tritt und vor sich – nichts mehr hat.«

Dieses Zeitgefühl der hastig vorbeifliehenden Schatten und Ge-spenster, die unfaßbar sind, hat als Gegenpol das Gefühl des Aufhörens des Zeitflusses, der Zeitleere. Der »Stillstand des Seelen-Perpendikels« (Ludwig Tieck, 1839) läßt die innere und äußere Welt reglos erscheinen, in einer Art von Scheintoten-starre. »Wenn ich am Morgen aufwachte, sah ich den heraufzie-henden Tag hinter meinen geschlossenen Lidern wie ein düste-res (...) unendliches Meer, unweigerlich erstarrt.« (Toussaint 1987, S. 79.) Der »heraufziehende« Tag wirkt »erstarrt« – eine seltsame Vereinigung von Widersprüchlichem, die sich immer wieder in den Langeweilegefühlen des Zeitstillstandes findet.

Der dänische Philosoph Kierkegaard gibt zu Beginn von *Entweder/Oder* (1843) den Entwurf einer Tagebuchnotiz wie-der (1979, S. 40):

»Wie ist die Langeweile entsetzlich! (...). In Untätigkeit erstarrt liege ich da. Ich sehe nichts vor mir als eine gähnende
Leere, nur von ihr lebe ich, nur in ihr bewege ich mich. Dabei
leide ich nicht einmal Schmerz. Dem Prometheus wurde von
dem Adler beständig die Leber ausgehackt, auf Loki träufelte
beständig Gift herunter; das war doch eine Abwechslung,
wenn auch eine einförmige. Für mich hat sogar der Schmerz
seine Erquickung verloren. Böte man mir alle Herrlichkeit
oder alle Qual der Welt, ich rührte mich nicht, ich wendete
mich nicht um, weder um zuzugreifen noch um abzuweh-
ren. Mein Leben ist ein Tod. Und was könnte mich vom
Fluch der Langeweile erlösen? (...) Ach, das Gift des Zwei-
fels in meiner Seele zerfrißt alles. Meine Seele ist wie das Tote
Meer, das kein Vogel überfliegen kann; mitten im Flug zieht
es ihn nieder in Untergang und Verderben.«

Wieder finden wir die widersprüchliche Vereinigung von tot
und lebendig, von Stillstand und Regung: Bewegung in der
Leere, ein ruheloses Nichts.

Der französische Surrealist Robert Desnos (1900 -1945) gibt
in seinem Werk *Die Abenteuer des Freibeuters Sanglot* (1927)
der Langeweile die Gestalt eines sonnigen Platzes, umgeben
von geradlinigen Kolonnaden, gut gefegt, ganz sauber und aus-
gestorben (1973, S. 118 ff.):

»Im Leben des Freibeuters hatte die Stunde absoluten Still-
stands geschlagen, und ihm wurde jetzt klar, daß Langeweile
gleichbedeutend ist mit Ewigkeit. (...)
   Die Langeweile war ein großer Platz, den er eines schönen
Tages zu betreten gewagt hatte. Es war drei Uhr nachmit-
tags. Das Summen der Hornissen und das Flirren der heißen
Luft vermochten die Stille nicht zu übertönen. Die Kolonnaden zeichneten ihre geradlinigen Schatten auf den gelben Boden. Kein Passant, nur auf der anderen Seite dieses Platzes,
der drei Kilometer im Umkreis betragen mochte, eine winzige Person, die ziellos umherwanderte. Freibeuter Sanglot
stellte mit Schrecken fest, daß es immer noch drei Uhr war,
daß die Schatten unverändert in dieselbe Richtung wiesen.
Aber dieser Schreck verging. Der Freibeuter ergab sich
schließlich in diese pathetische Hölle. Ihm war klar, daß

dem, der sich einmal der Existenz des Unendlichen bewußt geworden ist, jedes Paradies verschlossen bleibt, und er war willens, auf diesem heißen, von einer stillstehenden Sonne grell beschienenen Platz bis in alle Ewigkeit Posten zu stehen.«

Die Sonne steht still, und dennoch gibt es Bewegung (von Hornissen, einer winzigen Person). Durch diese Hölle, in der lautlose Lebenslaute zu hören sind und die Sonne ewig strahlt, zieht auch ein Hauch von himmlischer Ewigkeit – zumindest für den Bewohner nördlicherer Breitengrade.

Existentielle Langeweile mit linearer Zeitauffassung kann also einerseits mit Gefühlen einer Zeitverzögerung bis hin zu einem unruhigen Stillstand begleitet sein, in dem Kurz- und Langzeitperspektive eins werden. Andererseits können auch Empfindungen eines gespenstig beschleunigten Zeitablaufs mit Langzeitperspektive entstehen (Obermann).

Wir wollen noch zwei Beispiele einer Langeweile mit *zyklischer* Zeitvorstellung in sehr weitreichender Langzeitperspektive aufführen. Es ist eine überdrüssige Langeweile, die zur existentiellen wird, weil sie den Überdruß weit über die eigenen Lebensumstände hinaus verlängert und *alles* einbegreift – und das ist der ewige, leere, öde, sinnlose Kreislauf des Weltalls.

Friedrich Hebbel schreibt am 2. Februar 1842 in sein Tagebuch:

»Der Ekel am Leben, den die ewige Wiederholung derselben Dinge, das Drehen im Kreis, hervorruft und hervorrufen muß! Aber der Tod schließt uns vielleicht nicht den Weg zur Steigerung auf, sondern er löscht nur das Bewußtsein aus, und alles fängt von vorne an. So könnt' es von Ewigkeit zu Ewigkeit fortgehen.«

Bleibt Hebbel mit dieser Vorstellung eines end- und bewußtlos rotierenden Wiedergeburtsrades immerhin noch auf dieser Erde, so greift der Teufel, der dem fiebrigen Iwan Karamasoff erscheint, noch weiter aus (Dostojewski, *Die Brüder Karamasoff*, 10. Buch, IX; 1880):

»Du denkst nun wieder bloß an unsere jetzige Erde! Aber diese Erde hat sich doch vielleicht schon billionenmal wiederholt. Nun, sie hatte sich eben ausgelebt, ist vereist, ist ge-

sprungen, auseinandergeplatzt, zerfallen, zerstäubt, hat sich
in ihre Elemente aufgelöst, dann ward wieder ›eine Feste
zwischen den Wassern‹, und so weiter, dann wieder ein Ko-
met, wieder eine Sonne, aus der Sonne wieder eine Erde, –
aber diese Entwicklung hat sich doch vielleicht schon unzäh-
ligemal wiederholt, endlos, und immer genau in ein und
derselben Form, alles bis aufs Tüpfelchen genau so wie es
war. Mordslangweilig, sage ich dir ...«

Kommen wir schließlich vom Teufel der Christen, der hier ja
als Verkörperung der existentiellen Langeweile auftritt, zu der
heidnischen Göttin, die nach einem Gedicht von Goethe die
anmutige Verkörperung der *schöpferischen* Langeweile ist (zit.
nach Völker 1975, S. 78):

> Die du steigst im Winterwetter
> Von Olympus Heiligtum
> Tatenschwangerste der Götter
> Langeweile! Preis und Ruhm
> Dank dir!

Die schöpferische Langeweile brütet nicht über sich selbst,
sondern will ausbrüten. Sie kennt die Verlangsamung der Zeit,
in der sie zu sich zu kommen versucht, und die Aufhebung der
Zeit in der Zeit, die erfüllten, geglückten Momente.

Der junge Lyriker Wolfgang M. Ueding umschreibt (in einem unveröffentlichten Gedicht von 1987) einen solchen

> Zwischenhalt
>
> ich mag diese langsamen
> tage die bis übers knie
> im warten waten
> an schlaffer leine
> glättet sich ein traum
> das gras das licht liegt
> in der sonne
> sogar die grillenuhr
> läuft ab es ist noch immer
> hell am nächsten morgen

Freilich sind literarische Äußerungen einer schöpferischen
Langeweile, die sich selbst thematisiert, rar gestreut.

Resümee

Langeweile ist nicht ohne weiteres sichtbar. Sie drückt sich meist nicht unmittelbar aus, sondern bleibt versteckt: vor dem Fernsehgerät, hinter Tätigkeiten aller Art. Unser Interesse galt nicht so sehr dem, was man möglicherweise »aus Langeweile« alles tut oder unterläßt, sondern wie sie »pur« aussieht.

Langeweile ist ein Zustand der Erlebnisarmut. Bei der *situativen* und *überdrüssigen* Langeweile fühlen sich die Betroffenen eingeengt, eingesperrt, beschnitten, an der Entfaltung gehindert: durch einen uninteressanten Vortrag, den man nicht vorzeitig verlassen kann; durch die öde Gleichförmigkeit von Lebens- und Arbeitsbedingungen, wobei zwischen Arbeitslangeweile und Arbeitsmonotonie unterschieden werden muß; durch eine »kleinkarierte« Mitwelt mit ihren »banalen« Gedanken und »spießigen« Normen. Situative und überdrüssige Langeweile sind *gegenstands*bezogen: *Etwas* langweilt mich – und im Übergang zur existentiellen Langeweile ist dieses Etwas »die ganze Welt«.

Mit der *existentiellen* und *schöpferischen* Langeweile gehen Gefühle einer inneren Leere einher. Die erstere entwertet die Wirklichkeit als immergleich, inhalts- und sinnarm und erlebt das eigene Innere als irgendwie tot, als vertrocknet oder verschneit. Schöpferische Langeweile dagegen begreift die Leere dynamisch: als Zustand erhöhter Offenheit und Empfänglichkeit, als Chance eines neuen Beginns, als Anreiz zum Auffüllen und Gestalten, möglicherweise als »Schwelle zu großen Taten« (Walter Benjamin). Existentielle und schöpferische Langeweile sind *selbst*bezogen*: *Ich* langweile mich.

Aufschlußreich ist es, bei Langeweile zwischen linearem und zyklischem Zeitbegriff und Kurzzeit- und Langzeitperspektive zu unterscheiden. Vor diesem Hintergrund wird deutlich, daß sich Langeweile nicht nur mit Gefühlen eines verlangsamten Zeitflusses bis hin zum Stillstand verbinden kann, sondern auch mit solchen einer rasend eilenden Zeit.

* Die hier getroffene Unterscheidung zwischen gegenstands- und selbstbezogener Langeweile stützt sich auf die Unterscheidung von »gegenständlicher« und »zuständlicher« Langeweile von Revers (1949, S. 54 ff.). Eine vergleichbare Unterscheidung trifft Bernstein (1975, S. 513 ff.): »responsive« und »chronische« Langeweile, wobei nicht die Dauer entscheidend ist, sondern der Verursachungsort: innerhalb der Person oder außerhalb.

Erklärungsansätze von Langeweile

Wenn im folgenden verschiedene (eher wissenschaftliche) Betrachtungs- und Erklärungsweisen von Langeweile vorgestellt werden, sind von vornherein zwei Einschränkungen zu machen. Die erste betrifft den Verfasser. Er ist von Haus aus Soziologe und kann sich deshalb nicht sicher sein, ob er die Sichtweisen anderer Wissensgebiete immer angemessen darzustellen vermag. Die andere Einschränkung betrifft den Forschungsstand zum Phänomen Langeweile. Man kann darüber streiten, ob es ausgefeilte Theorien der Langeweile, die präzise zu erklären versuchen und Verhaltensprognosen erlauben, überhaupt gibt. Langeweile wird oft »nebenbei« behandelt – und dennoch gibt es bedeutsame Einsichten aus unterschiedlichen Blickwinkeln.

Theologische Anmerkungen zur Langeweile

Theologisches Interesse gilt vor allem der existentiellen Langeweile. Sie ist erklärbar aus dem Verlust Gottes, aus der Verdiesseitigung, der Verweltlichung von Denken, Fühlen und Tun.

Nun gibt es zwei Denktraditionen, die auf zwei »Bruchstellen« zwischen Mensch und Gott verweisen. Die erste Bruchstelle, welche die Harmonie von Schöpfer und Geschöpfen zerstörte, ist *biblisch dokumentiert*: die Vertreibung aus dem Paradies. In die »endlose Endlichkeit« entlassen, vor Nichts gestellt, leidet der Mensch an innerer Leere, Sinnmangel, Langeweile und versucht, den Verlust Gottes und des Paradieses irgendwie wettzumachen. Wie und mit welchem Erfolg – das sehen diese Theologen sehr unterschiedlich. Die Langeweile ist ein »Erbgut« des mit Gott entzweiten Menschen. In dieser Denktradition steht Blaise Pascal (1623 - 1662), dessen Gedanken über Langeweile wir weiter unten nachgehen.

Die andere Denktradition sieht eine Bruchstelle zwischen Mensch und Gott, die sich *historisch verorten* läßt: den »Säkularismus« im Gefolge der Weltbildveränderungen durch Renaissance, kopernikanische Wende und Aufklärung. In der rationalistischen Durchdringung der Welt gerät Gott an den Rand. Die Mitte des Lebens, heißt es, sei leer geworden – und das sei der Nistplatz der existentiellen Langeweile. Gott gilt nicht mehr als Herr der Geschichte, nicht mehr als Schöpfer jeden geschichtlichen Augenblicks. Gott gibt im Bewußtsein vieler Menschen nicht mehr den letzten Grund und Sinn, das letzte Ziel des Lebens und der Geschichte ab. Die Welt ist fühlbar nur noch als »schlechte Unendlichkeit« des sinnlosen Immer-Weiter. In den endlichen Dingen kann »das Herz, welches nach Unbedingtem verlangt«, nicht finden, was es ersehnt (Guardini 1948, S. 27). So erklärt sich Langeweile aus der Leere und Unruhe eines Lebens, aus dem Gott verdrängt ist. »Die Leere und Tiefe der Langeweile (...) ist Sinnbild jener Leere, die dort gähnt, wo ein Platz im Menschen frei geblieben ist: der Platz Gottes« (Rehm 1947, S. 100).

Nach christlicher Vorstellung ist der Zeitverlauf mit dem Vorgang des Heilsgeschehens verknüpft. Jeder Augenblick hat seinen Wert in der immerwährenden Schöpfung und ist von Ewigkeit umschlossen. Somit sind Empfindungen von leeren Zeitstrecken als einer Grundlage von Langeweilegefühlen weitgehend ausgeschlossen.[*] Die Zeit auf Erden, die ja eine Vorbereitungszeit auf das Leben der Ewigkeit ist, kann nur insofern »lang« werden, als man dem Eingang in Gottes Reich sehnsüchtig entgegensieht. Wenn aber Gott aus der Lebensmitte verschwindet, wird die Welt »immanent-unendlich und damit die Zeit endlos. Dies ist die Einbruchstelle der Langeweile« (Jacobi 1952, S. 19).

Das gottverlassene, leerlaufende Jenseits wird der diesseitigen Lebenslangeweile als schreckliche Fortsetzung ihres Zustandes bis hin in alle inhaltlose Ewigkeit erscheinen. Wird die Lebenslangeweile schon als eine Karikatur der Ewigkeit empfunden – wie quälend kann der Gedanke an eine negative Unsterblichkeit des Nichts werden!

Zur Verdeutlichung seien die Stationen einer Langeweile, die aus dem Gefühl der Sinnlosigkeit des Lebens entspringt und

---

[*] Abgesehen werden soll hier von der mittelalterlichen Mönchskrankheit »acedia«, die als religiöse Unlust und traurige Unzufriedenheit mit der Eintönigkeit mönchischen Lebens als Todsünde galt; denn »acedia« ist mißmutig, verdrießlich oder gleichgültig gegenüber dem, worüber sich der Mensch freuen soll: dem in Gott liegenden Sinn der Welt (vgl. Bellebaum 1990).

sich über den Tod hinaus verlängert, an einigen belletristischen Beispielen skizziert.

Oblomow sagt in Gontscharows gleichnamigem Roman (1859, 8. Kap.):

> »Wenn man nicht weiß, wozu man lebt, lebt man nur irgendwie, einen Tag wie den anderen; man freut sich, daß ein Tag vergangen ist, daß die Nacht angebrochen ist und daß man die langweilige Frage, wozu man diesen Tag gelebt hat und wozu man morgen leben wird, im Schlaf vergessen kann.«

Hier scheint noch Schlaf ein wenig gegen Langeweile zu helfen – und doch gelten beide als die kleineren Geschwister des Todes.

Bei Baudelaire (*Die Blumen des Bösen*, LXXVI, 1857) rückt diese Langeweile in die Nähe der negativen Unsterblichkeit:

> »Nichts dehnt so lang sich wie die lahmen Tage, wenn unter schweren Flocken schneeverhangener Jahre die Langeweile, Ausgeburt der dumpfen Teilnahmslosigkeit, das Ausmaß der Unsterblichkeit gewinnt. Hinfort, o lebende Materie! bist du nur noch ein Granitblock, der, umhaucht von unbestimmtem Grauen, am Grunde einer Nebelwüste schlummert!«

Wenn nach dem öden, leblosen Leben eine ebensolche Ewigkeit droht, kann sich ja jemand die Frage stellen, ob wenigstens der Moment zwischen Tod und ewigem Weiterleben ein Erlebnis bringt oder zumindest einen Einschnitt in die Langeweile. So fragt einer in Bonaventuras *Nachtwachen* (1804) und hat sich dazu die Silvesternacht 1799 ausgesucht (6. Nachtwache):

> »Das einzige geniale Stückchen verübte ein satirischer Bube, der schon vorher aus Langerweile entschlossen war in das neue Säkulum nicht mit hinüberzuwandern, und jetzt in der letzten Stunde des alten sich erschoß, um den Versuch zu machen ob in diesem Indifferenzmomente zwischen Tod und Auferstehen, das Sterben noch auf einen Augenblick möglich sei, damit er nicht mit der ganzen übergroßen Lebenslangeweile in die Ewigkeit ohne weiteres hinübermüsse.«

Die Hoffnung, daß der Tod etwas Neues bringt, enthält auch »Der Traum eines Neugierigen« (1860) von Baudelaire (CXXV). Dieser Neugierige liegt im Sterben, das für ihn »halb Begier, halb Graun«, »Angst und frische Hoffnung« ist:

> »(…) Ich war dem Kinde gleich, das auf das Schauspiel lauert und den Vorhang haßt (…) Endlich enthüllte die kalte Wahrheit sich:
> Ich war gestorben ohne zu erstaunen, und gräßlich umleuchtete mich rings das Morgenrot. – Wie? ist das alles? Der Vorhang war aufgegangen, und ich harrte immer noch.«

Wenn das Nichts alles war, dann wird das Harren vergeblich – dann folgt der letzte fürchterliche Traum, wie er in der 14. Nachtwache von Bonaventura steht:

> »Da sah ich mich selbst mit mir allein im Nichts, nur in der weiten Ferne verglimmte noch die letzte Erde, wie ein auslöschender Funken – aber es war nur ein Gedanke von mir, der eben endete. Ein einziger Ton bebte schwer und ernst durch die Öde – es war die ausschlagende Zeit, und die Ewigkeit trat jetzt ein. Ich hatte jetzt aufgehört alles andere zu denken, und dachte nur mich selbst! Kein Gegenstand war ringsum aufzufinden, als das große schreckliche Ich, das an sich selbst zehrte, und im Verschlingen stets sich wiedergebar. Ich sank nicht, denn es war kein Raum mehr, ebensowenig schien ich emporzuschweben. Die Abwechselung war zugleich mit der Zeit verschwunden, und es herrschte eine fürchterliche ewig öde Langeweile. Außer mir, versuchte ich mich zu vernichten – aber ich blieb und fühlte mich unsterblich!«

Das ist die äußerste Vorstellung von der schlechten Unvergänglichkeit des Nichts und der negativen Unsterblichkeit des unerlösbaren Ich. Hier klingt die Erschütterung nach durch die kopernikanische Wende des Weltbildes und die Entleerung der Transzendenz seitens eines Rationalismus, der Gott für tot oder überlebt zu erklären versuchte. So wird die Ewigkeit zum dämonischen Inbegriff der Langeweile.

Existentielle Langeweile rührt aus theologischer Sicht aus dem Mangel an Gottesbewußtsein her. Es gibt aber auch eine überdrüssige oder existentielle Langeweile, die Gott nicht ver-

Heiner H. Hoier

drängt hat, sondern ihn nach ihrem Bilde schuf: Gott, der sich langweilt.

Nun ist ja schon lange die volkstümliche Vermutung verbreitet, daß es im christlichen Himmel im Vergleich zur Hölle ausgesprochen fad zugehe.

So entwirft der Held in Thümmels *Reise in die mittäglichen Provinzen von Frankreich* (1791/1805) ein Leben der Abwechslung auch für das Leben nach dem Tode, das viele Wanderungen und Reisen vorsieht (zit. nach Völker 1975, S. 151):

> Dort sey mein Tagebuch der Lehre
> Abwechselnder Zufriedenheit,
> Mein Wandelgang zu jeder Sphäre
> Der Überraschung nur geweiht;
> Denn ohne sie wie schmacklos wäre
> Bei stetem Kreislauf, mir die Ehre
> Einförmiger Unsterblichkeit!

Schon die alten italienischen Kirchenmaler scheinen bei der Darstellung der Hölle mehr Engagement und Phantasie zu zeigen als bei der Darstellung himmlischer Szenen. Ernst Bloch notierte 1910: »Der Hintern des Teufels ist die Unruhe, die Langeweile ist der Hintern Gottes.«

Es gibt also den ironischen Verdacht, daß sich nicht nur *Ein Münchner im Himmel* (ein populäres Stück von Ludwig Thoma) langweilt, sondern Gott Vater selbst – und zwar *vor* und *nach* Erschaffung der Welt.

Eine Genealogie der Langeweile, die mit der frechen Bemerkung »Im Anfang war die Langeweile« beginnt, findet sich im 19. Jahrhundert öfter und geht zum Beispiel auch in den Roman *La Noia* (1960) von Moravia ein, wo ein Gymnasiast glaubt, die Triebfeder der Weltgeschichte entdeckt zu haben (1966, S. 9):

> »Im Anfang war also die Langeweile, gemeinhin Chaos genannt. Gott, der Langeweile überdrüssig, schuf Erde und Himmel, Wasser, Tiere und Pflanzen, Adam und Eva. Die aber langweilten sich ihrerseits im Paradies und aßen von der verbotenen Frucht. Gott wurde ihrer überdrüssig und vertrieb sie aus dem Paradies. Kain, von Abel gelangweilt, erschlug ihn. Noah, der sich langweilte, erfand den Wein. Wiederum waren die Menschen dem lieben Gott langweilig geworden, und er zerstörte die Welt durch die Sintflut. Auch die aber wurde ihm bald dermaßen langweilig, daß er es wieder schönes Wetter werden ließ. Und so weiter.«

Hier gibt Gott seine Langeweile als Teil der Ebenbildlichkeit an die Menschen weiter. Gottes Langeweile ist die der überdrüssigen Art; sie ist im Ergebnis nicht schöpferisch, sondern beliebig oder zufällig. Dazu gehört auch die Vorstellung, daß die Menschen wie Spielkarten oder Brettfiguren seien, »mit denen Gott und der Teufel aus Langeweile eine Partie machen« (z.B. in *Leonce und Lena*, II, 2, von Georg Büchner, 1836).

Ein von Langeweile getriebener Gott handelt blind: Das erklärt in den Augen moderner Spötter die Unerforschlichkeit seiner Ratschlüsse. Er weiß nicht so recht, wie es mit seiner Schöpfung weitergehen soll.

Der Verfasser der *Nachtwachen* (1804) läßt einen Insassen eines Tollhauses einen »Monolog des wahnsinnigen Weltschöpfers« (9. Nachtwache) halten, der u. a. sagt:

> »Ich hätte die Puppe (den Menschen) ungeschnitzt lassen sollen! – Was soll ich nur mit ihr anfangen? – Hier oben sie in der Ewigkeit mit ihren Possen herumhüpfen lassen? – Das geht bei mir selbst nicht an; denn da sie sich dort unten schon mehr als zuviel langweilt und sich oft vergeblich bemüht in der kurzen Sekunde ihrer Existenz die Zeit sich zu vertreiben, wie müßte sie sich bei mir in der Ewigkeit, vor der ich oft selbst erschrecke, langweilen! Sie ganz und gar zu vernichten tut mir auch leid; denn der Staub träumt doch oft gar so angenehm von der Unsterblichkeit, und meint, eben weil er so etwas träume, müsse es ihm werden. – Was soll ich beginnen? Wahrlich hier steht mein Verstand selbst still! Lasse ich die Kreatur sterben und wieder sterben, und verwische jedesmal das Fünkchen Erinnerung an sich selbst, daß es von neuem auferstehe und umherwandle? Das wird mir auf die Länge auch langweilig, denn das Possenspiel immer und immer wiederholt, muß ermüden! – Am besten ich warte überhaupt mit der Entscheidung bis es mir einfällt einen Jüngsten Tag festzusetzen und mir ein klügerer Gedanke beikommt. –«

Gott bei dieser Entscheidung behilflich sein – das würde gerne der versoffene, an existentiellem Überdruß leidende Soldat in der Komödie *Die Dame ist nicht für's Feuer* (1948) von Christopher Fry (1. Akt): Die Zeit sei da, meint er, daß die Gräber ihren Abfall ausschütten für die »letzte große Himmelfahrt des Staubes, gesaugt ins Weltgericht durch Weltalls Gähnen der Langeweile«.

Das Weltall gähnt, und wenn Gott überhaupt darin vorhanden ist, gähnt er mit. Das sind neuzeitliche (belletristisch pointierte) Projektionen von Menschen, deren innere Leere aus theologischer Sicht mit ihrer Gottesferne zu tun hat. Diese Haltung verbreitete sich mit einer Rationalisierung von Leben und Weltbild als einem Nebenergebnis der Aufklärung.

Um 1660 entwirft Blaise Pascal eine religiöse Anthropologie, die vom biblischen Sündenfall ausgeht (Pascal 1956, §§ 83 ff.). Von der Größe der paradiesischen »ersten Natur« des Menschen blieb eine ferne Erinnerung, eine »Narbe« übrig, die sein Elend bewirkt (und ihn von den anderen Lebewesen unterscheidet). Denn das Elend des Menschen besteht darin, daß er um seine Hinfälligkeit und Sterblichkeit weiß und sein Nichts fühlen kann. Dieses Wissen und Gefühl aber verdankt er dem Nachwirken seiner ersten unendlichen Natur, von der er abgefallen ist. In seiner »zweiten Natur« ist der Mensch, der »entthronte König«, nur ein Fragment seiner ersten Natur, ein unglücklicher Kompromiß zwischen Engel und Tier, der den Ort des ehemaligen Glücks ruhelos sucht und nicht wiederfinden kann.

Die Ruhelosigkeit des Menschen ist Suche und Flucht gleichermaßen. Die *Suche* ist ziellos, da das Paradies endgültig verloren erscheint. Nach verschiedenen Tätigkeiten und Zerstreuungen (Jagd, Billardspiel) jagt der Mensch nicht der Ergebnisse, sondern der Spannung wegen. »Wir suchen niemals die Dinge, sondern das Suchen nach ihnen.« Die Menschen bilden sich ein, nach getaner Arbeit die Ruhe zu suchen, und suchen doch nur die Unruhe, getrieben von vergeblicher Sehnsucht nach der ursprünglichen seligen Ruhe und dem verlorenen Glück.

»Und hätte man sich wirklich in jeder Hinsicht gesichert, so wird die Langeweile auf Grund ihres eigenen Rechtes sich nicht hindern lassen, aus dem Grunde des Herzens, wo sie natürlich wohnt, aufzusteigen und den Geist mit ihrem Gift zu erfüllen.«

Die Rastlosigkeit des Menschen ist also auch *Flucht* vor der existentiellen Langeweile, in der sich das Nichts als Bestandteil und Merkmal der nachparadiesischen Natur des Menschen ausdrückt. In der Langeweile würde der Mensch sich selbst in seiner tödlichen Endlichkeit und Unbegreifbarkeit begegnen.

»Nichts ist dem Menschen unerträglicher als völlige Untätigkeit, als ohne Leidenschaften, ohne Geschäfte, ohne Zerstreuungen, ohne Aufgabe zu sein. Dann spürt er seine Nichtigkeit, seine Verlassenheit, sein Ungenügen, seine Abhängigkeit, seine Unmacht, seine Leere. Allsogleich wird dem Grunde seiner Seele die Langeweile entsteigen und die Düsternis, die Trauer, der Kummer, der Verdruß, die Verzweiflung.«

So ist der Mensch auf ständiger Flucht vor dem Nichts als einem Konstituierenden seiner zweiten Natur.

Gibt es keinen Ausweg? Pascal macht nur spärliche Andeutungen. Er bezeichnet die übliche rastlose Zerstreuung, die uns in unserem Elend tröstet, als Spitze des Elends. Denn sie verdränge mit dem Nachdenken über uns selbst zwar Langeweile. Wenn aber Langeweile verdrängt werde, fehle auch der Antrieb, bessere Wege zu finden. Nur in Gott, im erfüllten Zustand der Gnade, lasse sich existentielle Langeweile überwinden.

> »Die Stoiker lehren: Kehr bei dir selbst ein; dort findest du Ruhe; und das ist nicht wahr.
> Die andern lehren: Geh hinaus; such das Glück in der Zerstreuung; und das ist nicht wahr: Krankheiten kommen.
> Das Glück ist weder außer uns, noch in uns; es ist in Gott, und sowohl außer als in uns« (§ 182).

Dieses schwierige Glück im »Exil« außerhalb des Gartens Eden kann den Menschen vom existentiellen Leiden an sich selbst erlösen.

Anthropologisch-philosophische Betrachtungen von Langeweile

Es lassen sich, grob unterteilt, vier anthropologisch-philosophische Betrachtungsweisen von Langeweile unterscheiden. Da sind zum einen die »Pendeltheorien«, die den Menschen andauernd zwischen Unrast und (überdrüssiger/existentieller) Langeweile hin und her pendeln sehen. Dann gibt es Theorien des frustrierten Tätigkeits- und Erlebnisdrangs der Menschen: Langeweile rührt her aus der versagten Befriedigung menschlicher Antriebs- und Wirkkräfte. Unter diesem Blickwinkel kann auch schöpferische Langeweile zum Thema werden. Des weiteren sei aufgeführt ein Verständnis von überdrüssiger und existentieller Langeweile als der Nachtseite einer ästhetisch-ironischen Lebenshaltung. Schließlich gibt es Theorien, die das »Gift der Erkenntnis« für (existentielle) Langeweile verantwortlich machen.

Das Motiv des fortdauernden Pendelns zwischen Unruhe und Langeweile, vor der man wieder in die Rastlosigkeit flieht, wird schon von Pascal angedeutet. Der Mensch kann sich nicht befriedigt zurücklehnen und in Ruhe verharren, weil ihn sonst die Langeweile vor den Abgrund seiner gottverlassenen Nichtigkeit führt.

Auch Voltaire (1694 - 1778) sieht, wenngleich ohne Bezug auf das verlorene Paradies, die Menschen zwischen bleierner Fadheit und Zuckungen der Unrast hin und her schwanken: Langeweile und Aufregung seien die Eckpunkte des Lebens (nach Kuhn 1976, S. 150).

In Voltaires Roman *Candide* (1759) leiden die Helden, die nach schrecklichen Abenteuern ein ruhiges ländliches Plätzchen in der Nähe von Konstantinopel gefunden haben, unter entsetzlicher Langeweile (wenn sie nicht gerade streiten oder auf der Straße die abgeschlagenen Köpfe von Verurteilten vorbeigefahren werden). So sagt die alte Frau (Kap. 30):

>»Ich möchte wissen, was schlimmer ist, hundertmal von Negerpiraten genotzüchtigt zu werden, eine abgeschnittene Hinterbacke zu haben, bei den Bulgaren [Preußen] Spießruten zu laufen, bei einem Autodafé [Ketzerhinrichtung] ausgepeitscht und gehängt und dann seziert zu werden, Galeerensklave zu sein, kurz, all das Elend zu erdulden, das wir durchgemacht haben, oder hier herumzusitzen und nichts zu tun?«

In der sich anschließenden Diskussion kommt die Runde mehrheitlich zu dem Ergebnis, daß der Mensch geboren werde, »um entweder in den Krämpfen der Unrast oder in der Ohnmacht der Langeweile zu leben«. Hilft ländliche Arbeit dagegen, wie ein benachbarter türkischer Bauer meint? Kann sein – aber hier hört der Roman auf.

Für Voltaire verbindet sich Langeweile vor allem mit Untätigkeit. Für den Dichter Ludwig Tieck (1773 - 1853) heftet sie sich an *alle* Tätigkeiten, sofern sie länger ausgeübt werden. Das Pendel geht nicht geradlinig hin und her zwischen Hetze und Langeweile, sondern geht im Kreis herum, stetig getrieben von einer Langeweile, die aller Dinge schnell überdrüssig wird.

»Wenn die Menschen lange genug ihr Unglück empfunden haben, so fängt es an, ihnen langweilig zu werden, sie greifen zu den Zerstreuungen, die Zerstreuungen werden ennuyant, und sie fangen an zu arbeiten, bis ihnen die Arbeit Langeweile macht, und sie eine Weile müßig gehn; da nun der Müßiggang grade der einförmigste Zustand von der Welt ist, so fangen sie wieder an thätig zu werden, oder sie fallen zur Abwechslung in ein neues Unglück, und so geht es immer im Zirkel herum. Die alte griechische Mythe von der Io und ihrer Bremse habe ich immer für eine Allegorie auf die Menschen gehalten, die unaufhörlich von der Langeweile verfolgt werden, so daß sie mit ihnen zu Pferde und in den Wagen steigt, unter dem Arbeitstisch sitzt und laut gähnt, und mit ihrem Löffel zuerst in die Suppe greift« (1796; zit. nach Völker 1975, S. 119 f.).

Die schöne Io wurde von Zeus begehrt und von dessen Gattin Hera aus Eifersucht in eine Kuh verwandelt, bewacht von Argos. Im Auftrag von Zeus, der die Kuh entführen wollte, tötete Hermes den Argos. Daraufhin schickte Hera der Io eine Bremse, von der umschwirrt und gestochen sie ruhelos durch alle Länder flüchtete (um schließlich in Ägypten wieder Menschengestalt anzunehmen und einen Sohn zu gebären).

In der Vorstellung von Ludwig Tieck stachelt uns überdrüssige Langeweile zu immer anderen Tätigkeiten an, die wir reihum verfolgen, bis wir wieder bei der ersten angelangt sind. Hier bleibt noch außer acht, was später – auch schon von Kant – oft betont wird: daß die kreisförmige Flucht vor der Langeweile tendenziell zu einer spiralförmigen wird. Das gilt besonders für die Vergnügungen und Genüsse: Sie werden immer verfeinerter, raffinierter, extremer.

Auch die *Anthropologie in pragmatischer Hinsicht* (1798) von Immanuel Kant enthält eine Pendeltheorie (und gebraucht das Bild des »Stachels«). Die Natur hat es »selbst so geordnet, daß sich zwischen angenehmen und den Sinn unterhaltenden Empfindungen der Schmerz ungerufen einschleicht und so das Leben interessant macht« (§ 25 c). Leben ist ein fortwährendes Wechselspiel von Vergnügen (»Lust durch den Sinn«; »Gefühl der Beförderung«) und Schmerz (»Unlust durch den Sinn«; »(Gefühl) einer Hindernis des Lebens«). Jedem Vergnügen muß Schmerz vorausgehen; kein Vergnügen kann unmittelbar auf das andere folgen. Was wir als Wohlbefinden wahrnehmen, ist ein Zustand, der »doch nur aus ruckweise (mit immer dazwischen eintretendem Schmerz) einander folgenden angenehmen Gefühlen besteht« (§ 60). Der Schmerz gilt Kant als »Stachel der Tätigkeit«, in der wir zuallererst unser Leben fühlen.

Nun unterscheidet er zwischen *positivem* und *negativem* Schmerz. Der positive Schmerz z.B. von Arbeit mündet in das Vergnügen am Arbeitsergebnis und des Feierabends. Der positive Schmerz bei der Lektüre eines Liebesromanes, das Mitleiden mit den Liebesschmerzen, mündet in Vergnügen, wenn sich die beiden endlich kriegen.

Der *negative* Schmerz dagegen ist »Leere an Empfindungen, die der an den Wechsel desselben gewöhnte Mensch wahrnimmt«, ist »die lange Weile«. Diesen negativen Schmerz empfinden vor allem die Menschen, »welche auf ihr Leben und auf die Zeit aufmerksam sind« (§ 61). Voraussetzung des Leidens an Langeweile ist also Selbstreflexion und Zeitbewußtsein – und das haben nur »kultivierte Menschen«.

> »Der Karaibe ist durch seine angeborne Leblosigkeit von dieser Beschwerlichkeit frei. Er kann stundenlang mit seiner Angelrute sitzen, ohne etwas zu fangen; die Gedankenlosigkeit ist ein Mangel des Stachels der Tätigkeit, der immer einen Schmerz bei sich führt, und dessen jener überhoben ist.«

Der einfache Mensch lebt im Pendelrhythmus von positivem Schmerz (rund um seine Grundbedürfnisse) und Vergnügen (deren Befriedigung), eingeschoben möglicherweise Perioden des Dösens oder dumpfer Gedankenlosigkeit. Der kultivierte Mensch dagegen steht in Gefahr, der als Vorgefühl eines langsamen Todes wahrgenommenen Empfindungsleere (negativer Schmerz) durch einen sich beschleunigenden Wechsel immer raffinierterer Genüsse zu entgehen – vergeblich. Denn wenn am Schluß nichts mehr neu ist (außer dem Tod), geht das Pendel ungleichmäßig: Beängstigend langsam bewegt es sich im Bereich des negativen Schmerzes der Langeweile, in den es nach kurzen, schwunglosen Ausschlägen in die verbrauchte Welt der Genüsse immer wieder zurückkehrt.

Deshalb plädiert Kant für eine feine, »epikurische« Einteilung des Genusses, um Abnutzung zu vermeiden und gegen angeekelte Übersättigung gefeit zu sein:

> »Auf welchem Wege man aber auch immer Vergnügen suchen mag: so ist es, wie bereits oben gesagt, eine Hauptmaxime, es sich so zuzumessen, daß man noch immer damit steigen kann; denn damit gesättigt zu sein, bewirkt denjenigen ekelnden Zustand, der dem verwöhnten Menschen das Leben selbst zur Last macht und Weiber unter dem Namen der Vapeurs verzehrt. – – Junger Mensch! (...) gewinne die Arbeit lieb; versage dir Vergnügen, nicht um ihnen zu *entsagen*, sondern so viel als möglich immer nur im Prospekt zu behalten! Stumpfe die Empfänglichkeit für dieselbe nicht durch Genuß frühzeitig ab!« (§ 63)

Kants Langeweiletheorie hat – im Unterschied zur folgenden von Schopenhauer – noch einen optimistischen, aufklärerischen Grundton: Langeweile ist eine Form von Schmerz, der als Kontrast zu (dosiertem) Vergnügen diesem Gestalt zu geben vermag und als Stachel von Tätigkeit (schöpferisches) Arbeiten nahelegt.

Bedeutsam ist der Hinweis darauf, daß vor allem »kultivierte Menschen« sich langweilen, also Menschen, die gelernt haben, sich selbst in ihren Empfindungen und Gedanken zu beobachten und an das Leben Sinnfragen zu richten. Dieser Gedanke wird uns später noch beschäftigen. Er beinhaltet ja, daß einfache Menschen* – seien es Mitglieder von Naturvölkern, seien es die »kleinen Leute« oder der »große Haufen« in Europa – sich nicht langweilen können. Das gilt möglicherweise auch für Kinder, denen zwar nicht Tätigkeitsdrang fehlt, aber weitgehend noch ein Bewußtsein ihrer selbst.

Von Arthur Schopenhauer (1788 - 1860) stammt die pessimistische Pendeltheorie: Der Mensch schwankt unaufhörlich zwischen zwei Mangelempfindungen hin und her, nämlich der von Schmerz und Not einerseits und Langeweile andererseits. Es strebt zwar jedes Lebewesen aus Not und Mangel heraus und sucht Sättigung und Erfüllung. Nur der Mensch aber kann niemals ein Gleichgewicht, einen Zustand der Zufriedenheit und des Glücks erreichen. Mit der Beseitigung eines Mangels wird nicht die Qual beseitigt, sondern nur durch eine andere Form ersetzt. Der Mensch krankt immer: an Schmerz oder an leerem Sehnen. Sein Wollen und Streben ist mit einem unlöschbaren Durst vergleichbar (*Die Welt als Wille und Vorstellung*, Bd. I, 4. Buch, § 57):

»Die Basis alles Wollens aber ist Bedürftigkeit, Mangel, also Schmerz, dem er (...) durch sein Wesen anheimfällt. Fehlt es ihm hingegen an Objekten des Wollens, indem die zu leichte Befriedigung sie ihm sogleich wieder wegnimmt; so befällt ihn furchtbare Leere und Langeweile: d.h. sein Wesen und sein Dasein selbst wird ihm zur unerträglichen Last. Sein Leben schwingt also gleich einem Pendel hin und her zwischen dem Schmerz und der Langenweile (...).

Nun ist (...) bemerkenswert, daß einerseits die Leiden und Qualen des Lebens leicht so anwachsen können, daß selbst der Tod, in der Flucht vor welchem das ganze Leben besteht, wünschenswert wird (...) und andererseits wieder, daß, sobald Not und Leiden dem Menschen eine Rast vergönnen, die Langeweile gleich so nahe ist, daß er des Zeitvertreibes notwendig bedarf. Was alle Lebenden beschäftigt und in Bewegung erhält, ist das Streben nach Dasein. Mit dem Dasein aber, wenn es ihnen gesichert ist, wissen sie nichts anzufangen: daher ist das zweite, was sie in Bewegung setzt, das Streben, die Last des Daseins loszuwerden, es unfühlbar zu machen, ›die Zeit zu töten‹, d.h. der Langenweile zu entgehn (...). Die Langeweile aber ist nichts weniger als ein gering zu achtendes Übel: sie malt zuletzt wahre Verzweiflung auf das Gesicht.«

---

* Ca. 80 Jahre später zitiert Friedrich Nietzsche (*Menschliches, Allzumenschliches*, 2. Bd., 2. Abt., 56) das »Sprichwort«: »Der Magyar ist viel zu faul, um sich zu langweilen.«
Im 20. Jahrhundert beginnt dann mancher gehetzte Europäer, die »erhabene Faulenzerei« in anderen Kulturen neidvoll zu bewundern, z.B. der Schriftsteller Walter Serner (1889 - 1942): Da »lob ich mir den Asiaten. Er lebt für nichts und wieder nichts; allenfalls für sein dolce f.n., das nur der einfache Ausdruck für die erfreuliche Absicht ist, sich nicht zu bemerken (...) Ich habe einmal in einem kleinen Café in Genf einen Inder gesehen, der einen ganzen Nachmittag lang, bewegungslos geradeaus glotzend, dasaß. Es war, als ob er mit offenen Augen schliefe (...) Wie ekelerregend wird von hier aus die knüllige Ambition der Geistportiers, gute Europäer zu sein. Globe-Trottel! Globe-Trottel!!« (In: Schultz/Köpf 1983, S. 44.)

Die Pendelbewegung zwischen Not und grauer Öde betrifft grundsätzlich alle Menschen, wenngleich das eine und das andere nicht gleichmäßig auf alle Menschen verteilt sind. Die Not ist eher die »Geißel des Volkes«, die Langeweile eher die »der vornehmen Welt«. Staatsklugheit gebot es schon immer, dem Volk mit Blick auf die beiden Pole Not (Hunger) und Langeweile »panem et circenses« anzubieten (Brot und Zirkusspiele; für heute übersetzt: Wohlstand und Fernsehunterhaltung).

Das leere Sehnen der Langeweile, so spottet Schopenhauer, treibe die Menschen blindlings auf Reisen und treibe sie, die einander so wenig lieben, zu Hause in der Geselligkeit zusammen, »daß es ein Spaß ist, es anzusehen«.

Langeweile ist auch die Triebfeder zur Schaffung der imaginären Ersatzwelten der Religionen, die den »Reiz der Täuschung« haben und das Leere und Schale des Daseins notdürftig verdecken sollen.

Alles Glück ist nur negativer, nicht positiver Natur. Es erlöst immer nur von einem Mangel oder Schmerz (wozu auch gehören: Haß, Neid, Eifersucht, Angst, »Ehrgeiz, Geldgeiz« usw.), auf welchen entweder ein neuer Schmerz folgt oder eben quälende Langeweile. Alle äußeren Vergnügungen und Zerstreuungen helfen nicht gegen Langeweile – am ehesten noch innere »intellektuelle Genüsse«, das »reine Erkennen, dem alles Wollen fremd bleibt, der Genuß des Schönen, die echte Freude an der Kunst«. Aber das hilft auch nur deshalb ein wenig, weil es uns als »anteilslose Zuschauer« aus dem wirklichen Dasein »in einem vorübergehenden Traum« heraushebt. Außerdem sind diese geistigen Genüsse nur den Allerwenigsten mit »selteneren Anlagen« zugänglich – und eben diese Anlagen machen sie einsam inmitten der vielen Stumpfen und für Leiden viel empfänglicher, wodurch sich denn alles wieder ausgleicht.

Kant hielt »kultivierte Menschen« für langeweileanfälliger als andere. Für Schopenhauer ist das leere Sehnen der existentiellen Langeweile eine anthropologische Konstante, die in der weniger sorgenbelasteten »vornehmen Welt« deutlicher zutage tritt und nur von einer kleinen Elite des »reinen Erkennens« vorübergehend überwunden werden kann.

Langeweile aus Frustration von (Selbst-)
Verwirklichungsbedürfnissen

Im optimistischen Menschenbild der Aufklärung, auf das sich Gesellschafts- und Bildungsreformer auch heute berufen, gibt es eine natürliche Wißbegierde des Menschen, ein immerwährendes Bestreben von Körper, Geist und Seele nach Bewegung und Fortentwicklung. Wenn diese Kräfte kein Betätigungsfeld haben, stellt sich das »Mißvergnügen der Langeweile« ein. Bloßer Zeitvertreib richtet dagegen nichts aus, da er die Menschen nicht bereichert und weiterbringt, sondern entleert. Demgegenüber sind weitgehend selbstbestimmte Arbeit, Liebe zur Kunst und »wahre Gelehrsamkeit das tödlichste Gift der Langeweile« (zit. nach Völker 1975, S. 158).

Nun gibt es aber *äußere* und *innere* Umstände, die den Gebrauch der »seelischen Kräfte« hemmen und oft nicht in der Verfügungsgewalt des einzelnen liegen. Zu den *äußeren* Umständen gehören nicht nur die alltäglichen Gelegenheiten, welche die einfache situative Langeweile begründen können (warten müssen und dergleichen), sondern auch gesellschaftlich-institutionelle Eindämmungen von Wißbegierde und Selbstverwirklichung – wie zum Beispiel die (mehr oder minder subtilen) staatlichen und kirchlichen Denk- und Berufsverbote bis heute oder die modernen massenmedialen Bewußtseinsentleerungsindustrien.

In dieser aufklärerischen Tradition steht auch die immer wieder aufkommende Vermutung, daß die Kinder in den Schulen oft deshalb so geängstigt *und* gelangweilt seien, weil sie weniger gefördert als vielmehr in der Entfaltung ihrer natürlichen Kräfte gehindert und zurechtgestutzt würden, um später richtig zu »funktionieren«.

Als langeweileträchtig gelten somit sozioökonomische Lebensumstände, die viele Menschen an der in ihnen angelegten Entfaltung hindern und sie zu Gefühlen des Überdrusses und der Unausgefülltheit neigen lassen. Daraus ergeben sich Forderungen nach gesellschaftlichen Veränderungen – und Abwehrversuche der Konservativen und Privilegierten, die bis heute gerne das Bild von der natürlichen Trägheit des Menschen dagegenhalten.

Zu den *inneren* Umständen, welche die Selbstwerdung behindern, gehört eine allzu große Diskrepanz zwischen Wunsch und Wirklichkeit: ein mangelnder Ausgleich zwischen den Ausmalungen der Einbildungskraft und der Realitätswahrnehmung, zwischen phantasiebeflügelten Erwartungen und kläglichen Erfüllungen. Solche Unausgewogenheiten führen zur Gleichgültigkeit gegen die »wirkliche« Wirklichkeit und zur überdrüssigen Langeweile (und werden uns noch im Zusammenhang mit der modernen Fernsehunterhaltung und Warenwerbung beschäftigen).

Es spricht ein fast treuherziger Optimismus aus den Worten von Johannes Bernhard Basedow (1723 - 1790), wenn er in der *Practischen Philosophie für alle Stände* (1758) gegen diese Unausgewogenheiten unter anderem empfiehlt (zit. nach Völker 1975, S. 156):

»1) Man muß zu der Zeit, da man zur Erfüllung gewißer Wünsche nichts beytragen kann, mit seinen Gedanken denselben nicht nachhängen; sondern etwas vornehmen, wodurch man andre Wünsche erfüllt, oder zu solchen Wünschen gereizt wird, zu deren Erfüllung man jetzund etwas beytragen kann. 2) Man muß sich nicht zufälligen Empfindungen in solchen Zeiten und Umständen überlaßen, worinnen man vermuthen kann, daß sie für uns nicht wichtig genug seyn, und unsre vergeblichen Wünsche nicht zerstreuen werden.«

Im einzelnen rät Basedow zu genauen Zeiteinteilungen, damit keine »unbesetzten Zwischenzeiten« entstehen. Wenn Langeweile dennoch droht, empfiehlt er zeitaufwendige Sorgfalt auch in kleinen (Berufs-)Dingen, kontemplative Spaziergänge, Umgang mit den schönen Künsten und (geistreichen) Freunden und auch – wenngleich mit größter Vorsicht – gewisse Spiele.

Eine gute Umschreibung der existentiellen Langeweile als innerer Blockade des Seelenlebens gibt schon 1754 Johann Georg Sulzer (1720 - 1779; zit. nach Völker 1975, S. 154):

»Sie rührt aber augenscheinlich daher, daß die Thätigkeit der Seele, es sey nun aus welcher Ursache es wolle, gehindert worden. Man fühlt das dringende Bedürfniß der Natur, und wünscht inständig es zu befriedigen; aber man flattert von einem Gegenstande zum anderen, ohne sich auf irgend einen heften zu können. Die Ideen weigern sich gleichsam, sich der Seele darzustellen: und die Seele, die in ihrer Wirkung diese schreckliche Lücke gewahr wird, ohne sie ausfüllen zu können, möchte vor Verdruß darüber vergehen.«

Die Dinge erscheinen bedeutungsleer und sinnlos, weil die ihnen zugrundeliegenden Wesensbilder (»Ideen« nach Platon) unsichtbar bleiben und in der Seele, die ja erkennen und teilnehmen *will*, nagende Leere herrscht, zielloses Streben.

Als Gegenmittel vertrauen viele Aufklärer, neben körperlicher Betätigung, auf »freie Gedankentätigkeit« und reiches Gefühlsleben, gefördert vor allem durch den Umgang mit Kunst. Kunst vertreibt Langeweile – und Langeweile treibt zur Kunst, wie Johann Gottfried von Herder (1744 - 1803) sagt (zit. nach Völker 1975, S. 78). Schriftsteller und ihre Leser seien Zwillinge des Schicksals:

»Beide jagt die liebe Göttin Langeweile, die Mutter so vieler Menschen und menschlicher Werke, in die Arme der Musen.«

»Lieb« ist diese resolute Göttin offenbar, weil sie die Menschen empfänglich macht für die zarten Küsse der Musen, also ihre schöpferischen Seiten freilegt. Die anfängliche leere Spannung bündelt ihre Energien auf die kulturelle Selbstentäußerung der Menschen. In Fortsetzung solcher Überlegungen hält es der amerikanische Sozialanthropologe Ralph Linton (1893 - 1953) für möglich, »daß des Menschen Vermögen zur Langeweile eher als seine gesellschaftlichen oder natürlichen Bedürfnisse an der Wurzel seines kulturellen Fortschritts liegt« (Shattuck 1968, S. 185).

Kann der Mensch nicht nichts tun? Es ist unter Anthropologen unbestritten, daß das menschliche Leben nach Aktivität, nach Abwechslung verlangt, der Reizzufuhr bedarf, »nach Bezug drängt: aus der Unfähigkeit des Bewußtseins zur Gegenstandslosigkeit« (Klinkmann 1982, S. 265). Umstritten freilich ist, was und wieviel der Mensch als *Gattungswesen* tun muß, um »lebendig« zu sein – und ob es vielleicht nur der *neuzeitlich-*

westliche Mensch ist, der in seinem »Werdedrang« (Revers 1976, S. 181 f.) nicht zur Ruhe kommt. War »im Anfang die Tat«? Oder ist »das faustische Tätertum ein Ergebnis der abendländischen Kulturentwicklung« (Revers 1949, S. 68)?

Bei einer Erörterung dieser Fragen müßte man, was gar nicht so einfach ist, »Nichtstun« von »Tun« unterscheiden und letzteres daraufhin betrachten, ob es sich Nützlichkeitserwägungen verdankt oder nicht.

> »Was tut man«, schrieb der französische Dichter Paul Valéry (1871 - 1945), »um nichts zu tun? Ich weiß nichts Schwierigeres auf der Welt. Eine Herkulesarbeit, eine Plackerei von einem Augenblick zum nächsten ...« (zit. nach Staguhn 1989, S. 61).

Wie modern sind solche Plackereien der Selbstreflexion? Auf jeden Fall dürfte die Variationsbreite des (Nichts-)Tuns zwischen einem eher modernen »instrumentellen Aktivismus« des Westens und einem eher traditionellen »kontemplativen Passivismus« des Ostens beträchtlich sein.

Ernst Bloch (1885 - 1977) meint zwar, daß »wir im Norden vom Nichtstun weit abgetrieben sind«, hält aber die pure Faulheit für einen »Dämon«, den kein Mensch auf der Welt besteht. Unerträgliche Langeweile und Lebensekel seien Teil eines arbeitslosen Existierens (Bloch 1977, S. 100 ff.). So sei auch der traditionelle Müßiggang von Adel und Klerus ein sehr *geschäftiger* gewesen, eine Arbeit des Vergnügens und der Repräsentation. Nicht Müßiggang, sondern »die Arbeit der Muße« sei der Zielbegriff jeder befreiten Arbeit. »Erst Arbeit gebiert uns richtig (...) Wir sind nicht hier, um zu essen, sondern zu kochen; gespeist wird erst später und zuletzt.«

Langeweile ist versagte Befriedigung des menschlichen Arbeitsdranges. Ernst Bloch erweist sich als ein materialistisch orientierter Urenkel der Aufklärung – und dabei sind ihm Pascalsche Gedankengänge nicht fremd, wenn er Langeweile »als das Nichts oder eben noch Nichts, über dem alle Menschen leben«, bezeichnet.

Langeweile als die Nachtseite einer ästhetisch-ironischen Lebenshaltung

Der Philosoph Sören Kierkegaard (1813 - 1855) unterscheidet zwischen einer ethischen und einer ästhetischen Lebenshaltung. Wurzelt erstere fest im Glauben und einer stabilen Wertewelt, so charakterisiert letztere den feinsinnigen, eher flatterhaften und ironischen Genießer, der mit einer gewissen Distanz zu sich selbst und zur Welt jeden Augenblick ausbeuten will. Diese Lebenshaltung, die etwa *Don Juan* verkörpert, birgt die Gefahr der erst überdrüssigen und dann existentiellen Langeweile. Die Flucht vor der überdrüssigen Langeweile führt zu immer weiter gesteigerten, immer virtuoseren und »berauschenderen« Genüssen und endet doch nur in gefühllosen Gefühlen, in der »schlechten Unendlichkeit« der »prinzipiellen« Langeweile.

»Langeweile, diese inhaltlose Ewigkeit, diese genußlose Seligkeit, diese oberflächliche Tiefe, diese hungrige Übersättigung. Aber Langeweile ist eben die in ein persönliches Bewußtsein aufgenommene negative Einheit, in der die Gegensätze verschwinden« (Kierkegaard 1929, S. 239).

Hier klingt an, daß ästhetisch bestimmtes Erleben durchaus Seligkeit, Atome von Ewigkeit und Tiefe erfahren kann. Aber es läuft Gefahr, in die negative Einheit der Gegensätze abzugleiten, in die »Erstorbenheit«, die »Kontinuität des Nichts«.

Langeweile ist, wie Kierkegaard sagt (»Die Wechselwirtschaft«, in: *Entweder/Oder* 1979, S. 309), »der dämonische Pantheismus«. Was heißt das? Der Pantheismus ist die Anschauung, die das All als lebendige Einheit sieht und mit Gott in eins setzt. Dämonischer Pantheismus meint die Zerstörung der Einheit und die Entleerung des Alls von Leben und Gott durch die Dämonen, die Mächte des Nichts.

»Im Pantheismus liegt im Allgemeinen die Bestimmung der Fülle, mit der Langenweile ist es umgekehrt, sie ist auf Leere gebaut, ist aber eben deshalb eine pantheistische Bestimmung. Langeweile ruht auf dem Nichts, welches sich durch das Dasein schlingt, ihr Schwindel ist unendlich, gleich jenem Schwindel, der sich erzeugt, wenn man in einen unend-

lichen Abgrund niederblickt. Daß jene exzentrische Zerstreuung auf Langeweile gebaut ist, kann man deshalb auch
daraus ersehen, daß die Zerstreuung keinen ausschwingen-
den Widerhall hat, eben weil im Nichts noch nicht einmal so
viel ist, daß ein Widerhall möglich würde« (S. 310).

Kierkegaards Vorliebe gehört beileibe nicht den Menschen, die
keine Langeweile kennen. Er hebt in witziger Weise die Auserle-
senen, die *sich* langweilen und *andere* unterhalten, vom großen
Haufen ab, von den vielen, die nicht sich, aber andere langweilen.
Diese haben immer »viel zu tun in der Welt« und sind deshalb die
»Allerlangweiligsten, die Unerträglichsten« (1979, S. 308).

Nicht Müßiggang sei aller Laster Anfang – dem könnte ja
durch Arbeit abgeholfen werden –, sondern eben Langeweile,
die *nicht* durch Arbeit aufgehoben werden kann. Der Langeweile sei nur durch »Begrenzung« und echte »Wechselwirtschaft« zu begegnen. Wechselwirtschaft meint nicht *extensive*,
immer weiter ausgreifende Abwechslung, sondern *intensive*
Nutzung des (Lebens-)Ackers »im Wechseln der Anbauver-
fahren und der Samenarten«.

Begrenzung macht erfinderisch. Kierkegaard erinnert an die
oft langweiligen Schulstunden (1979, S. 312):

> »Wie kann es da einen doch unterhalten, eine Fliege gefangen
> zu haben, und sie unter einer Nußschale eingesperrt zu hal-
> ten, und zuzusehen, wie sie mit dieser herumzulaufen ver-
> mag; wie kann es einen freuen, ein Loch in die Tischplatte ge-
> schnitzelt zu haben, eine Fliege darin einzusperren und
> durch ein Stück Papier zu ihr hinunterzugucken. Wie unter-
> haltend kann es doch sein, auf die eintönige Dachtraufe zu
> lauschen?«

Solche Schülerfreuden können sich auch Erwachsene gönnen.
In einer Studienreformkommissionssitzung in Bonn versüßte
ich mir den langweiligen Vortrag eines Kollegen durch die Entdeckung, daß an seinem Kinn eine kleine Spinne an kurzem Faden hing und sich gegenläufig zu seinen Kinnbewegungen
hastig auf- und abseilte.

Zum Erfindungsreichtum im Wechseln des Bewirtschaf-
tungsverfahrens sollen eine Begrenzung der Hoffnung kommen und »die Kunst des Vergessens« (1979, S. 312 ff.). Verges-

sen zu können hängt davon ab, wie man sich erinnert – und das hängt davon ab, wie man die Wirklichkeit erlebt. Jede Lebensszene soll so *wenig* Bedeutung erhalten, daß man sie jederzeit vergessen kann, und so *viel*, daß man ihrer sich jederzeit erinnern kann.

»Genießt man frisch weg bis zur Neige, nimmt man immerfort das Höchste mit, welches der Genuß gewähren kann, so wird man weder imstande sein, sich zu erinnern, noch zu vergessen. Man hat dann nämlich nichts andres, daran man sich erinnern kann als eine Übersättigung, von der man nichts andres sich wünscht als sie zu vergessen, die aber nunmehr einen plagt mit einer unfreiwilligen Erinnerung. Spürt man daher, daß der Genuß oder sonst ein Lebensmoment einen zu stark hinreißt, so halte man einen Augenblick inne und erinnere sich. Es gibt kein Mittel, das es einem sicherer unschmackhaft macht, zu lange fortzufahren« (S. 313).

Die Kraft des Vergessens beruht nicht auf Vergeßlichkeit. Sie kann neben dem Unangenehmen auch das Angenehme einbeziehen (das man dann nicht mehr vermißt), läßt die Eindrücke aber nicht spurlos verschwinden, sondern bewahrt sie im »Buch der Vergessenheit« auf. Das Vergessen ist die Schere, mit der man unter Aufsicht der Erinnerung wegschneidet, was man nicht brauchen kann und was dennoch Resonanzboden des Erlebens bleibt.

Vielleicht sind gerade Kinder darin vorbildlich (vgl. Doehlemann 1985). Kierkegaard nennt die Kindheit das Lebensalter mit dem besten Gedächtnis und zugleich das vergeßlichste. »Je poetischer man sich erinnert, um so leichter vergißt man; denn poetisch sich erinnern ist eigentlich nur ein anderer Ausdruck für vergessen«. So setzt die (bei Erwachsenen seltene) Kunst des Vergesens und des Erinnerns instand, »Fangball zu spielen mit dem ganzen Dasein«.

Langeweile im Gefolge der Entschleierung der Welt durch Erkenntnis

Die exakten Natur- und Menschenwissenschaften und ihre technologischen Umsetzungen entzauberten weitgehend die

Welt: Elfen, Wichteln, Gnome, Kobolde und dergleichen retteten sich in die Kinderwelt (und werden dort von massenmedialen, auf Modewellen heranschwappenden Neukreationen bedrängt); der Aberglaube in seinen ehedem tausend Verästelungen hat sich in einige Winkel der katholischen Kirche zurückgezogen und treibt ansonsten einige verstreute Blüten spiritistischer, okkultistischer, astrologischer oder mythischer Art; die Zeichen und Wunder, mit denen Gott und seine Heerscharen den Menschen früher ganz selbstverständlich erschienen, scheinen auszubleiben; kurz: Die Welt hat an Zauber (aber auch an über- und unterweltlichem Schrecken) verloren. Sie ist sachlicher und heller geworden, aber das Licht wirkt manchmal fahl.

Die rasanten Fortschritte der exakten Wissenschaften erschreckten schon im (generell fortschrittsgläubigen) 19. Jahrhundert manche Intellektuellen. Wird alles erkennbar sein? Wie steht Denken zu Handeln? Erweist sich möglicherweise der freie Wille als pure Illusion? Ist der Mensch in seinem Denken und Handeln naturgesetzlich vorherbestimmt (so daß etwa auch »Verantwortung« ein leeres Wort wäre), und sind diese Gesetze zu erkennen?

Dostojewski (1821 - 1881) greift solche Thematiken in zum Teil sarkastischer Weise auf. Er stellt einen 40jährigen ehemaligen Kollegienassessor vor, der aus Gründen der Erkenntnis zu gänzlicher Untätigkeit verdammt ist und sich deshalb zutiefst langweilt. Er kann z. B. auch nicht auf eine Beleidigung reagieren: Da man in der unendlichen Abfolge von Handlungsursachen und -wirkungen die »uranfängliche Ursache« nicht finden könne, könne man auch nicht handeln. (Die beschränkten, stumpfsinnigen Menschen nähmen schon die nächstliegende Ursache als brüchige Handlungsgrundlage.) Aber auch aus purer »Bosheit« kann unser Kollegienassessor nichts tun (*Aus dem Dunkel der Großstadt*, erster Teil, V). Er sagt:

»Die Bosheit unterliegt bei mir, wieder infolge dieser verdammten Gesetzte der Erkenntnis, einem chemischen Zersetzungsprozesse. Man sieht: Der Gegenstand verflüchtigt sich, die Gründe verdampfen, ein Schuldiger ist nicht zu finden, die Beleidigung stellt sich nicht als Beleidigung, sondern als Fatum heraus, als etwas im Genre der Zahnschmerzen, an denen niemand die Schuld trägt, und folglich bleibt wieder nur eben jener selbe Ausweg übrig, das heißt möglichst schmerzhaft die Wand zu prügeln.«

Aus bohrender Langeweile, um sein Leben zu spüren, prügelt dieser Mann die Wand und sich. Bald, meint er, hätten die exakten Wissenschaften den freien Willen als Hirngespinst entlarvt und alle das Handeln bestimmenden Gesetze entdeckt. Das entsprechend geregelte Leben der Menschen werde leicht und verantwortungsfrei sein, aber tödlich langweilig und deshalb blutdürstig.

Ist der Mench ein »Wahnwesen«, das die nackte Wahrheit der Welt nicht ertragen kann und mit Lebensekel und existentieller Langeweile antwortet? Diese Meinung äußert der Dichter Paul Valéry (1921) oder der Philosoph Emile M. Cioran (1949). Die Aussage beruft sich zwar nicht auf naturwissenschaftliche Erkenntnis, ist aber wohl nur vor dem Hintergrund der naturwissenschaftlichen Entzauberung der Welt möglich.

Valéry (1990, S. 107 ff.) legt diese Aussage dem alten Sokrates und seinen Gesprächspartnern, dem Arzt Eryximachos und dem Künstler Phaidros in den Mund. Sokrates fragt den Arzt nach einem »Gegengift« gegen die existentielle Langeweile:

»(...) den Überdruß (...) dessen Stoff das Leben selbst abgibt, und dessen Nebenursache in der Hellsichtigkeit des Lebenden beruht. Dieser absolute Überdruß ist an sich nichts als das bloße Leben, wenn es sich deutlich ins Auge faßt.
ERYXIMACHOS Es ist wirklich wahr: wenn unsere Seele sich reinigt von aller Falschheit, wenn sie verzichtet auf jede betrügerische Hinzufügung zu *dem, was ist,* so erscheint unsere Existenz auf der Stelle bedroht durch diese kalte, genaue, vernünftige und gemessene Anschauung des menschlichen Lebens, so wie es ist.
PHAIDROS Das Leben wird schwarz über der Berührung mit der Wahrheit, so wie der zweifelhafte Pilz, wenn er, zerdrückt, mit der Luft in Berührung kommt.
(...)
ERYXIMACHOS (...) Nichts ohne Zweifel, nichts ist an sich krankhafter, nichts der Natur feindlicher, als *die Dinge zu sehen, wie sie sind.* Eine kalte und vollkommene Klarheit ist

ein Gift, das sich unmöglich bekämpfen läßt. Das Wirkliche, in reinem Zustande, bringt das Herz augenblicklich zum Stehen … Ein Tropfen genügt von dieser eisigen Lymphe, um in der Seele alle Federn und Schwingungen des Begehrens zu entspannen, um allen Hoffnungen ein Ende zu machen, um allen Göttern in unserem Blut den Untergang zu bereiten. (…) Die Vergangenheit – ein wenig Asche, die Zukunft – ein kleiner Eiszapfen: darauf kommt alles hinaus. Die Seele erscheint sich selbst als eine leere und ermeßliche Form. (…) O Sokrates, das Weltall hält es nicht einen Augenblick aus, nichts zu sein, als was es ist. Es ist seltsam zu denken, daß das Ganze sich selbst nicht zu genügen vermag! … Sein Entsetzen zu sein, was es ist, hat es also genötigt, sich tausend Masken zu schaffen und abzumalen; das ist der einzige Grund für das Dasein der Sterblichen. Wozu sind die Sterblichen da? – Ihre Sache ist, zu *erkennen*. Erkennen? Was heißt erkennen? – *Ganz sicher, nicht sein, was man ist.* – Und so führen die Menschen in einem Rausch des Denkens in die Natur das Prinzip ihrer grenzenlosen Irrtümer ein und diese Myriade von Wundern! …

Die Mißverständnisse, die Scheinbarkeiten, die Spiele der Strahlenbrechung des Geistes vertiefen und beleben den erbärmlichen Teig der Welt … Die Idee mischt in das, was ist, die Hefe dessen, was nicht ist … Aber zuweilen gibt sich schließlich die Wahrheit zu erkennen und fällt heraus aus dem harmonischen Zusammenhang der Phantastereien und der Irrtümer …«

Valéry unterscheidet zwischen einer *Hellsichtigkeit* oder *Anschauung*, welche die Dinge so sieht, wie sie sind, und die mit existentiellem Überdruß einhergeht, und einem *Erkennen* oder *Denken*, das die schreckliche Leere des Ganzen trügerisch ausfüllt. Aus der kalten, vernünftigen Anschauung des grauenvollen »reinen Zustandes« führt der »Rausch des Denkens« nicht sicher heraus; denn hinter dem Erdachten droht weiterhin die Wahrheit.

Es gibt kein Gegenmittel gegen den Überdruß der Hellsichtigkeit, sondern nur Zustände, die ihm entgegengesetzt sind. Für den Arzt sind es Rauschzustände, die körperlich (durch Weingenuß) oder psychisch (Liebe, Haß, Habgier, Machtgefühl) bedingt sein können. Für Sokrates ist die »edelste Trunkenheit« die des Handelns, besonders eine solche, die den Körper ganzheitlich in Bewegung setzt: Der *Tanz* reißt aus der schrecklichen Lebenslangeweile heraus, welche die Hellsichtigkeit begleitet.

Valéry kennt immerhin einen Zustand, der dem *ennui* entgegengesetzt ist. Für Cioran dagegen scheint es für den, der die Lebenslügen und den menschlichen Wahn durchschaut und deshalb an existentieller Langeweile leidet, kaum eine Hoffnung zu geben (zit. nach Mattenklott 1987, S. 95 f.):

»Die Langeweile: Nachhall einer sich zerrüttenden Zeit in unserem Innern, Offenbarwerden der Leere, Versiegen jenes Wahns, der das Leben erhält oder – erfabelt (...)

Als Schöpfer von Werten ist der Mensch das Wahnwesen schlechthin: ein seinem Irrglauben an ein Bestehendes Anheimgefallener (...). Eine Hemmung unseres Herzschlags: der Lauf der Welt gerät ins Stocken. Ohne unsere Glut erstarren die Räume zu Eis. Und die Zeit selber fließt nur darum dahin, weil unsere Wünsche dieses so dekorative All hervorbringen, das ein Schimmer von Klarsicht wieder entblößen könnte. Denn ein Fünkchen Scharfblick versetzt uns zurück in unseren Urzustand: die Nacktheit. Ein Anflug von Ironie reißt uns die lächerliche Tracht der Hoffnungen vom Leibe, denen wir unsere Selbsttäuschungen und Illusionen verdanken.

Die Langeweile ist nur der Anfang dieser Wanderung ... Sie läßt uns die Zeit als zu lang empfinden, denn sie ist unfähig, uns ein Ziel zu enthüllen. (...) Die Zukunft hat aufgehört, ein Daseinsgrund zu sein.

In der Langeweile offenbart sich uns eine Ewigkeit, die nicht etwa ein Überschreiten, sondern ein Verfallen der Zeit ist. Es ist die Unendlichkeit der Seelen, die aus Mangel an Aberglauben verfaulten: ein flaches Absolutes, wo die Dinge sich unbehindert im Kreise drehen – auf der Suche nach einem Ort, wo sie abstürzen könnten.

Im Wahn gefügt, geht das Leben in der Langeweile wieder auseinander.«

Diese eintönige, flache Ewigkeit der Seele, diese Langeweile »tränenlos« zu ertragen (und nach Möglichkeit sprachgewaltig zu benennen) ist die absurde Aufgabe des aberglaubenslosen Menschen.

Verhaltensbiologische Annäherungen

Einigen Beobachtern scheint ein heute vielerorts auftretendes Langeweileverhalten mit aggressivem Einschlag verhaltensbiologisch erklärbar zu sein: Es rühre her aus dem unbefriedigten, ursprünglich gegebenen Bewegungsdrang der Menschen (z.B. von Cube 1987). Bis vor kurzem erarbeiteten die meisten Menschen ihr Brot im Schweiße ihres Angesichts. Heute dagegen lassen viele Leute, die täglich fast nur ihr Sitzfleisch gebrauchen, ihre aufgestauten Energie- und Aggressionspotentiale wiederum in bequemer Weise heraus – im weichen Sitz eines Autos »mit eingebauter Vorfahrt«. Neben dem Geltungsstreben der Zu-kurz-Gekommenen toben sich nach Meinung von Polizeipsychologen auf den Straßen schlechte Laune, Aggressionen und Angstlust aus, begründet in der Langeweile der stillgelegten Körper.

In paläoanthropologischer Sicht ist für Tier und Mensch von den Uranfängen an die natürliche Umwelt durch »die Trias Feindtönung, Hunger und Kälte« gekennzeichnet (Bilz 1971, S. 167, 184). Diese Herausforderungen waren »Sporn und Peitsche«, hielten die Lebewesen in Spannung und ermöglichten beziehungsweise erzwangen die Entladung der ihnen innewohnenden Energien. Da die Nahrungsaufnahme sich aufschieben läßt und Kälte über eine gewisse Zeit hin erträglich ist, steht für Bilz (1971, S. 180) das Prinzip der Feind- und Gefahrenvermeidung an der Spitze aller vitalen Notwendigkeiten. Auch der heutige Mensch ist von diesem Prinzip als einem animalischen Erbe erfüllt, kann es aber kaum noch ausleben. Denn die Welt hat ihren unmittelbar bedrohlichen Charakter weitgehend verloren. Wir dürfen meistens ruhig und fest schlafen ohne die Furcht, von feindlichen Kräften »belagert« zu werden. (Der leichte »Ammenschlaf« der Mütter oder Väter erinnert an den im allgemeinen wachsamen Schlaf unserer alten Vorfahren und vieler freilebender Tiere.)

Die unmittelbare Feindtönung der Umwelt hat in mehrfacher Hinsicht abgenommen. Zum einen können wir uns im

Vergleich zu den Altvorderen vor wilden Tieren, Räubern und Naturgewalten halbwegs sicher fühlen. Zum anderen verringerten sich die Bedrohungen, die aus den sozialen Rangordnungen resultierten (Bilz 1971, S. 180, 184): Kinder, Schüler, Lehrlinge, Untertanen, Untergebene müssen sich heute nicht mehr so sehr vor manchmal gewalttätigen Herrschern aller Art (Vätern, Lehrern, Meistern, Offizieren, Gutsherren, Staatsbeamten, Hoheiten) fürchten wie noch vor hundert Jahren. Schließlich haben Versachlichung und Verwissenschaftlichung des Weltbildes den Spuk- und Aberglauben und die Neigung zur Personifizierung von Naturgewalten (»grollender Donner«) zurückgedrängt. Auch sind die Bilder von Göttern, die alles sahen und vor denen man sich entsprechend zu hüten hatte (Sonnengötter; allwissende Gottheiten), verblaßt.

So wurde die Welt zunehmend langweilig. Der Gewinn von Geborgenheit, Emanzipation und aufklärerischer Weltsicht führte bei gleichbleibendem Reizhunger der Menschen zu einem Unterangebot an erregenden Lebensszenen, zur »Stimulations-Verarmung« (Bilz 1971, S. 189) und damit zur »Verlangweiligung unseres Welt-Erlebens« (S. 186).

Auf das Argument, daß unsere Welt durch Unfallrisiken und Atomkriegsdrohung* potentiell gefährlicher und gefährdeter sei als die ursprüngliche, antwortet der Autor: Eine Angst, die »nur an Gedankenverbindungen gebunden« ist, »hält nicht vor«, wird schnell verdrängt »durch emotionale Mächte anderer Art« (Bilz 1971, S. 187). Wenn die Information über Bedrohliches abstrakt bleibt, keine Orts- und Situationspräsenz erlangt, wenn die Gefahrentönung einem Gegenüber nicht leibhaftig anhaftet, entsteht kaum der Außendruck, der den subjektiven Innendruck ansteigen läßt.

Daß Angst beziehungsweise Gefahrenabwehr und Langeweile – hier verstanden als Ergebnis einer »Valenzenarmut« der Umwelt – einander ausschließen, mag richtig sein. Aber muß deshalb auch die Umkehrung gelten: Wenig Feind', viel Langeweile? Gibt es nicht viele andere Umweltreize, die nicht angstbesetzt sind und den Menschen zu freudiger oder ästhetischer

---

* Von Umweltzerstörung war 1960, dem Erscheinungsjahr von Bilz' Arbeit, noch kaum die Rede.

Erregung verhelfen – ganz abgesehen von der so beliebten Erregung aus moralischer Entrüstung? Ist das archaisch-animalische Erbgut tatsächlich unverändert geblieben, ist Feindabwehr nach wie vor der Urquell menschlicher Vitalität? Das alles bleibt fraglich.

Die Erregungsbereitschaft der Menschen ist nach Bilz weitgehend vom Aufforderungscharakter der *Umwelt* abhängig. Dem Autor scheint der Blick verstellt zu sein für die menschliche *Selbst*stimulierung und deren Entwicklungsbedingungen, für Selbstverwirklichung, wie sie vielen Philosophen und Pädagogen seit der Aufklärung vor Augen schwebt. Bilz erwähnt nur beiläufig die ethische Stimulation und den Selbstvorwurf (»Gewissensbiß«) als »Stimulation von innen heraus« (Bilz 1971, S. 174). Der Außendruck bleibt entscheidend für den Innendruck. Dieser hat je nach Temperament und Alter (Kräfteüberschuß und gesteigerter Reizhunger der Jugend) unterschiedliche Ausgangswerte und ist in lahmer Umgebung »schlafwärts gerichtet«, kann sich aber auch aufstauen bis zum Überdruck und motorisch entladen in »Leerlauf-Relaxation« (S. 173) vom Fingertrommeln bis zum Austoben.

Psychologische Ansätze

Langeweile ist, soweit ich sehen kann, kein zentrales Einzelthema in der modernen Psychologie, sondern taucht eher nebenher in allgemeinen Verhaltenstheorien auf. Hier lassen sich drei Blickwinkel unterscheiden: Langeweile wird hervorgerufen durch Unterschreiten des Erregungsoptimums oder durch körperliche und psychische Unterforderungen oder gilt als latentes Leiden an mangelnder innerer Produktivität in der »technotronischen«* Gesellschaft.

Langeweile durch Unterschreiten des Erregungsoptimums

Nach Auffassung der (physiologischen) Psychologie sucht der Mensch ein Erregungsoptimum oder einen mittleren »Aktivie-

---

* Wortbildung aus »technisch« und »elektronisch«.

rungstonus« (Berlyne 1974) zu erreichen und zu erhalten, weil damit angenehme Gefühle des Wohlbefindens und der Behaglichkeit einhergehen. *Wo* dieses Optimum jeweils liegt, ist nach Situationsmerkmalen und Persönlichkeitseigenschaften (z.B. nach Extrovertiertheit, Ängstlichkeit, Geschmack) verschieden.

Reize und Informationen in allzu großer Fülle, Dichte und Intensität und von allzu hohem Unbekanntheits- und Komplexitätsgrad lassen den Erregungspegel ansteigen und werden als unangenehm, verwirrend, belästigend oder beängstigend empfunden. Sie werden abgewehrt.

Abweichungen vom Erregungsoptimum nach unten ergeben sich dann, wenn die Reize allzu bekannt, rar oder seicht wirken, und rufen Gefühle der Langeweile hervor. Interesse und Aufmerksamkeit lassen nach. Der Mensch begibt sich dann auf die Suche nach anderen und neuen Reizen, um für sich das Verhältnis zwischen Überraschendem und Erwartetem in geeigneten Mengen wieder auszugleichen. Es kann kein endgültiges Optimum gleichbleibender Stimuli gefunden werden, welches zuverlässig den mittleren Aktivierungstonus aufrechtzuerhalten vermag; denn wiederholt auftretende Reize verlieren an Reiz – die Suche geht weiter.

Vom behaglichen »Wohlbefinden« des Erregungsoptimums unterscheidet Scitovsky (1977, S. 56 ff.) die »Lust«, welche die *Veränderungen* des Erregungsniveaus auf das Optimum hin begleiten: die Lust, wenn die Spannung anzusteigen beginnt, und andersherum, die Lust, wenn die schreckliche Aufregung nachläßt. (Die Aussicht auf letztere Lust kann Menschen dazu bringen, etwas Unangenehmes anzustreben, um dann den Spannungsabbau genießen zu können.)

Die drei wichtigsten Antriebskräfte des menschlichen Verhaltens sind also 1. der Drang, Unbehagen (wegen Überschreitens des Erregungsoptimums) abzubauen, 2. der Drang, Langeweile (wegen Unterschreitung des Optimums) durch Suche nach Anregung zu vertreiben, und 3. die Lustgefühle, die mit Spannungsveränderungen einhergehen und die beiden ersten Antriebskräfte verstärken.

Heftige Langeweile kann experimentell erzeugt werden durch weitgehende Verminderung bzw. Monotonisierung aller Sinneseindrücke über längere Zeit hinweg (z.B. in schalldichtem Raum). Nach anfänglichem Bewegungsdrang und Reizhunger kommt es zu Konzentrationsstörungen bei Testaufgaben und schließlich zu vorwiegend optischen Sinnestäuschungen. Bestimmte Arbeitsplätze (vor Instrumententafeln, Radar- oder Bildschirmen) bergen die Gefahr sensorischer Deprivation und entsprechender Reaktionen. So bekamen z.B. Fernfahrer im Lastverkehr nach überlanger Fahrt Halluzinationen (Heron 1957, S. 56): Imaginäre Tiere laufen über die Fahrbahn, eine große rote Spinne setzt sich auf die Windschutzscheibe und dergleichen.

Was heißen unter dem Blickwinkel der physiologischen Psychologie »Abstumpfung« und »Übersättigung«, die ja seit dem 18. Jahrhundert immer wieder als Langeweileursachen genannt werden (vgl. oben Kant und Kierkegaard)? Um hier noch zwei populäre Aussagen dazu aus dem 18. und 19. Jahrhundert anzufügen: Christoph Martin Wieland (1733 - 1813) sorgt sich um das Schicksal orientalischer Fürsten (zit. nach Völker 1975, S. 63):

> »Das Übermaß der sinnlichen Wollüste zerstöret die Werkzeuge der Empfindung; das Übermaß der Vergnügen der Einbildungskraft verderbt den Geschmack des Schönen, indem für unmäßige Begierden nichts reitzend seyn kann, was in die Verhältnisse und das Ebenmaß der Natur eingeschlossen ist. Daher ist das gewöhnliche Schicksal eines morgenländischen Fürsten, der in die Mauern seines Serails eingekerkert ist, in den Armen der Wollust vor Ersättigung und Überdruß umzukommen. Er vergeht vor langer Weile, indeß die süßesten Gerüche von Arabien vergeblich für ihn duften.«

Dieser Langeweilevorwurf, der sich hier gegen die ferne Welt der 1001 Nächte zu richten scheint, trifft, wie wir später sehen werden, in der heraufkommenden bürgerlichen Gesellschaft den europäischen, insbesondere französischen höfischen Adel.

Dem Geistesadel Friedrich Nietzsches ist das Allerbeste *nicht* gut genug (*Menschliches, Allzumenschliches*, 2. Bd., 1. Abt. Nr. 369):

> »Langeweile. – Es gibt eine Langeweile der feinsten und gebildetsten Köpfe, denen das Beste, was die Erde bietet,

schal geworden ist: gewöhnt daran, ausgesuchte und immer ausgesuchtere Kost zu essen und vor der gröbern sich zu ekeln, sind sie in Gefahr, Hungers zu sterben, – denn des Allerbesten ist nur wenig da.«

Physio-psychologisch sind Abstumpfung und hungrige Übersättigung folgendermaßen zu charakterisieren: Der Reizspirale (immer mehr, immer stärker) wurde im Lauf der Zeit bis oben hin nachgegangen, was tendenziell zu einer Gleichgültigkeit und Genußunfähigkeit gegenüber weniger starken Reizen führt. Das Erregungsoptimum wurde jemals kaum unterschritten und dermaßen nach oben verschoben, daß die erlangbaren Reize schließlich erschöpft sind und ausgehen. So kann ein Optimum nicht mehr erhalten werden; Gefühle der Langeweile, der Schalheit schaffen sich Platz. Es fehlt nicht nur an *Wohlbefinden* (Erregungsoptimum), sondern auch an *Lust*empfindungen, die sich aus den Veränderungen des Erregungsniveaus ergeben. Spannungsabbau ist nicht mehr nötig, und Spannungsaufbau ist kaum noch möglich, da ein Optimum nicht mehr erreicht werden kann.

Das Antriebsmodell der physiologischen Psychologie ist auf seine Weise durchaus plausibel, aber von recht hohem Allgemeinheitsgrad. Die hobe Abstraktheit der Begriffe Reiz, Erregung oder Spannung zieht eine gewisse Aussagearmut nach sich, die viele Fragen provoziert: Was reizt wen wie wann und warum (nicht)? So gilt die Kennzeichnung von Langeweile als Abweichung vom Erregungsoptimum nach unten zwar grundsätzlich für alle vier von uns ausgemachten Formen (situativ, überdrüssig, existentiell, schöpferisch), liefert aber kaum Maßstäbe und Einsichten, um diese Formen im einzelnen inhaltlich zu füllen und zu erklären.

Langeweile aus körperlichen und psychischen Unterforderungen und Mangel an Freude

Manche Psychologen und Pädagogen berufen sich auf die Verhaltensbiologie, wenn sie die überall zu beobachtende, latent aggressive Langeweile auch aus dem unbefriedigten Bewegungsdrang der Menschen erklären (vgl. oben S. 80). Nicht nur eine körperliche, sondern eine umfassende Unterforderung der

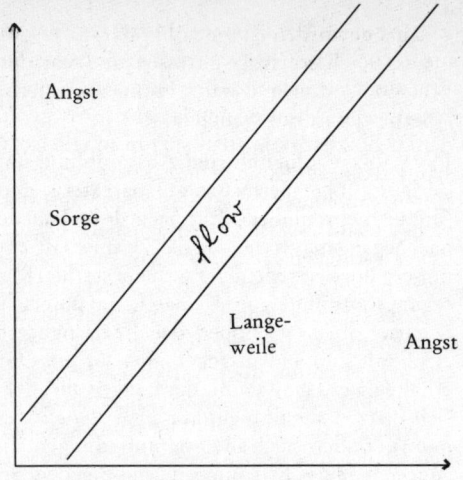

Fähigkeiten zum Handeln

heutigen Menschen macht Csikszentmihalyi (1985, insbesondere S. 74 ff.) für Langeweile verantwortlich. Der Autor entwirft eine Psychologie der Freude. Freude ist ein »flow-Erlebnis«, ein freiwilliges Tun mit der Verlaufsqualität des Fließens: Der Mensch »vergißt sich« in der Einheit von Denken und Handeln; die Grenzen von Subjekt und Welt verwischen; Weg und Ziel werden eins; der Kontakt zur Zeit lockert sich; die Person fühlt sich der Situation gewachsen, hat ihre eigenen Handlungen und die dafür bedeutsame Umwelt unter Kontrolle; das Tun selbst entschädigt für die Mühe, nicht äußere Belohnungen wie Geld oder Prestige.

Als Beispiele von flow-Erlebnissen analysiert Csikszentmihalyi das Klettern im Fels, das Schachspielen, das Rocktanzen, Komponieren oder die ärztlich-chirurgische Tätigkeit.

Im Fließerlebnis der Freude nehmen wir ein Gleichgewicht zwischen Handlungsmöglichkeiten bzw. -anforderungen und unseren Fähigkeiten wahr – eine »optimale Herausforderung«. Bei Überforderung stellen sich zuerst »Sorge« und dann »Angst« ein, bei Unterforderung zuerst *Langeweile* und dann wiederum Angst.

Eine »Politik der Freude«, meint der Autor (S. 203 ff.), solle nicht von den Gegensatzpaaren Arbeit – Spiel oder Arbeit – Freizeit ausgehen, sondern von dem Gegensatzpaar Freude – Langeweile/Angst beziehungsweise Sorge/Angst. Folglich sei darauf hinzuwirken, daß sich in möglichst vielen Lebensumständen inneres Können und äußere Anforderungen die Waage halten, um eine freudige Beteiligung im Einklang mit der Umwelt und uns selbst zu ermöglichen. Damit aber mehr Menschen optimalen Herausforderungen ausgesetzt würden, seien auch mehr Demokratie und Mitbestimmung zu wagen.

Soweit können wir dem Autor beifällig folgen. Befremdlich aber wirkt sein Insistieren darauf, daß bei genügender Übung fast *jede* Situation oder Aktivität als erfreulich erlebt werden, also im Sinne der flow-Bedingungen intrinsisch lohnend gestaltet werden kann und soll. Der Autor erwähnt dabei ausdrücklich auch Leben »im Konzentrationslager« (S. 220). Er nennt als ein gutes Beispiel dafür, daß wir überall »micro-flow-Erlebnisse« (kleine Freuden) haben können, die Kassiererin im Supermarkt, die mit dem Rhythmus der Registrierkasse »mitgeht« und sagt, es sei »wie Klavierspielen« (S. 177).

Jedem sei unbenommen, gemäß seinen Möglichkeiten Klavier zu spielen. Bei Csikszentmihalyi aber klingt es so, als könnten und sollten sich Menschen mit wenig humanen Arbeits- und Lebensbedingungen zufriedengeben, wenn sie gelernt haben, die Widerspiegelung eines Neonlichtstrahls auf dem Gehäuse des Computers, an dem sie den ganzen Tag sitzen, als kleine Freude zu erleben. Auf diese Weise werden die Ursachen der auszehrenden Langeweile, die aus den Unterforderungen der körperlichen, geistigen und seelischen Kräfte herrührt, nicht angetastet.

Insgesamt scheint mir der Ansatz von Csikszentmihalyi eine nötige Ergänzung des physio-psychologischen zu bringen. Denn geht dieser von einem »leeren« Erregungsbedürfnis aus, deutet jener eine Motivation zur Kompetenz an, deren Behinderung zu Langeweilegefühlen führt und die sich dennoch Raum schaffen will.

In einer neuen Untersuchung über flow- und Langeweilezustände stützt sich Csikszentmihalyi (1990; vgl. Ernst 1990, S. 27 f.) nicht mehr auf retrospektive Berichte von Befragten, sondern bekommt mittels elektronischer Signalgeräte zu allen möglichen Tageszeiten aktuelle Auskünfte über die momentanen Gefühlszustände und Befindlichkeiten Hunderter von Versuchspersonen. Dabei wird auch ersichtlich, daß die Freizeit mit ihren undeutlichen Ansprüchen an die psychische Energie viele Menschen mehr belastet als eine langweilige, unansprechende Erwerbsarbeit. Die freien Stunden, die es irgendwie zu gestalten gilt, werden als bedrohlich empfunden. Viele erleben sich »in der Freizeit (als) passiver, trauriger, schwächer, leichter verärgert und gelangweilt« (Ernst 1990, S. 28). Die passive Hinwendung zu Beschäftigungsangeboten (wie etwa dem Fernsehen), die der freien Zeit eine zeitliche Gestalt geben und sie als Abfolge durchleben lassen, verringert zwar deren Bedrohlichkeit, hinterläßt aber Gefühle von Unbefriedigtsein und innerer Leere.

Langeweile als überspieltes Leiden an mangelnder innerer Produktivität in der »technotronischen« Gesellschaft

Erich Fromm verbindet beide genannten Ansätze (z.B. 1974, S. 212 ff.). Er sieht bei den Menschen das Bestreben, etwas zu können, zu vollbringen, einen »Eindruck« zu hinterlassen (Kompetenz und Effektanzmotivation). Gleichzeitig gibt es ein Bedürfnis des menschlichen Nervensystems nach ständiger Erregung auf jeweils optimalem Niveau.

Nach Fromm leiden heute die meisten Menschen, ohne es richtig zu merken, an Langeweile, an innerer Leere. Sie gehöre zur »Pathologie der Normalität« der technotronischen Gesellschaft. Was ist der Grund dafür? Die meisten Menschen sind im Arbeits- und auch im Freizeitbereich zur weitgehenden »Wirkungslosigkeit« verdammt und erleben Gefühle einer »vitalen Inkompetenz«. Sie erfahren sich nicht als Mittelpunkt ihrer Welt, nicht als Schöpfer ihrer eigenen Handlungen, stehen sich selbst fremd gegenüber. Eine dadurch bedingte feindselige Einstellung zur Arbeit überhaupt läßt das Bedürfnis nach sinnvoller, unentfremdeter Arbeit zurücktreten zugunsten des Bedürfnisses nach »Nichtstun« einerseits oder zwanghaftem Freizeitaktionismus andererseits, um sich Freiheitsillusionen hingeben zu können.

Eule und Star. Guten Tag, Frau Eule! Habt Ihr Langeweile? –
Ja, eben jetzt, So lang Ihr schwätzt!
Wilhelm Busch 1894

Tomi Ungerer, 1989

Hier setzt die Erregungs- und Zerstreuungsindustrie der Massenmedien und des Gebrauchsgütermarktes an. Der zur Wirkungslosigkeit verurteilte, sich selbst entfremdete Mensch wird auf neurophysiologischer Ebene mit unzähligen einfachen Stimuli abgespeist, die meistens sexuelles, narzißtisches, sadistisches oder destruktives Begehren ansprechen. Da die Reize einfach und seicht sind, verlieren sie bei Wiederholung schnell an Wirkung, müssen sich also (dem Anschein nach) ständig ändern und intensivieren. Auf solche Reize *reagiert* der Betroffene direkt und passiv, er wird *angetrieben*, aber er *agiert* nicht. Diese Reize »beleben« und bereichern nicht, erhöhen nicht die Wahrnehmungs- und Erkenntnisfähigkeit (was etwa Kunstwerke vermögen, mit denen man sich immer wieder beschäftigen kann, ohne gelangweilt zu sein, und die man dadurch »verändert«, indem man immer wieder Neues entdeckt).

So wird die chronische Langeweile der meisten Menschen durch dauernd wechselnde Angebote immergleicher einfacher Reize notdürftig überspielt und kompensiert. Bei dieser oberflächlichen Behebung der Langeweile aber bleibt die Gesamtpersönlichkeit in ihrer Phantasie, Vernunft und tieferen Gefühlswelt unberührt. Sie wird »nicht zum Leben erweckt« durch diese kompensatorischen Mittel, die zwar »füllen«, aber keinen seelischen oder geistigen Nährwert haben. Die Menschen leiden, ohne sich dessen deutlich bewußt zu sein, an einer Leere, an unzureichender innerer Produktivität, an spiritueller Unterernährung. Sie »narkotisieren« dieses unbehagliche Gefühl durch die momentane Erregung, durch den Nervenkitzel, den Spaß und den Alkohol. Aber eigentlich »fehlt der Appetit auf das Leben«, fehlt das tiefergehende Interesse an einer Sache oder einem Menschen.

Die Behebung der allgemein verbreiteten Langeweile setzt eine Überwindung der entfremdeten Arbeitsverhältnisse voraus. Fromm schwebt ein »kommunitärer Sozialismus« vor, in dem »kein Mensch für einen anderen Mittel zum Zweck ist, sondern in dem er stets und ausnahmslos Selbstzweck ist«. Mit dieser Formulierung eines Menschenrechtes beruft sich Fromm deutlich auf die Vorstellungen Immanuel Kants vom mündigen Menschen.

Im kommunitären Sozialismus stellt »nicht das Kapital den Arbeiter in seinen Dienst, sondern der Arbeiter das Kapital«.

Jeder arbeitende Mensch ist aktiver, mitbestimmender und mitverantwortlicher Partner in der Werkgemeinschaft. Durch eine Veränderung der Besitzverhältnisse an Produktionsmitteln und durch eine Verhinderung übermäßig großer Einkommensunterschiede wird das blinde Motiv der Profiterwirtschaftung als Motor des Produzierens zurückgedrängt zugunsten vernünftiger Planung und wird der Chancengleichheit Geltung verschafft. Auf wirtschaftlicher und politischer Ebene soll es mehr basisdemokratische Entscheidungsverläufe geben – was eine Erweiterung der theoretischen und praktischen Bildungsmöglichkeiten von Kindern und Erwachsenen voraussetzt und vorantreibt.

Es ist hier nicht der Platz, Fromms Vision eines kommunitären Sozialismus nachzugehen (der eine andere Realität meint als die des ehedem sogenannten real existierenden Sozialismus). Der Autor denkt an Lebensverhältnisse, in denen die menschliche Lust auf schöpferisches, innerlich bereicherndes Können und Bewirken nicht vielfach abgespeist wird durch allgegenwärtige seichte mediale und konsumtive Reize (wie im real existierenden Kapitalismus): In der überfüllten Leere nistet die existentielle Langeweile.

Tiefenpsychologische Einsichten

Eckpfeiler des tiefenpsychologischen Denkens sind die Konzepte vom Unbewußten, von Verdrängung und Widerstand und der zentralen Rolle der Sexualität für die Untersuchung und Erklärung der seelischen Vorgänge. Bei der Durchsicht von tiefenpsychologischer Literatur, die sich mit Langeweile beschäftigt, lassen sich folgende Auffassungen von Langeweile erkennen:

a) Überdrüssige Langeweile als Ersatz für unzulässige Regungen gegen andere Menschen.

Unerwünschte feindselige, aggressive oder sexuelle Regungen, die ins Bewußtsein vorzustoßen drohen, werden dadurch unter Kontrolle gehalten, daß man sie durch das Gefühl ersetzt, diese Personen seien furchtbar langweilig und ödeten einen an (nach Fried 1967, S. 90 f.). Den verborgenen Wünschen, die attraktive Frau zu vergewaltigen oder die freundlich plaudernde Schwiegermutter umzubringen, wird sozusagen der Riegel des gelangweilten Gähnens vorgeschoben.

b) Überdrüssige Langeweile als Ersatz für Problembewältigung.

Bevor wir uns und anderen eingestehen, daß wir eine Situation oder Aufgabe nicht bewältigen können, fühlen wir uns lieber von ihr gelangweilt. Das erlaubt möglicherweise, die Problemlösung aufzuschieben oder bleibenzulassen, nach außen Gesicht zu bewahren und vor sich selbst eine Niederlage zu verbergen: »Das ist mir einfach zu langweilig.«

c) Existentielle Langeweile als Empfindung, daß meistens »nichts los sei«.

Wie Menschen ihre Lebensumwelten wahrnehmen, ist unterschiedlich. Was für den einen reizvoll oder aufreizend ist, kann für den anderen bar aller Reize sein. De Chenne (1988) versucht, Eigenschaftsmerkmale von Menschen zu benennen, denen die Welt oftmals ereignislos vorkommt. Dabei verbindet der Autor Annahmen der physiologischen Psychologie mit psychoanalytischen Gedanken.

Vier Merkmale kommen zusammen bei Menschen, die an Langeweile zu leiden tendieren (de Chenne 1988, S. 73 ff.):

1. ein hohes physiologisches und psychologisches Aktivationsniveau; d.h., diese Menschen bedürfen nach Umfang und Stärke ziemlich deftiger Reizzufuhren, sozusagen dauernder Sensationen, um aufmerksam, angeregt oder gespannt zu sein. Was die Gründe dafür angeht, so schließt der Autor erbliche Faktoren nicht aus, sieht aber die entscheidenden Einflüsse in der Kindheit und frühen Jugend: Der Ausgangspunkt des »Anspringens« auf Stimuli ist durch Lernprozesse erworben.

2. Starke externale Orientierung und Abhängigkeit von den Angeboten und Reizen der dinglichen und sozialen Außenwelt (im Unterschied zur internalen Orientierung an der eigenen Innenwelt).

3. Unzureichende Passung zwischen den Inhalten der Außenweltreize und den individuellen Wünschen bewußter und unbewußter Art. Dabei kann Langeweile auch als unbewußte

Abwehr oder Dämpfung von zwiespältigen, bedrohlichen Regungen auftreten. Ein Beispiel (de Chenne 1988, S. 77): Das tiefe Langeweilegefühl, das einem Studenten das Erbringen angestrebter Leistungen erschwert, entpuppt sich als Abwehr von Schmerz und Zorn, die in seiner Kindheit der allzu kritische Vater durch dauernden Tadel und Mißbilligung erregt hatte. Die Leistungssituationen an der Hochschule, von männlichen Dozenten bestimmt und durch allgemeine Kritikbereitschaft gekennzeichnet, ließen die Angst vor den Verletzungen der Kindheit emporsteigen – und der Abwehr diente die innere Entleerung der Langeweile.

4. Mangelnde kognitive und interaktive Fähigkeiten, Interessen und Kreativität, um sich selbst die Stimulation zu verschaffen, deren man bedarf.

Nach de Chenne (1988, S. 76) wird chronische Langeweile zu einem ernsthaften Symptom, wenn mindestens drei der vier Merkmale in ausgeprägtem Maße zutreffen. Der Therapie sind am ehesten die unter Punkt 3 und 4 genannten Problemlagen zugänglich.

d) Existentielle Langeweile als innere Fühllosigkeit infolge frühzeitiger pädagogischer Abrichtung auf gesellschaftlichen »Erfolg«.

Nach Bernstein (1975, S. 513 ff.) hat sich Langeweile mit der zunehmenden Erfolgs- und Aufstiegsorientierung in den westlichen Gesellschaften weithin ausgebreitet. Langeweile gilt der Autorin als Zustand einer unruhigen Fühl- und Interessenlosigkeit, verbunden mit Empfindungen von Selbstentfremdung, innerer Hohlheit und Fassadenhaftigkeit des Verhaltens. Vom verbreiteten, langeweilebedingten Hunger nach schrillen Reizen zeugten nicht nur allgegenwärtige Pornographie und Gewaltdarbietungen in den Massenmedien, sondern auch viele Ausprägungen der heutigen Jugendkultur, gerade der studentischen: Protestkampagnen und politischer Spektakel, Drogenmißbrauch, sexuelle Freizügigkeiten, Neigungen zu Mystizismen. All dieses sei verstehbar als Fluchtversuche aus dem Gefühls- und Interessenmangel der Langeweile, um endlich »Leben« zu spüren.

Die unbewußten Barrieren, welche die Erfahrung intensiver

und unmittelbarer Gefühle verhindern, werden von einem übermäßig starken Überich aufgetürmt. Dieses Überich entsteht aus verinnerlichten Zumutungen der Erziehungsautoritäten. Immer mehr ehrgeizige Eltern, die selbst noch in Aufstiegskämpfen stehen, trimmen ihre Kinder von früh an auf gesellschaftlichen Erfolgskurs. Das traute Heim wird zum Erziehungscenter, in dem Stufe um Stufe eines angepeilten, erfolgsgesättigten »Fertiglebens« vorbereitet wird, und am selben Strick ziehen Kinderkrippe und Vorschule. Da bleibt wenig Platz zum Erleben, Ausleben und Regeln vielgestaltiger Gefühlsregungen, so daß die Kinder sie sich schließlich selbst verbieten und »leer« werden.

Früher, schließt Bernstein (S. 536), seien unter dem Einfluß kirchlicher Vorstellungen von Gottgefälligkeit viele Gefühle als sündig verdammt worden. Dieses Zeitalter der Angst sei heute abgelöst durch ein Zeitalter der Langeweile.

Was Ausmaß, Verbreitung und Erfolg der Erfolgsdressur angeht, scheint die Autorin ein wenig zu übertreiben – und daß sie auffälliges studentisches Verhalten hauptsächlich nur als Ausdruck von Langeweile begreifen kann, ist wohl dem benebelnden Schrecken über die Studentenrebellion der späten 60er Jahre zuzuschreiben. Dennoch ist der Erklärungsversuch von Langeweile über eine erzwungene Selbstentleerung von Gefühlen beachtenswert. Das gilt auch für andere Zusammenhänge, etwa Scheidungskinder: Den Verlust eines Elternteils nehmen kleinere Kinder oft als Strafe für ihre nicht immer freundlichen und friedlichen Gefühle gegenüber den Eltern wahr. Indem sie sich als Folge davon viele mehrdeutige Gefühle gegenüber den Eltern(teilen) und anderen Bezugspersonen verbieten, mag ein Ausgangspunkt für Lebenslangeweile geschaffen sein.

e) Existentielle Langeweile als inneres »Leerlaufen« wegen abgewehrter oder verdrängter Triebziele.

Der in der Langeweile steckende Widerstreit zwischen Reizhunger und der Unfähigkeit, sich anregen zu lassen, kann als »Libidostauung« (Fenichel 1934, S. 270 ff.) interpretiert werden. Die Triebspannung ist da, aber die ursprünglichen Triebziele (Es-Wünsche) sind vom Ich aufgrund der Einsprüche des Über-Ich (moralische Instanz) verdrängt. Ein Beispiel ist ein Inzestimpuls, dem nachzugeben sich eine Person nicht gestatten kann und den sie verdrängt. Nun sucht sie nach »Ablenkung«.oder »Anregung« als Abfuhrhilfe, die aber nur schwer zu finden ist. Denn liegt die Anregung zu nahe an dem unbewußten Triebziel und fühlt sich die Person daran erinnert, setzt der Widerstand des Über-Ichs ein. Liegt die Anregung zu weit entfernt von dem eigentlich Ersehnten, wird sie »uninteressant«, und eine Verschiebung der Besetzungsenergien kommt nicht zustande.

Im besonderen scheinen sich »phantasielose« und einfallsarme Menschen zu langweilen. Sie sind in ihrer Fähigkeit zur Sublimation von Es-Wünschen (etwa durch künstlerische Ausdrucksweisen) gehemmt und können sie auch nicht in frei flutenden Tagträumen ausleben. Diese Hemmungen, heißt es, seien rückführbar auf die Erfahrungen und Einschränkungen in der frühen Kindheit. Die Triebansprüche drängen also ungebrochen an das Ich heran. Unter dem heftigen Gegendruck des Über-Ichs räumt das Ich, um nicht als »schlechter Mensch« dazustehen, aus seinen seelischen Kammern alle gefährlichen oder inkriminierenden Gegenstände heraus (Bergler 1956, S. 218) – und kaum etwas bleibt drin unter den Attacken des Über-Ichs. Die Sublimationsschwäche und Tagtraumhemmung lassen eine neue Ausstattung der Kammern kaum zu. Die innere Entleerung des subjektiven Erlebens von allem Liebens- und Begehrenswerten ist Schuldbekenntnis ebenso wie Alibi des schwachen Ichs gegenüber dem tyrannischen Gewissen.

f) Existentielle Langeweile als angespannter innerer Stillstand zur Vorbeugung gegen einen Konfliktausbruch zwischen Wünschen und der Furcht vor ihrer Erfüllung.

Wangh (1975, S. 538 ff.) greift Fenichels Erklärungsversuch von Langeweile (Libidostauung) auf, setzt aber andere Akzente. Demnach stellt Langeweile sozusagen einen Patt her zwischen unbewußten libidinösen oder aggressiven Wunschphantasien und unbewußter Vergeltungsangst. Indem Wunsch und die ihm entgegenstehende Angst mißachtet und zurückgedrängt werden, ergibt sich der Stillstand der affektiven und kognitiven Interesselosigkeit. Zwar ist der Konflikt (vorübergehend) stillgelegt, aber es bleiben ungerichtete Anspannung und Unbehagen, verbunden mit Eindrücken einer Verlangsamung oder des Stillstehens von Zeit. Während die Anspannung das Echo des inneren Handlungsdrucks in Richtung der unbewußten Ziele ist, ist das Unbehagen das Echo der im Unbewußten wirkenden Drohung mit Bestrafung oder Schmerz.

Ein Beispiel (Wangh 1975, S. 544): Eine junge Frau langweilt sich zutiefst auf einer Familienparty, zu deren Vorbereitung sie freudig beigetragen hatte. Die Psychoanalyse am Tag darauf offenbart ihr »unbewußtes Dilemma«: Sie rechnet damit, daß die Schwester alle Bewunderung für die Vorbereitung und das Gelingen der Party ernten wird. Wenn das geschähe, würde sie haßerfüllt schreien und losschlagen wollen. Aber was wäre die Strafe? Der Vater, stellt sie sich vor, würde sterben, die verwitwete Mutter würde sie enterben, und sie selbst bliebe hilflos wie in ihrer frühen Kindheit zurück. Vor solche unbewußte Phantasien und Ängste schiebt Langeweile sozusagen den Riegel der inneren und äußeren Teilnahmslosigkeit und hält damit den Konflikt in der Schwebe.

g) Existentielle Langeweile wegen narzißtischer Unterbesetzung und der Abwertung der Mitmenschen.

Der Begriff primärer Narzißmus verweist auf die Qualität, in welcher der Säugling sein Verhältnis zur ersten Bezugsperson (meistens die Mutter) erfährt: als Eins-Sein, als Verschmelzung mit dem Körper der Mutter, die »allmächtig« Wärme und Befriedigung spendet. Wenn in der späteren Entwicklung die Trennung von Selbst und (Mutter-)Objekt nicht angemessen verarbeitet werden kann, sondern mit traumatisierenden Enttäuschungen einhergeht, lagert sich in dem psychischen Aufbau eine unstillbare Sehnsucht nach Beibehaltung oder Wiederholung eben jenes frühen Erlebnisses der Verschmelzung und Allmacht ein. Dieses »Heimweh«, dem sich ohnmächtige Wut beigesellt, haftet an unbewußten Erinnerungsablagerungen und erscheint als Gefühl der inneren Leere, Unruhe und Langeweile.

Die Erfahrung innerer Armut und Bedürftigkeit bestätigt sich im Umgang mit den Mitmenschen. Denn das Selbst (genauer: das effektive Vorstellungsbild der eigenen Person) hat die anderen Menschen (genauer: deren innerpsychische Repräsentanzen) weitgehend verloren (Kernberg 1978, S. 245 ff.). Die Mitmenschen werden verkleinert und funktionalisiert zu

Lieferanten von Anerkennung und Bewunderung, um das eigene Selbstwertgefühl zu stützen und zu erhöhen und Größenphantasien zu nähren. In der Ausbeutung anderer zur Bestätigung des schattenhaften Selbst verbinden sich oft deren Idealisierung *und* Abwertung: Der narzißtisch Bedürftige wird oft das, was er vom idealisierten anderen so nötig braucht, entwerten, um selbst besser dazustehen und nicht vor Neid zu vergehen. So sind das Gefühlsleben seicht und die Fähigkeit zu lieben und zur mitfühlenden Rücksichtnahme verkümmert. Ewig gelangweilt durchstreift der bedürftige Narzißt eine Welt, die nach dem Verrauschen von Augenblicksintimität oder Wutausbrüchen ebenso leer und unwirklich wirkt wie vorher.

Im Roman *La Noia* von Moravia (1966, S. 94 ff.) sagt der etwa 30jährige Mann über seine (stark körperlich ausgerichtete) Beziehung zu einer jungen Frau:

»Inzwischen bemerkte ich, daß ich mich mit Cecilia zu langweilen begann, das heißt, daß ich wieder in dem Zustand von Fremdheit und Ablösung war, in dem ich mich befunden hatte, ehe ich sie kennenlernte (…) Cecilia war nicht langweilig, aber ich langweilte mich – und ich wußte dabei, daß ich sehr wohl die Möglichkeit gehabt hätte, mich nicht zu langweilen: wenn es mir kraft irgendeines Wunders gelungen wäre, meine Beziehung zu ihr realer zu gestalten. Statt dessen spürte ich, wie diese Beziehung von Tag zu Tag lockerer und unbestimmter wurde (…) Wie gewöhnlich zerstörte die Langeweile also zuerst meine Beziehung zu den Dingen und dann die Dinge selbst; sie machte sie für mich sinnlos und unverständlich (…).

Aber Cecilia war nicht bloß ein Glas, sondern ein Mensch. Zwar hörte sie in dem Augenblick, als ich mich mit ihr langweilte, zu existieren auf, wie jeder andere Gegenstand, aber natürlich wußte ich dabei, daß sie ein Mensch war. Wenn mir infolge der Langeweile ein Glas unverständlich und absurd vorkam, packte mich manchmal der heftige Wunsch, es zu Boden zu schleudern und in Stücke zu brechen, um so eine Bestätigung für seine wirkliche Existenz zu haben. Wenn ich mich mit Cecilia langweilte, überkam mich das Bedürfnis, sie zu zerstören, oder wenigstens sie zu quälen, damit sie litt.

Ich hatte die Vorstellung, daß es mir so vielleicht gelingen könnte, die Beziehung wiederherzustellen, die durch die Langeweile unterbrochen war.«

Es gibt Vermutungen, daß die aus narzißtischer Unterbesetzung herrührenden Lockerungen des Verhältnisses zu Dingen und Menschen und die entsprechenden Verlassenheitsgefühle heute zunehmen (Ziehe 1975). Denn die fortschreitende »Kolonialisierung« aller ehedem naturwüchsig geregelten Lebenswelten unter bürokratischen und kapitalistischen Vorzeichen brachte vielen Menschen die Erfahrung einer kalten und ungesicherten Wirklichkeit: Dequalifikation von Arbeitsvermögen, Widerspruch zwischen verstärkter Triebunterdrückung im Produktionsbereich und forcierter Triebentfesselung im Konsumptionsbereich, kognitive Verunsicherung und Sinnzweifel durch unaufhörliche Tendenz- und Trendwenden auf allen Gebieten.

All das kann die Selbstwertproblematik und damit narzißtische Bedürfnisse nach Abstützung und Aufwertung bei Eltern, Jugendlichen und Kindern verstärken. Zusätzlich aber sind Kinder und Heranwachsende dann berührt, wenn die Eltern ihren Selbstwertbedarf durch unbewußte Anklammerung an ihre Kinder zu befriedigen versuchen. So werden die Kinder symbiotisch vereinnahmt, spiegeln das Anlehnungsbedürfnis ihrer Eltern liebebedürftig zurück und versorgen sie mit positiven Selbsterlebnissen. Eltern und Kinder brauchen einander. Diese Kinder laufen später, wenn das wechselseitige Anklammern schließlich beendet werden muß, große Gefahr, schockartige Trennungserlebnisse und narzißtische Enttäuschung über die Eltern zu erfahren – mit der Folge eines leeren Heimwehs und existentieller Langeweile, wie oben beschrieben. Wenn nun die unstillbare Sehnsucht sich an die Warenangebote und Erlebnisfelder bindet, mit denen die Konsumgüter- und Kulturindustrie die narzißtischen Bedürfnisse aufgreift und weiter verstärkt, wird die Langeweile gleichzeitig überspielt und verfestigt. Davon später.

h) (Schöpferische) Langeweile als Selbstschutz gegen entfaltungshemmende Reize.

Es gibt Perioden einer tiefen Gleichgültigkeit gegen Reize,

die dem Selbst als wesensfremd, unwichtig, beeinträchtigend oder aufdringlich erscheinen. Diese Gleichgültigkeit, die sozusagen in der Randzone der schöpferischen Langeweile liegt, wurde mit dem Totstellreflex von Tieren verglichen (Levinger 1951, S. 114). Man stellt sich tot, um man selbst bleiben zu können.

»Gäbe es nicht von Zeit zu Zeit diese Undurchlässigkeit der Langeweile, das Herz hörte wohl auf zu schlagen«, sagt René Char (1959, S. 133). Im Schutze der Langeweile hört der Mensch seinen eigenen Herzschlag. Indem er zeitweise die Flut der Außenreize zu ignorieren versucht, findet er möglicherweise einen Zugang zu sich selbst.

Ein psychiatrischer Exkurs: Ist Langeweile eine Krankheit?

Die unterschiedlichen Antworten auf die Frage, ob und inwieweit existentielle Langeweile pathologisch ist, können hier nur vage angedeutet werden. Wir hören, daß in den Vereinigten Staaten sich eine Freizeitpsychiatrie institutionalisiert und Patienten in »Langeweile-Kliniken« eingewiesen werden (Opaschowski 1983, S. 64). Früher fühlten sich wohl eher Pfarrer zuständig: Ein berühmtes Beispiel für eine extreme Lebenslangeweile ist Georg Büchners *Lenz* (1835), dessen sich Pfarrer Oberlin angenommen hat.

> »Lenz lag im Bett, ruhig und unbeweglich. Oberlin mußte lange fragen, ehe er Antwort bekam; endlich sagte er: ›Ja, Herr Pfarrer, sehen Sie, die Langeweile! die Langeweile! oh, so langweilig! Ich weiß gar nicht mehr, was ich sagen soll; ich habe schon allerlei Figuren an die Wand gezeichnet.‹ Oberlin sagte ihm, er möge sich zu Gott wenden; da lachte er und sagte: ›Ja, wenn ich so glücklich wäre wie Sie, einen so behaglichen Zeitvertreib aufzufinden, ja, man könnte sich die Zeit schon so ausfüllen. Alles aus Müßiggang. Denn die meisten beten aus Langeweile, die andern verlieben sich aus Langeweile, die dritten sind tugendhaft, die vierten lasterhaft, und ich gar nichts, gar nichts, ich mag mich nicht einmal umbringen: es ist zu langweilig!‹«

Gar nichts, gar nichts! Ist diese »schreckliche Leere« und »folternde Unruhe, sie auszufüllen«, wie es später heißt, noch Langeweile oder schon endogene nihilistische Depression, wie etwa Bodamer (1960, S. 113 ff.) meint?

Langeweile fand ich unter psychiatrischem Blickwinkel selten thematisiert. Es gibt wohl, grob unterteilt, fünf Einschätzungen von existentieller Langeweile:

1. Langeweile ist latente Depression oder eine Vorform von ihr mit fließenden Übergängen (Fenichel 1934; Fromm 1974, S. 219 ff.).

2. Langeweile im Rahmen narzißtischer Störung hängt mit der Unfähigkeit zusammen, Depression zu erleben (Kernberg 1978, S. 272). Depression gilt hier als ein wichtiger Bestandteil von Trauerarbeit über den Verlust der Repräsentanzen von Idealselbst-Anteilen oder von äußeren Objekten (Auflösung einer guten Beziehung zu anderen Menschen). Die Verkümmerung des Vermögens zu trauern läßt die Gefühlswelt so leer erscheinen.

3. Die Langeweile ist in aller Regel verdeckt und nicht eigentlich pathologisch, tritt aber bei psychisch Erkrankten offen zutage. So fand Plügge (1962, S. 10 ff.) bei Menschen, die an Zuständen nervöser Erschöpfung (Neurasthenie) leiden, eine arbeitsame »Intention ins Leere hinein«, ein Warten ohne Erwartung, einen Mangel an Zukunft, welche die Gegenwart füllen kann. Außerordentlich beschäftigt, aber interesse- und teilnahmslos versuchen diese Leute – wobei sich Plügge auf Pascal beruft –, dem Nichts als negativem Aspekt der Selbstbegegnung auszuweichen.

4. Psychische Krankheit kann Flucht aus der Langeweile sein (Thiele 1966, S. 22 ff.; auch er beruft sich auf Pascal). Um die tödliche innere Inhaltslosigkeit auszufüllen, stürzen sich manche Menschen in die Zerstreuungen des vermeintlichen Krankseins. Sie fühlen sich krank und können es doch nicht sein. Sie haben der Leere nichts entgegenzusetzen als die Scheinproblematik ihrer neurotischen Beschwerden. Die neurotische Angst kaschiert notdürftig das Nichts, vor dem sie zittert.

5. Langeweile kann Ausdruck des Kampfes gegen Depression und Paranoia sein. Wangh, der Langeweile als einen Stillstand zur Verhinderung eines innerpsychischen Konfliktaus-

bruchs ansieht (vgl. vorangegangenes Kapitel, Abschnitt f), meint auch, daß sie in manchen Fällen eine Verteidigungsmaßnahme gegen Depression oder Wahnvorstellungen ist (1975, S. 548 f.). So kann sie zum Beispiel (zeitweise) eine depressionserzeugende Verflechtung von Schuldgefühlen und Bestrafungsphantasien blockieren. Insofern kann Langeweile ein Gefahrensignal sein, das auf Defekte des inneren Gleichgewichts hinweist.

Die Frage bleibt offen, inwieweit Langeweile mit Krankheit zusammenhängt. Wir behandeln sie weiterhin als eine Erscheinung diesseits der Grenzen von Krankheit, wenngleich in Teilen als durchaus zur »Pathologie der Normalität« gehörig.

Soziologische Zugänge

Wir erinnern uns an Immanuel Kants Anmerkung, daß unter Langeweile »kultivierte Menschen« leiden, »welche auf ihr Leben und auf die Zeit aufmerksam sind« (oben S. 65). Demnach ist Langeweile an Selbst-Bewußtsein gebunden. Wir wollen dieser Aussage ein wenig nachgehen.

Historische Voraussetzung von Langeweile:
Die Selbstentdeckung des Subjektes als eines freien,
einzigartigen und sinnbedürftigen Wesens

Die Selbstentdeckung des Subjektes wird möglich mit einer gewissen Befreiung von traditionell »selbstverständlichen«, vielfach religiös legitimierten und sanktionierten Lebensvorgaben. Dazu muß ein Mindestmaß von persönlicher »Bildung« kommen, die den Horizont der jeweiligen Lebenswelt erweitert und den Selbstausdruck ermöglicht und anregt. Menschen also, die weitgehend naturbelassen und nicht mobil sind (»Naturvölker«; analphabetische Agrarbevölkerungen), werden Subjektivität als Wert und Problem nicht entdecken.

Der philosophische Begriff Subjektivität gilt als ein Grundstein der Moderne, behauen schon in der Antike und zu Beginn der Neuzeit, als mit der Wiedergeburt der Antike die soziokulturelle Diktatur der römisch-katholischen Kirche allmählich in

Frage gestellt werden konnte. Richtig »gelegt« wurde dieser Grundstein dann im 18. und 19. Jahrhundert.

Subjektivität meint die selbstverantwortliche Freiheit des nach Mündigkeit strebenden Menschen und sein Sich-selbst-Wissen, das aus der Reflexion seiner selbst und dem Denken des Denkens kommt. Subjektivität meint weiterhin die Freisetzung individueller Kräfte zum Zwecke der Selbstverwirklichung. Damit wird auch der *Unterschied* zu anderen Menschen betont und können Gefühle der Vereinzelung auftreten. Der freie Mensch steht also vor der Aufgabe, in kritischem Umgang mit sich selbst und in gewisser Absetzung von anderen Menschen aus sich selbst etwas zu machen und seinem Leben einen tragfähigen Sinn zu geben.

Das moderne Individuum verbindet – dem Anspruch nach – *Reflexivität* im Blick auf sich selbst mit sinnvoller *Aktivität* bei gleichzeitiger Anerkennung der *Relativität* seiner eigenen Sinngebung als Bedingung der Toleranz gegenüber den Sinngebungen anderer.

Historisch begann die Subjektivierung der Lebensentwürfe in nennenswertem Umfang allmählich mit der Renaissance bei ökonomisch und bildungsmäßig Privilegierten. Sie setzte sich verstärkt fort im 18. und insbesondere 19. Jahrhundert in intellektuellen Kreisen und berührt heute einen Großteil der Bevölkerung in westlichen Industrieländern. Dieser (noch nicht beendete und im einzelnen sehr unterschiedlich verlaufende) Prozeß ist eng verbunden mit der Industrialisierung unter kapitalistischem Vorzeichen, die zur Freiheit des Unternehmers den ungebundenen und arbeitswilligen Arbeiter und den »sinnsuchenden« Konsumenten brauchte und braucht. Der fortschreitende Autoritätsverlust von Institutionen und Traditionen, die ehedem Sinn stifteten und bestätigten und »richtiges« Verhalten nahelegten (das Alter; Kirche; Brauchtum; »Selbstverständlichkeiten« aller Art), und die Dynamisierung und Differenzierung der Gesellschaft in unzählige Arbeits- und Freizeitwelten verwiesen den Menschen immer mehr auf *die* Institution, »die keine Institution sein kann: die des Subjektes« (Luckmann 1979, S. 309).

Was hat das nun alles mit Langeweile zu tun? Die These lautet: Langeweile (in allen vier Formen*) setzt eine gewisse Subjektivierung von Selbst- und Weltbild voraus. Diese Subjektivierung *verursacht nicht* die Langeweile, sondern *ermöglicht* sie.

Nur wer sich selbst entdeckt, kann auch Leere finden:

> »Nicht jedem Menschen hat die unergründliche Natur den Lebenszweck in ihm selbst gewiesen. In einem Herzen, das nach sich selber sucht, ist Leere und erdrückende Wahrheit« (Senancour, *Obermann*, 59. Brief).

Nur wer es sich anders vorstellen kann, findet das Einerlei öde. Nur wer anders als die anderen sein will, fühlt sich von anderen gelangweilt. So kann er auf die Frage, wie ihm die gestrige Party gefallen habe, spöttisch antworten: »Ohne mich hätte ich mich sehr gelangweilt«. Nur wer »was tun muß«, leidet darunter, wenn er »nichts zu tun hat«. Nur wer mit seiner Zeit immer etwas anfangen will, merkt, daß sie ihm beim Warten oder beim weitschweifigen Festvortrag lang wird.

Oblomow, der berühmteste Romanheld der Lebenslangeweile (1859), hat einen Diener, der sich nie langweilt, obwohl er wenig tut (Gontscharow, 7. Kap.):

> »Entweder döste er im Vorzimmer vor sich hin oder ging in die Gesindestube und in die Küche plaudern, oder er stand auch mit auf der Brust verschränkten Armen ganze Stunden lang am Haustor und blickte mit schläfriger Nachdenklichkeit um sich.«

Ohne eigentliches Bewußtsein von sich selbst langweilen sich Menschen nicht. Uns, den Modernen, ist es nur im Traum niemals fad.

Eine Quelle der überdrüssigen Langeweile: Die Aufwertung des Maßstabs »langweilig« zur Beurteilung von Dingen und Situationen

Die Wirklichkeit ist nicht einfach ein Ensemble von objektiven, vorgegebenen Sachverhalten, das die Bedingungen mensch-

---

* Ausgenommen sei hier die manchmal aufgetretene Langeweile von mittelalterlichen Einsiedlern, Säulenheiligen oder Mönchen, deren Leiden unter Umständen auf starke sensuelle Deprivation zurückführbar ist.

lichen Handelns festsetzt. Nein, die Menschen sind in ihrer gesellschaftlichen Existenz auch »weltschaffende« Wesen. Sie definieren Wirklichkeiten als wirklich und verständigen sich auf Bedeutungen und Sinngehalte, die sich in den kommunikativen Auseinandersetzungen wandeln können. Sie »erfinden« teilweise ihre Welt, konstruieren ihre Lebensräume und geben den Lebenssituationen Gestalt. Kurz: Miteinander handelnd und streitend stellen die Menschen ihre Realität zum Teil erst her. Sie sind dabei gebunden nicht nur an gewisse objektive Daten der Welt, sondern auch an die Folgen ihrer Handlungen, die sich über die Zeiten hin verobjektivieren.

Da die Welt nicht eindeutig ist, braucht man Anhaltspunkte zu ihrer Deutung und Beurteilung. Diese Anhaltspunkte können sehr unterschiedlich sein. Nehmen wir ein ganz kleines Beispiel: Die im deutschsprachigen (Vor-)Alpenraum (noch) gebräuchliche Abschiedsfloskel »pfüat de god« wünscht dem Abschiednehmenden, daß Gott ihn behüten möge. Eine völlig andere Vorstellung von Abschied, Zukunft und Lebensrisiken steckt dagegen im kalifornischen »have fun«.

Es ist hier nicht Raum genug, um die historischen und gegenwärtigen (westlichen) Grundkriterien zur Entdeckung und Deutung von Gott und Welt zu umreißen. Nur soviel dazu: Die Selbstentdeckung des Subjektes als einzigartigen Wesens wird begleitet von seiner industriellen Umgarnung als tendenziell unersättlichen Konsumenten. Diese Prozesse begünstigen zwei Deutungskriterien von Lebenssituationen, nämlich die *Neuheit* und den *Spaß*. Im Unterschied zu Zeiten, wo etwas deshalb unumstößlich galt, weil ein strenger Gott es so will oder weil es immer schon so war, muß sich heute Neues nicht mehr rechtfertigen und ist *fun* quasi zum ersten Menschenrecht aufgestiegen.

Die einzigartige Person will ja anders sein als die anderen, muß sich abheben und auszeichnen. Sie braucht also immer wieder etwas Neues (und muß dennoch »die alte« bleiben): neue Kleider, neues Mobiliar, neue Gedanken. Der Konsument – besonders der, der schon einiges hat und kennt – muß von seiten der Gebrauchs- und Kulturgüterindustrie bei Laune gehalten werden. Er darf seine Kauflust nicht verlieren. Deshalb wird möglichst jede dingliche und geistige Ware mit Reizen ausgestattet, die den angenehmen Spannungszustand von Spaß, Vergnügen, Unterhaltensein bei möglichst vielen Leuten möglichst oft herbeiführen sollen.

Die historische Aufwertung der Beurteilungsmaßstäbe »neu« und »unterhaltsam« zieht die Aufwertung ihrer Gegenteile hinter sich her – und diese lassen sich tendenziell ins Gesamturteil »langweilig« fassen. Wenn etwas, das nicht mehr neu ist, von uns als vorgestrig, überlebt, abgestanden, inaktuell, passé oder out of life eingestuft wird, läßt es uns kalt und ödet uns an – es sei denn, es verschwindet gänzlich oder es wird nach geraumer Zeit nostalgisch verklärt. Da die Dinge, Symbole und Stile im allgemeinen langsamer verschwinden, als die Innovationen auftauchen, ist die moderne Welt immer auch beladen mit solchen Dingen, die langweilen, weil sie out sind. Je mehr also jemand den Neuheiten um der Neuheit und seiner eigenen Auszeichnung willen nachjagt, um so mehr wird er sich von Abgestandenem und Langweiligem umgeben fühlen.

Ähnlich sieht es aus mit dem Spaß. Wer überall Vergnügen und Spaß sucht und unterhalten werden will, wird vieles langweilig finden. Dem trägt die massenmediale Zerstreuungsindustrie Rechnung, indem sie fast jedes Ereignis *unterhaltsam* zu präsentieren versucht und sich dabei dauernd *neue* Gags einfallen lassen muß, weil die alten so schnell langweilig wirken (vgl. Erich Fromm, oben S. 88 ff.). All das – es wird weiter unten noch näher behandelt – hilft die scheinbare Paradoxie erklären, daß die für Neuigkeiten und Vergnügen so offene Gesellschaft massenweise Gefühle der überdrüssigen Langeweile erzeugt.

Zwei Quellen der existentiellen Langeweile: Soziale Unterforderung und die übermäßige Verregelung des Lebens

Auch das moderne Individuum, das »eigenständig« und selbstbewußt ist, kann nicht für sich allein existieren. Es bedarf für seine Selbsteinschätzung, Sinnfindungen und Tätigkeiten des Urteils anderer, für es bedeutsamer Menschen. Ich schließe von dem, was ich in meiner Existenz, meinen Eigenschaften und Fähigkeiten für andere bedeute, auf mich zurück. In der Auseinandersetzung mit den Erwartungen und Anforderungen anderer Menschen an mich entwickle und verändere ich die Erwartungen und Ansprüche, die ich an mich selbst habe und die ich wiederum bei der Suche nach »Selbstverwirklichung« gegenüber anderen Menschen ins Feld führe.

Aus diesem Zusammenhang heraus ist soziale Unterforderung verständlich. Sie hat zwei Komponenten:

1. Mangel an Erwartungen, Aufforderungen und Anforderungen seitens der Mitwelt.

Es gibt nur wenige Nachfragen und wenig Nachfrage nach einer Person oder Personenkategorie, nach ihren Befindlichkeiten, Eigenschaften und Fähigkeiten. Man will zu wenig von ihr. Sie wird nicht genügend gebraucht und nicht ausreichend einbezogen.

2. Mangel an Resonanz.

Die Wünsche und die Angebote, sich in seinen Lebensentwürfen anderen mitzuteilen oder sich gemäß seinen Fähigkeiten an Aufgaben zu beteiligen, bleiben ohne angemessene Antwort. Das Subjekt äußert sich sozusagen vor fast leeren Zuhörerbänken und erntet auch noch wenig Verständnis.

In dieser Weise sozial unterfordert zu sein heißt, in einer Art von gesellschaftlichem Niemandsland zu leben. Man ist zwar von starkem Rollendruck entlastet. Doch spürt man Gleichgültigkeit. Zu wenig gefordert und zu wenig gehört, langweilt man sich. Die Spiegel der Mitwelt, die man zur Selbsterkennung braucht, sind ziemlich blind und werfen nichts zurück außer einer Leere, welche die Gefühle existentieller Langeweile nährt. Wir werden weiter unten sehen, unter welchen gesellschaftlichen Bedingungen heute soziale Unterforderung und damit existentielle Langeweile verstärkt auftreten.[*]

---

[*] Nahrstedt (1974, S. 167 ff.) gebraucht zur Kennzeichnung der (Freizeit-)Situation insbesondere der Unterschichten den Begriff der »objektiven gesellschaftlichen Langeweile« als Ausdruck eines falschen oder fehlenden gesellschaftlichen Bewußtseins. Die objektive Langeweile rührt her aus dem Mißverhältnis zwischen dem Bedürfnis der Menschen nach der (politischen) Mit- und Umgestaltung der Welt und den durch die Mächtigen vorenthaltenen Möglichkeiten: In die private Isolation gedrängt, gibt die Mehrheit sich meist passiven, durch Medien und Werbung manipulierten Vergnügungen hin. So ist Politisierung von Familie und Freizeit vonnöten. »Gesellschaftlich getragene Kurzweil« (S. 170) entsteht beim Vorantreiben von Demokratisierung in allen Bereichen, beim Mitwirken in Bürgerinitiativen, bei Gemeinwesenangelegenheiten, in Elternvereinen u. dgl.

Dieser Begriff der objektiven Langeweile, bei dem offenbar die alten Vorstel-

Der luftleere Raum der sozialen Unterforderung ist der *eine* gesellschaftliche Bereich, in dem Langeweile herrscht. Der *andere* Bereich (der sich mit dem ersten überschneiden kann) ist gekennzeichnet durch übermäßige Verregelung. Dort wirkt alles kalkulierbar, arrangiert oder vorentschieden und läuft in festen Bahnen ab. Die Welt scheint kein Überraschungsfeld darzustellen, sondern ist altbekannt und erschöpft sich in banalen Wiederholungen. Die Dinge sind weitgehend voraussagbar. Man fühlt sich eingesperrt in das Gefängnis der beherrschenden Realität.

> »Der Lebensplan ist eine Landkarte unserer Existenz. Vor uns liegen die Laufbahnen unserer Arbeit, unserer Ehe, unserer Freizeitinteressen, unserer Kinder und unserer materiellen Habe. Manchmal, wenn wir diese Landkarte genauer betrachten (...), sind wir seltsam beunruhigt durch die Vorhersagbarkeit der Reise (...), durch das Wissen, daß das heutige Wegstück genau wie das gestrige sein wird. Dies und nicht mehr soll unser Leben sein? Warum ist jede Tagesetappe durch Langeweile, Gewohnheit, Routine markiert? Wir sind unzufrieden mit unserer Ehe, unserer Arbeit, unseren Kindern. Die Straße, die wir zum Arbeitsplatz fahren, die Kleidung, die wir anziehen, die Nahrung, die wir essen, sind sichtbare Zeichen einer fürchterlichen Monotonie« (Cohen/Taylor 1977, S. 28).

Dieses verbreitete Lebensgefühl hängt zusammen mit dem widersprüchlichen Prozeß, in dem die moderne Welt das »einmalige Subjekt« nicht nur aufwertet, sondern gleichzeitig auch entmächtigt. Diese Tendenz zur Entindividualisierung hat verschiedene Gründe. Sie ergibt sich aus der Logik der industriell-kapitalistischen Massenproduktion, wo Produkte ebenso wie Arbeitsverhalten rigide normiert werden und alles der *Geld*bewertung unterworfen und entsprechend nivelliert wird: Was nicht (ver-)käuflich ist, ist nichts wert. Die zunehmende Bürokratisierung standardisiert und rationalisiert das Verwaltungs-

lungen von den »objektiven Interessen der Arbeiterklasse« mitschwingen, ist freilich wenig realitätstauglich, solange er die tatsächlich empfundene, subjektive Langeweile außer acht läßt.

handeln, das sich mit der Erweiterung von Produktion, staatlichen Leistungen und Banken- und Versicherungswesen immer weiter ausbreitet. Es schert die Bürger, die ja alle gleich und rechtmäßig behandelt werden sollen, notwendigerweise über einen Kamm. Das Versicherungswesen wiederum standardisiert alle üblichen Risiken zu einplanbaren Betriebsunfällen und hält Vorsorgepakete bereit – und angesichts des beängstigenden Restrisikos großtechnologischer und ökologischer Katastrophen haben farblos-wendige Politiker und engstirnige Experten die ewig gleichen, systemrationalen und zweckoptimistischen Beschwichtigungen parat. So scheint sich das moderne Leben wie in einem riesigen Gefängnis abzuspielen, in dem ängstliche, existentielle Langeweile herrscht.

Ausbruchsversuche, die nicht selbstzerstörerisch wirken (Drogen), sind deshalb so schwierig, weil die Logik von Kommerzialisierung und Bürokratisierung die Freizeit- und Vergnügungswelten rund um den Erdball ergreift: Am Schluß sieht es überall gleich aus. Und dann gibt es noch eine Macht, welche die Menschen scheinbar ohne Probleme im Gefängnis hält, nämlich die Macht des Konformismus. Wem früh der Mut zur Subjektivität ausgetrieben wurde oder wer ihn mit Modebewußtheit verwechselt, wer nirgends unangenehm auffallen will und es möglichst allen recht zu machen versucht, wer dauernd Erfolg und Bestätigung sucht, den wird die Langeweile im modernen Lebensgefängnis immer wieder heimsuchen.

Arnold Gehlen (1963, S. 313 ff.) steuert einen weiteren Gesichtspunkt zum Verständnis von Langeweile bei, die aus der Verregelung des Lebens herrührt, in diesem Falle aus der Verplanung der Zukunft durch vorentworfenes Zwecksetzen. In der hochindustrialisierten Gesellschaft vermehren sich unaufhörlich die Ereignismassen und werden mit Hilfe der weiterentwickelten Technik auch »handlicher«. Somit wird der Zukunftsbereich des überhaupt Möglichen immer deutlicher, breiter, ausgefüllter und durchgeplanter. Im Beruf, aber auch in der Freizeit, *veranlassen* wir andauernd Ereignisse. Wir planen, entwerfen Konzepte, bereiten vor und legen unentwegt Spuren in die Zukunft.

So tritt die Wirklichkeit auseinander in eine Zukunft, deren Zusammenhänge wir im Kopf geordnet haben und in die wir planend vorausleben, und in eine Gegenwart, die im »Abhaken«, im Erledigen von Vorwegarrangiertem besteht und im »Wegleben« beschränkter, unzusammenhängender Momente. Dabei nehmen die Geschwindigkeiten zu – im Widerspruch zu den langsameren biologischen Eigenrhythmen.

Überlastet vom Ankurbeln von Zukunft und vom hektischen Wegleben sinnarmer Gegenwarten entsteht Langeweile als »negativistische Verstimmung«. Sie kann besonders dann hervortreten, wenn wir einmal unbeschäftigt sind – meistens in der Freizeit. Der Zustand des Vorauslebens läßt uns nicht zum ruhigen Gefühl der Gegenwart, zum geruhsamen Sichsammeln kommen. Wir fühlen quälenden Leerlauf und gieren nach Zerstreuung, die aber nicht hilft. »Gegen Langeweile hilft jedenfalls auch nicht Bildung, die selbst langweilig wird, sondern hülfe nur *Realität*, nämlich Erlebnisse, die in sich Zusammenhang hätten und die man in sich ausreifen lassen und moralisch verdauen könnte« (S. 320).

Hier übersieht Gehlen, daß Realität, wie angedeutet, keine eindeutige objektive Vorgabe ist, sondern immer auch definiert und gedeutet werden muß – und für die Art und Weise dieser Definition ist wiederum Bildung mitentscheidend. Ob jemand Erlebnisse sucht bei *Wanderungen* in der Provence oder bei *Autojagden* auf den dortigen Küstenstraßen, hängt stark von seiner Bildung und der mit ihr zusammenhängenden Wahrnehmungsfähigkeit und Aufmerksamkeitsbereitschaft ab.

Eine Bedingung von schöpferischer Langeweile: Entlastung von Verhaltensdruck ohne Entzug von Resonanzbereitschaft

Soziale Unterforderung hat, wie oben ausgeführt, zwei Bestandteile: Mangel an Erwartungen und Mangel an Resonanz seitens der signifikanten Mitwelt. Die Vermutung liegt nahe, daß für schöpferische Langeweile der *erste* Bestandteil von sozialer Unterforderung in gewissem Ausmaß erforderlich ist, der zweite dagegen *nicht* gegeben sein darf. Das wäre also eine gewisse Entlastung vom Verhaltensdruck, eine gewisse Freisetzung von Rollenansinnen, *ohne* daß Resonanzbereitschaft seitens der Mitwelt zurückgenommen wird. Sie »läßt« mich, ohne daß ich ihr gleichgültig bin. Sie ist zwar erwartungsvoll, dringt aber nicht in mich. Ich fühle mich frei, aber nicht verlassen in meiner Befindlichkeit und meinen Gedanken. Hier gedeiht schöpferische Langeweile, die sich Zeit nehmen kann für sich selbst, Zeit zur inneren Sammlung und zum Ausbrüten eigensinniger Lebenszeichen, die auch für andere wichtig sein können.

An zwei kleinen Beispielen soll der Unterschied zwischen sozialer Unterforderung, bei der ich mich langweile, und toleranter Entlastung, die mir schöpferischen Stillstand gestattet, angedeutet werden.

Ein Schüler schrieb (Illge 1929, S. 986):

»Als ich einmal zwei Stunden früher aus der Schule kam, wußte ich zu Hause nichts anzufangen. Mir wurde es langweilig. Ich habe mich erst ein bißchen aufs Sofa gelegt. Dann habe ich aus Versehen eine Tasse zerbrochen, dann bin ich in den Stuben rumgelaufen. Wo ich hinging, wurde ich wieder fortgeschickt. Von meinem Vater wurde ich angeschnauzt, weil ich so unruhig war. Ich habe dabei manchmal vor Ärger geschwitzt. Jetzt kommt das nicht mehr vor, weil ich nun meine Arbeit habe. Da ich immer Wege laufen muß, wird es mir nicht langweilig.«

Das ist eine Situation sozialer Unterforderung. Der Junge war von schulischem Druck befreit und wurde von seiner Umgebung in seinem ziellosen Streben nicht zur Kenntnis genommen, sondern fortgeschickt oder angeschnauzt – und als Lehrling wird er so weit beansprucht und fremdbestimmt, daß für eine bewußte Langeweile vorerst kein Raum bleibt.

Im folgenden Gedicht schildert Jochen Schimmang (geb. 1948) die inspirierende Leere, die meines Erachtens aus sozialer Entlastung herrührt *und* aus der Aussicht auf Resonanz (1986).

Meine Reglosigkeit.
Vor einem grünen Telefon
mit schwarzen Tasten sitzend.

Stillstand der Gedanken
und der Wünsche.

Aufmerksamkeit, plötzlich,
für den gleichbleibenden Ton

eines Vogels, wie von
ganz früher,

der aber
das Quietschen eines Kinderrades ist,
draußen vor dem Fenster,

das sich langsam in der Sonne
und im Staub bewegt.

Die schöpferische Verbindung einer Kindheitserinnerung (Vo-
gellaut) mit dem ganz anderen Lebensaugenblick eines Kindes
vor dem Fenster entspringt aus dem »Stillstand der Gedanken
und der Wünsche« (vermutlich im Büro). Das schweigende Telefon steht für soziale Entlastung (niemand will derzeit etwas
von mir), aber auch, glaube ich, für die Resonanzbereitschaft
derer, die ich anrufen kann. Am anderen Ende der Leitung sitzt
sozusagen der Leser des Gedichtes.

Fazit?

Die Vielfalt der Erklärungsansätze mag vielleicht verwirren.
Dennoch ist es nicht meine Aufgabe, sie abschließend kurzer-
hand zu sortieren und zu bewerten. Denn das hieße, sie nach
Maßstäben, deren Angemessenheit umstritten bleiben muß,
fast bis zur Unkenntlichkeit zu entfärben und zurechtzustut-
zen. Die Ansätze stehen in unterschiedlichem Verhältnis zueinander: Sie ergänzen einander oder sind wie feindliche Brüder; sie berühren einander nicht oder widersprechen sich. Der
Leser möge sich in Konfrontation mit vielen Sichtweisen sein
(veränderbares) Bild machen.

Den Fortgang der Arbeit werden vorrangig die Gedanken-
linien der humanistischen Psychologie und Soziologie bestimmen. Die mit der Renaissance beginnende Selbstentdeckung
des freien und einzigartigen Subjektes verbindet sich mit dem
Wunsch nach »Selbstverwirklichung«. Bei deren Verfolgung
gewinnt das Kriterium »langweilig« zur Beurteilung von Personen, Dingen und Situationen an Bedeutung (*überdrüssige
Langeweile*). Es wird weiter aufgewertet durch die Versuche

der Zerstreuungsindustrie, durch Spaß und Unterhaltung Langeweile zu vertreiben.

Gefühle *existentieller* Langeweile entstehen tendenziell aus einer *Hemmung* von Selbstverwirklichung – sei es durch endogenes Leerlaufen, sei es durch übermäßige Verregelung der Welt, sei es durch Verurteilung zur Wirkungslosigkeit oder durch Unterforderung. Eine Chance für *schöpferische* Langeweile schließlich liegt in einer Entlastungssituation: zurückgenommener Erwartungsdruck bei beibehaltener Resonanzbereitschaft.

Historische Neigungen zu Langeweilegefühlen

Gesellschaftliche Orte, an denen heftige Langeweile erfahren und kultiviert wurde, waren im 17. und 18. Jahrhundert Fürsten- und Königshöfe und aristokratische Salons und im 19. und 20. Jahrhundert die großstädtische Boheme. Wir wollen uns beide Orte kurz vergegenwärtigen.

Höfischer Adel und aristokratische Salons

Johann Wolfgang von Goethe, beileibe kein Gegner monarchischer Staatsform, macht immer wieder spitze Bemerkungen zur Langeweile an den Höfen. So verweist er einmal auf die »vielen Könige, die mitten im Glanz ihrer Herrlichkeit der Ennui zu Tode fraß«. Oder er mokiert sich über die Hofleute, die »vor Langeweile umkommen müßten, wenn sie ihre Zeit nicht durch Ceremonie auszufüllen wüßten« (zit. nach Völker 1975, S. 67, 70), durch Zeremonien, Etikette, Rituale und Feste. In der beliebten Oper *Die Fledermaus* (1874) von Johann Strauß weiß Graf Orlofsky ein Liedchen von seiner Langeweile zu singen (2. Akt, Nr. 7), wobei das sich verlangsamende Tempo die Töne schließlich nur noch zäh tropfen läßt:

> Ich lade gern mir Gäste ein,
> Man lebt bei mir recht fein,
> Man unterhält sich wie man mag,
> Oft bis zum hellen Tag!
> Zwar langweil' ich mich stets dabei,
> Was man auch treibt und spricht;
> Indeß, was mir als Wirt steht frei,
> Duld' ich bei Gästen nicht!
> Und sehe ich, es ennuiert
> Sich jemand hier bei mir,
> So pack' ich ihn ganz ungeniert,
> Werf' ihn hinaus zur Tür.

Burkhard Fritsche

Damit erinnert Graf Orlofsky an den Satz von La Rochefoucauld (1662), einem Hofmann in Versailles zur Zeit des Sonnenkönigs: »Wir vergeben oft denen, die uns langweilen, aber wir können denen nicht vergeben, die wir langweilen« (zit. nach Lepenies 1969, S. 60). Insbesondere in Gegenwart von Höhergestellten gelangweilt zu wirken wurde als schlimmer Affront angesehen, wenn nicht als ein Anzeichen von Rebellion.

Im bäuerlichen und bürgerlichen Leben sind Werktag und Festtag weitgehend getrennt. In der höfischen Welt ist alle Zeit

Festzeit. Es gibt eigentlich »keinen Alltag und keine Arbeit, nichts als die leere Zeit und die lange Weile. Und es sieht aus, als ob es der Horror vacui sei, der das höfische Fest erzeugt habe, der gleiche Horror vacui, der dem barocken Auge eine leere Wand zu einem so unerträglichen Anblick macht, daß die Künstler angehalten werden, sie mit einem Netz von Pomp und Zierlichkeit zu überspinnen. So scheint die Jagd nach dem Vergnügen nichts als die Flucht aus der Langeweile« (Alewyn 1985, S. 14). Als man dem alternden Karl II., dem letzten Habsburger auf dem spanischen Thron, die neue, mit größtem Aufwand erstellte Fontäne der Diana im Garten von La Granja vorgeführt hatte, sagte er trübe: »Drei Millionen hat es mich gekostet, und drei Minuten hat es mich unterhalten.«

Der Hofadel hing an vergoldeten Ketten, einer an den anderen gebunden. Pomp, Etikette und Zeremonien verscheuchten *und* erzeugten Langeweile. Einen Eindruck davon vermittelt die allmorgendliche Zeremonie des »lever«, des Aufstehens im Schlafzimmer von Ludwig XIV. (Elias 1979, S. 127 f.), in ähnlicher Weise gepflegt auch von seinen Nachfolgern. Nach dem Wecken des Königs durch den ersten Kammerdiener und die entsprechende Benachrichtigung des Großkämmerers und der ersten Kammerherren gab es sechs verschiedene »Entrées« gemäß den abgestuften Vorrechten innerhalb des Hofstaats.

»Zuerst kam die ›Entrée familière‹. An ihr hatten vor allem teil die legitimen Söhne und Enkel des Königs (Enfants de France), Prinzen und Prinzessinnen von Geblüt, der erste Arzt, der erste Chirurg, der erste Kammerdiener und Kammerpage.

Dann kam die ›grand entrée‹, bestehend aus den grands officiers de la chambre et de la garderobe (käufliche, aber dem Adel vorbehaltene Hofämter) und den Herren von Adel, denen der König diese Ehre zuerkannt hatte. Es folgte die ›première entrée‹ für die Vorleser des Königs, den Intendanten der Vergnügungen und Festlichkeiten und andere. Darauf folgte als vierte die ›entrée de la chambre‹, die alle übrigen ›officiers de la chambre‹ umfaßte, außerdem den ›grand-aumônier‹ (Groß-Almosenier), die Minister und Staatssekretäre, die ›conseillers d'Etat‹, die Offiziere der

Leibgarde, die Marschälle von Frankreich u. a. Die Zulassung zu der fünften Entrée hing bis zu einem gewissen Grade von dem guten Willen des ersten Kammerherrn ab und natürlich von der Gunst des Königs. Zu dieser Entrée gehörten Herren und Damen von Adel, die in solcher Gunst standen, daß der Kammerherr sie eintreten ließ; sie hatten so den Vorzug, sich dem König vor allen anderen zu nähern. Schließlich gab es noch eine sechste Art des Eintritts, und das war die gesuchteste von allen. Man trat dabei nicht durch die Haupttür des Schlafzimmers ein, sondern durch eine Hintertür; diese Entrée stand den Söhnen des Königs, auch den illegitimen, samt ihren Familien und Schwiegersöhnen offen, außerdem auch z. B. dem mächtigen ›surintendant des bâtiments‹. Zu dieser Gruppe zu gehören, war Ausdruck einer hohen Gunst (...).

Man sieht, es war alles recht genau geregelt. Die ersten beiden Gruppen wurden zugelassen, wenn der König noch im Bett war. Dabei trug der König eine kleine Perücke; er zeigte sich niemals ohne Perücke, auch dann nicht, wenn er im Bett lag. Wenn er aufgestanden war und der Großkämmerer mit dem ersten Kammerherren ihm die Robe hingelegt hatten, rief man die folgende Gruppe, die première entrée. Wenn der König die Schuhe übergezogen hatte, verlangte er die officiers de la chambre, und man öffnete die Türen der nächsten Entrée. Der König nahm seine Robe. Der maître de la garderobe zog das Nachthemd beim rechten Ärmel, der erste Diener der Garderobe beim linken; das Taghemd wurde von dem Großkämmerer oder von einem der Söhne des Königs, der gerade anwesend war, herbeigebracht. Der erste Kammerdiener hielt den rechten Ärmel, der erste Diener der Garderobe den linken. So zog der König das Hemd an. Darauf erhob er sich von seinem Fauteuil und der maître de la garderobe half ihm die Schuhe befestigen, schnallte ihm den Degen an die Seite, zog ihm den Rock an usw. usw. (...) Inzwischen wartete der ganze Hof bereits in der großen Galerie.«

Welchen Sinn hatte das alles, das uns heute so lächerlich erscheint? Hofzeremoniell und Etikette erfüllten zwei wichtige Zwecke: zum einen den der Selbstdarstellung der höfischen

Gesellschaft, ihrer inneren Abstufungen und ihrer Distanzierung nach außen; zum anderen den der ehrenvollen Scheinbeschäftigung einer von produktiver Arbeit entlasteten Klasse, deren Leid *und* Stolz die Langeweile war. Das alles gilt nur für die Zeiten einer gewissen politischen Stabilität: Der Hofadel brauchte dann seine Privilegien nicht nach unten zu verteidigen und hegte nach oben kaum andere politische Ambitionen, als Auszeichnungen und Gunstbezeugungen durch einen Monarchen zu erfahren, der ziemlich unangefochten sich und sein Dasein als Sinn des Staates betrachten konnte.

Die Etikette war auf die symbolische Überhöhung des Königs abgestellt, regelte und symbolisierte die veränderlichen, feinen Prestigeabstufungen innerhalb der Hofgesellschaft und erlaubte die Abhebung gegenüber dem verachteten Landadel, Volk und Bürgertum, das keine Ahnung von den Finessen der Etikette hat – etwa der, daß der »cravatier« des Monarchen ihm keineswegs die Krawatte zurechtrücken darf, wenn sie nicht richtig sitzt, sondern zu warten hat, bis der »maître de la garderobe« oder zumindest ein »officier supérieur« erscheint (Lepenies 1969, S. 197).

In den »Äußerlichkeiten« der Etikette scheint die Daseinsberechtigung der höfischen Aristokratie einen Ausdruck zu finden und das individuelle Selbstwertgefühl der einzelnen Höflinge seine Anhaltspunkte. Als Marie-Antoinette, die letzte Königin des Ancien Régime vor der Französischen Revolution, an den Etiketteregeln zu rütteln begann, spürte sie den Unmut des hohen Adels. Denn wenn es bisher nur das Vorrecht der Herzoginnen war, in Gegenwart der Königin *sitzen* zu dürfen, so wurde es von diesen als tiefe Kränkung empfunden, wenn nun auch niedriger Rangierende sich setzen durften.

Das Verhältnis von Hofzeremoniell bzw. Etikette und Langeweile kann mit Hilfe der (oben umrissenen) Konzepte der sozialen Unterforderung und der Verregelung der Lebensumstände besser verstanden werden. Mit der Herausbildung der absoluten Monarchie (vor allem in Frankreich) wurde der ländliche Feudaladel schrittweise seiner Privilegien beraubt, zu Teilen an den Hof gerufen und dort für den Machtverlust mit Glanz und Prestige entschädigt. Die höfische Aristokratie war sozial stark unterfordert. Sie war von der tatsächlichen politischen Machtausübung weitgehend ausgeschlossen und hatte kaum einen Einfluß auf die Staatsgeschäfte. Gleichzeitig durfte sie nicht produktiv arbeiten. Außer solchen ehrenvollen Beschäftigungen wie Kriegführen, Jagen oder religiösen Verrichtungen galt alle Arbeit im aristokratischen Verständnis als verächtlich und den gemeinen Leuten vorbehalten. Je höher der Rang war, desto weniger »Selbstbedienung« beim Aus- und Ankleiden, bei der Körperpflege usw. gab es. Nur Handreichungen nach oben, besonders gegenüber dem König, waren würdig. Der König selbst rührte in diesen Dingen keinen Finger.

All das mag solche Anekdoten fördern, wie sie der amerikanische Soziologe Thorstein Veblen (1857-1929) wiedergibt (1986, S. 58): Da ist von einem gewissen französischen König die Rede, der im Dienst der feinen Lebensformen sein Leben einbüßte:

> »Als nämlich einmal jener Höfling abwesend war, dessen Amt darin bestand, den Sessel Seiner Majestät zu verrücken, blieb der König ohne Klage vor dem Kaminfeuer sitzen und erduldete die Verbrennung seiner erhabenen Person (…) Auf diese Art rettete sich Seine Allerchristlichste Majestät vor der schändlichen Befleckung durch gemeine Arbeit.«

Die soziale Unterforderung des höfischen Adels, bedingt durch Mangel an Verantwortung und Arbeitsverbot, führt zu heftiger Langeweile, vor der man in Zeremoniell und Etikette flüchtet. Diese mildern zwar die Langeweile aus Unterforderung, verschaffen aber den Langeweilegefühlen Geltung, die aus der übermäßigen Verregelung der Lebensabläufe kommen. Die hochformalisierte Welt erstarrter, pompöser Verhaltensabläufe, minutiöser Regeln, bis ins Kleinste ausdifferenzierter Rechte und gehemmter Affekte nährt sicherlich einige Illusionen von Wichtigkeit und abgeleiteter Macht, enthält aber keine Überraschungsfelder mehr (Lepenies 1969, S. 129 ff.). Nicht Offenheit und produktive Spontaneität waren gefragt, sondern die Fähigkeit, im Glanz der Fassaden aus Menschen und Materialien das Gähnen strahlend zu unterdrücken.

Die verbreitete existentielle Langeweile am Hofe baut nicht nur auf hoher Selbstzucht auf, sondern umfaßt auch die resignative Selbsterkenntnis des höfischen Adels, daß er die vergoldeten Ketten nicht zerbrechen kann, ohne sich selbst aufzugeben. Denn außerhalb seines pompösen Gefängnisses müßte er sich Statuskriterien stellen, die er nicht akzeptieren könnte und vor denen er nicht bestehen würde. So gehört es zur höfischen Weisheit zu wissen, wie man sich höflich langweilt und seine Zeit standesgemäß totschlägt. Wie sehr sich diese ursprüngliche »französische« Langeweile ihrer selbst bewußt ist, wird aus einer Bemerkung von Montesquieu (1689 - 1755) über die als rückständig geltenden Deutschen deutlich: Sie »denken wenig und langweilen sich deshalb nie« (1949, Bd. I, S. 806).

Unter Ludwig XV. und Ludwig XVI. fand eine gewisse Dezentralisierung der elitären Arbeitslosenkultur statt. Der Hof teilt sich die gesellige Bedeutung mit aristokratischen Zirkeln in den Salons (zu denen allmählich auch reiche Bürgerliche Zugang haben). Der adeligen Langeweile aus sozialer Unterforderung, am Hofe vergeblich durch Zeremoniell und Etikette bekämpft, suchte man im Salon eher durch Esprit, Wortwitz, Eleganz von Bewegungen und Brillanz von Formulierungen im Gespräch und auf dem Papier zu entkommen. Reden und Schreiben entschieden zwar über internes Prestige, blieben sonst aber folgenlos. Sie entschädigten nur wenig für den Mangel an Möglichkeiten für folgenreiches, produktives Handeln. So war die Langeweile eine ständige Besucherin des Salons.

Aufschlußreich sind die scharfsinnigen und ehrlichen Briefe der Marquise du Deffand (1697 - 1780), die täglich in Salons verkehrte und um 1750 einen eigenen gründete. Die ungewöhnliche Hellsichtigkeit dieser Frau mag damit zusammenhängen, daß sie um 1755 vollständig zu erblinden begann. Sie nennt existentielle Langeweile (ennui), unter der sie schmerzlich leidet, eine Epidemie ihrer Zeit, »ein Grab, in dem alle Gefühle beerdigt werden« (17.1.1770).

»Wirkliches Glück heißt frei von Langeweile zu sein. Alles, was uns vor ihr behütet, ist gut. Ein Land zu regieren oder mit einem Kreisel zu spielen ist für mich ein und dasselbe. Der Stein des Weisen wäre gefunden, wenn man für immer gegen Langeweile geschützt wäre. Aber wie weit sind wir davon entfernt; denn wir wissen genau, daß wir uns immer langweilen müssen« (3.5.1767).

Das unerreichbare Glück und die vergeblich ersehnte Weisheit sind nichts weiter als das Gegenteil von Langeweile – gleichgültig, worin es besteht. Nun hatten diese Aristokraten aufgrund ihrer Ehrbegriffe, die unwürdige Arbeit verboten, tatsächlich weniger Möglichkeiten als die Bürger, der Langeweile zu entfliehen. So gaben sie sich in den Salons ein oft seltsam lebloses Stelldichein.

>Ich mußte mich gestern über die zahlreiche Gesellschaft, die sich bei mir einfand, verwundern: Männer wie Frauen erschienen mir wie Automaten; sie gingen, kamen, sprachen, lachten ohne zu denken, ohne zu überlegen und ohne Gefühl; ein jeder spielte seine gewohnheitsmäßige Rolle (...), und ich selber versank in den schwärzesten Gedanken; ich dachte, daß ich mein Leben in Traum und Schaum verbracht hätte und daß ich mit eigener Hand mir die Abgründe, in die ich fiel, auswühlte< (20.10.1766).

Das ganze Elend der sozialen Unterforderung und Überentlastung, die keine Spuren zu hinterlassen erlauben, spricht aus den Worten der Marquise:

>Es ist ebenso schlimm, das Nichts in sich zu finden, wie es ein Glück bedeuten würde, wenn man im Nichts geblieben wäre< (26.6.1768).

>Um das Unglück, geboren worden zu sein, ertragen zu können, hatte ich lange Zeit das Gefühl, man müsse die 24 Stunden des Tages aufteilen in 22 Stunden zum Schlafen und zwei zum Essen. Das tun mehr oder weniger die meisten Tiere< (17.12.1770).

Bezeichnend ist nicht nur, daß die Marquise den Zustand bewußtlosen tierischen Existierens ersehnt, sondern auch, wie sie sich das Leben der meisten Tiere vorstellt: offenbar so wie das von trägen Salonkatzen, die noch niemals eine Maus fangen mußten.

Die Langeweile der adeligen Salons scheint auch die französische Revolution überdauert zu haben. Wenn man dem Romancier Stendhal (1783 - 1842) Glauben schenken darf, so blieb dabei oft nicht viel vom Esprit des 18. Jahrhunderts übrig. Es herrschten oft nur noch blasierte Stumpfheit und geistige Öde im äußerem Prunk (*Rot und Schwarz*. Chronik aus dem Jahre 1830, 2. Teil, 4. Kap.):

> »Im Charakter der Herrschaften de La Mole lag zu viel Hochmut und gelangweilte Blasiertheit (…), als daß sie auf wahre Freundschaft hätten hoffen dürfen. Doch waren sie immer von ausgesuchter Höflichkeit, außer an Regentagen und in den allerdings seltenen Augenblicken, da sich ihre Langeweile ins Unerträgliche steigerte (…). Wenn man nur nicht über Gott, die Priester, den König, die Leute von Rang und Einfluß spottete (…), wenn man über nichts unehrerbietig redete, was anerkannt und beliebt war, wenn man nur keinen guten Faden an Béranger ließ, an den oppositionellen Zeitungen, an Voltaire und Rousseau und an allem, was noch ein offenes Wort wagte, wenn man vor allem nie und unter keinen Umständen über Politik sprach, so konnte man frei und ungezwungen über alles reden (…). Der leiseste lebendige Gedanke wirkte wie eine Taktlosigkeit. Trotz dem guten Ton, der auserlesensten Höflichkeit und dem allgemeinen Bestreben, sich beliebt zu machen, stand die Langeweile auf allen Stirnen zu lesen. Die jungen Leute, die pflichtgemäß ihre Aufwartung machten, hatten Angst, über irgend etwas zu reden, was den Verdacht eines eigenen Gedankens nahelegen oder irgendwelche verbotene Lektüre verraten mochte, und schwiegen nach einigen eleganten Redensarten über Rossini oder das Wetter.«

In den bürgerlichen Häusern, schreibt Stendhal, gehe es ungezwungener zu; Politik, Handel und Berufsarbeit seien Hauptgegenstände der Unterhaltung. Die bürgerliche Arbeitsgesellschaft ist im Aufstieg begriffen.

Das »Künstlervölkchen« am Rande der bürgerlichen Arbeitsgesellschaft

Die Glocke, die »führende Heimatzeitung im Herzen Westfalens«, berichtet regelmäßig von den goldenen Hochzeiten in ihrem Verbreitungsgebiet. So heißt es z. B. am 29. 4. 1986 von Jubilaren (die früher eine Schneiderei betrieben): »Ihr ganzes Leben lang hatten sie stets alle Hände voll zu tun. Langeweile kannten und kennen sie nicht (...) Langeweile ist für sie auch jetzt noch ein Fremdwort. Haus und Garten fordern ebenso ihre Kraft wie der Betrieb des Schwiegersohns, wo sie sozusagen als Nothelfer stets gern einspringen.«

Dieser kleine Textausschnitt enthält drei für die bürgerliche Arbeitsgesellschaft typische Aussagen über Langeweile:

1. Arbeit »adelt« und läßt keine Langeweile aufkommen.
2. Wer nicht genügend Arbeit hat oder bekommt, langweilt sich.
3. Schöpferische Langeweile ist unbekannt.

Wir wollen den erwerbsbürgerlichen Arbeits- und Langeweilebegriff kurz skizzieren und die spöttischen oder frechen Antworten, welche die subkulturelle Boheme bis heute darauf gibt.

Das bürgerliche Patentrezept gegen Langeweile: Erwerbsarbeit

Zu allen Zeiten, auch schon zu biblischen (2. Thess. 3.), war die Forderung nach »Arbeit für alle« tendenziell revolutionär. Sie richtet(e) sich nach oben und auch nach unten: nach *oben* an die jeweiligen privilegierten Mußeklassen, welche Sklaven oder unfreie Bauern für sich arbeiten ließen, oder an die modernen sogenannten Arbeitgeber, die eben auch Arbeit wegnehmen können; nach *unten* an »Tagediebe« oder an das Lumpenproletariat und andere, die möglicherweise auf unehrliche Art zu ihrem Brot kommen wollten.

Wir sehen hier ab von der sozialistischen Arbeitsethik, die neben der Arbeitspflicht auch das Recht auf Arbeit betont, und umreißen die Durchsetzung der ihr zugrundeliegenden *bürgerlichen* Arbeitsethik, die den Müßiggang und die mit ihm vermeintlich verbundene Langeweile bekämpft. Dafür gibt es frühe Belege. Daß »müezekeit ist aller sünden muoter«, predigt schon Bertold von Regensburg (um 1250) – was als früheste Fassung des bis heute populären weltlichen Sprichworts gilt: Müßigkeit ist aller Laster Anfang (Völker 1975, S. 113).

Das Problem der adeligen, reichen »armen Teufel«, die keiner Brotarbeit nachgehen müssen und wollen, kennzeichnet schon Joachim Rachel 1664 in interessanten Formulierungen als hungrige Übersättigung (zit. nach Völker 1975, S. 117):

Von solchem Leben weiß ein Reicher nicht zu sagen,
Der nur in Ueppigkeit und lauter faulen Tagen
Die liebe Zeit zubringt, mit Muessiggang sich quaelt
Und nur mit Ueberdruß die Lange Stunden zaehlt.
Ihm schmeckt nicht warm noch kalt: kann schwaerlich selber
    schliessen,
Womit er seine Lust wil machen oder buessen.
Der arme Teufel stoehnt von Zarter Faulheit schwach,
Hat alles, was er will, und nichtes, das er mag.

Der erwerbsbürgerliche Begriff von Müßiggang war insofern fortschrittlich und emanzipatorisch, als er die durch keinerlei Leistung begründeten Privilegien, Herrschaftsallüren und -launen des Adels geißelte. So stellt z.B. der Dramatiker Heinrich Wilhelm v. Gerstenberg 1762 den Müßiggang allegorisch als gelangweilten, gedankenlosen und grausamen Universalherrscher dar (zit. nach Völker 1975, S. 162):

»M(üßiggang). sitzt auf seinem gepolsterten Throne, der Trägheit, seinem Weibe gegen über, die (...) mit ihm in süsser, treuer Gedankenlosigkeit gähnt. Wenn er geschlummert hat, ergötzt ihn die Jagd, er hascht Mücken, zertritt Ameisen, spießt Fliegen, oder läßt Missethäter hinrichten, oder zündet eine Stadt an, reibt sich die Augen, und lacht.«

Auf der anderen Seite geht die erwerbsbürgerliche Abwertung des Müßiggangs mit einer verhängnisvollen Verkürzung und Einengung des Arbeits- und Leistungsbegriffs einher. Sicherlich, die bürgerliche Revolution hat die schwere, mühevolle Arbeit zu Ehren gebracht. Aber sie hat die Frage nach den Bedingungen einer Arbeit, die als eine bereichernde, unentfremdete Lebenstätigkeit empfunden werden kann, ausgeklammert. Da die Klassiker des Wirtschaftsliberalismus vor allem an harte, wenig erfreuliche Arbeit dachten, nahmen sie an, daß der Mensch von Haus aus faul sei und nur mit Zwang oder bei großer Not zur Arbeit veranlaßt werden könne (Fetscher 1985, S. 176). Und da sie im adeligen Müßiggang nur Langeweile und Laster sahen, schien ihnen der von Erwerbsarbeit entlastete Mensch von Natur aus lasterhaft zu sein.

Ein schauriger Niederschlag dieser Auffassung findet sich im *Nordischen Aufseher* von 1760 (zit. nach Völker 1975, S. 56):

»Es ist unmöglich, die Menschen, besonders in den niedrigen Ständen, schon in der Kindheit einen jeden langen Tag so zu beschäfftigen, daß ihre noch zarten Gemüther vor Langeweile nicht auf allerley Thorheiten und muthwillige Streiche denken sollten, wodurch gemeiniglich der erste Grund zu den herrschenden Lastern gelegt wird. Die Fabriken, besonders die in Wolle und Seiden arbeiten, sind von der Art, daß sie Kinder von vier, fünf Jahren beschäfftigen, und sie so frühe schon zu brauchbaren Gliedern des Staates machen können, zu geschweigen, daß eben dadurch den Älteren die Erhaltung und Erziehung ungemein erleichtert wird.«

Arbeit macht frei – die kleinen Leute (Kinder und niedrige Stände) von Langeweile und Laster, die großen Leute (Eltern und Obrigkeit) von Erziehungssorgen.

Wenn Produktivität auf Nützlichkeit und der Wert eines Produktes auf seinen Marktwert eingeengt werden, wenn Zeit mit Geld gleichgesetzt und Arbeitszeit zur (ver)käuflichen Ware wird, bleibt wenig Platz für Mußetätigkeiten. Hacke statt Harfe, lautet die Losung – und Goethes Faust hätte, wie es in einer Rektoratsrede von 1850 hieß, besser daran getan, »Gretchen zu heiraten, sein Kind ehelich zu machen und die Electrisiermaschine und Luftpumpe mitzuerfinde« (vgl. Doehlemann 1975, S. 33). Aus wirtschaftsbürgerlicher Sicht ist Faust nicht nur lasterhaft, sondern auch in seiner Suche nach dem, was die Welt im Innersten zusammenhält, unproduktiv. Menschlicher Fortschritt wird reduziert auf technischen Fortschritt.

Der »Gesang des Sängers, der in nichts zerfließt«, scheint Adam Smith (1723 - 1790) ein geeignetes Beispiel zur Charakterisierung unproduktiver Arbeit zu sein: Diese Produkte zerstören sich im Augenblick ihrer Erzeugung selbst, und nichts Konkretes bleibt übrig, das von denen, die diese Leistung mit barem Geld bezahlt haben, weiterverkauft werden könnte (vgl. Doehlemann 1970, S. 35). Adam Smith konnte natürlich von der klingenden Münze, welche die musikindustriellen Konzerne heutiger Tage aus der multimedialen Kreation singender Superstars schlagen, noch nicht träumen.

Freilich hatte manch ein hart arbeitender, wohlsituierter Berufsbürger des 19. und beginnenden 20. Jahrhunderts eine heimliche Schwäche für Muße – und leistete sie sich in der Person seiner Gattin. Diese ist von Hausarbeit und Kindererziehung durch Dienstboten entlastet, zeigt Geschmack und künstlerisches Interesse und verschönert so den Haushalt, dessen schönster Schmuck sie selbst ist. In ihrer »stellvertretenden Muße« (Veblen 1986, S. 90 ff., 175 ff.) langweilt sie sich gelegentlich: Der patriarchalische Gatte hat zu wenig Zeit für sie oder nur eine Krämerseele. Diese Konstellation hat bekanntlich viele Schriftsteller des 19. Jahrhunderts zu aufwühlenden Ehebruchromanen inspiriert.

Heute ist die stellvertretende Muße der Hausfrau selten geworden. Die Dienstboten sind in Fabriken und Büros abgewandert und die Hausfrau und Mutter ist oft zusätzlich belastet durch einen Beruf. Tatsächlich stehen heute die Frauen oft stärker unter den Geboten des instrumentellen Aktivismus als ihre Männer.

Mit der erwerbsbürgerlichen und industriellen Revolution haben Utilitarismus und Zeitökonomie ihre Herrschaft über die Menschen angetreten. Damit wird Langeweile geradezu unschicklich, da sie auf Nichtstun oder Nichts-Richtiges-Tun schließen läßt. So verkündet der Durchschnittsbürger voller Stolz bis heute: Für Langeweile habe ich gar keine Zeit!

Der langweilige Erwerbsbürger und seine Welt
aus der Sicht der Boheme

Für Langeweile hat der arbeitseifrige Bürger zwar keine Zeit, aber er *ist* ein Ausbund von Langeweile und merkt es nicht – so spottet der Bohemien, der den historischen Aufstieg des Erwerbsbürgertums vom Cafékanapee aus gähnend beobachtet. Das Künstlervölkchen der Boheme ist eine bunte Randerscheinung der bürgerlichen Arbeitswelt. Da die Künstler sich in ihren Werken, die ehedem durch höfisch-aristokratisches Mäzenatentum gefördert wurden, den Maßstäben der Marktgängigkeit nicht stellen mochten oder konnten, bildete sich in den Großstädten oft ein subkulturelles Milieu der ziemlich »brotlosen Künste«, das es bis heute in den verschiedenen Abwandlungen gibt. Von erwerbsbürgerlicher Seite oft in ihrer Nutzlosigkeit oder ihrem Parasitentum verachtet, als Hungerkünstler belächelt oder als potentielle Systemveränderer beargwöhnt, sehen die Bohemiens im »Spießbürger« oft nichts als die Verkörperung von Trivialität und Habgier, von schöpferischer Armut und Langeweile. »Der Bourgeois ist arm an Kunstsinn, an Empfindung, Erziehung, Lebensart, Takt, eigentlicher Eleganz. Er ist letztendlich Analphabet, Banause, Böotier« (Michels 1932, S. 805).

Die Einwände, welche die kommunistischen Klassiker (vgl. z.B. das Kommunistische Manifest von 1848) gegen die Bourgeoisie erhoben, waren ganz anderer Art als die der klassischen Boheme dieser Zeit. Die Kommunisten bewunderten durchaus die kühle Rationalität, den zielgerichteten Pragmatismus, die straffe Organisation und scharfe Kalkulation, in deren Eiswasser die Bourgeoisie Religion und Ritterlichkeit, Sentimentalitäten und Traditionen ersäufte (Graña 1964, S. 64 ff.). Die allgemeine Versachlichung und Quantifizierung von Arbeits- und Lebensumständen dienten zwar der zügellosen Kapitalverwertung und der nackten Ausbeutung des Proletariats. Sie galten aber für die kommunistischen Klassiker auch als eine Voraussetzung zur Überwindung der kapitalistischen Produktionsweise.

Die Boheme sah die Bourgeoisie ganz anders und war auch an der »sozialen Frage« nicht sonderlich interessiert. Die Gesellschaft schien ihnen eine ziemlich unerträgliche Mischung aus Trivialität und Barbarei zu sein, von der der künstlerische Mensch sich fernhalten muß, um bei sich selbst sein zu können. Gustave Flaubert (1821 - 1880) schreibt in einem Brief (zit. nach Graña 1964, S. 144):

> »Es ist derzeiten gut, sich an sich selbst zu halten und solche politischen Dinge [wie den Ruf nach Volksherrschaft] dem Pöbelhaufen zu überlassen, der sich immer selbst weitertreibt und auf den öffentlichen Plätzen ansammelt. Was uns angeht, laß uns zu Hause bleiben: Laß uns von unserem Balkon aus die vorbeigehende Öffentlichkeit betrachten und, wenn wir nach einiger Zeit zu sehr gelangweilt sind, laß uns auf ihre Köpfe spucken und uns weiter ruhig unterhalten und die Sonne anschauen, wie sie hinter den Horizont hinabsinkt.«

Diesen Künstlern, die ihre eigene Ungewöhnlichkeit so sehr

kultivierten, mußte eine Solidarität mit einfachen, gewöhnlichen und deshalb langweiligen Menschen schwerfallen, die nichts auszeichnete außer der dauernd wiederholten Forderung nach mehr Geld und politischen Rechten.

Die ganze Abneigung und der ganze Spott aber galten dem unermüdlich tätigen und unermeßlich langweiligen Wirtschaftsbürger mit seinem Geschäftssinn, seiner Hamsterorientierung, seiner Krämerseele und seiner Neigung, alles nach Nützlichkeit und Marktwert zu beurteilen. Dieser Philister, der sich Gott nur als einen himmlischen Magazinverwalter (Graña 1964, S. 170) vorstellen kann, huldigt einem »Fanatismus der Utensilien«. Er plagt sich enthusiastisch mit unsäglichen Trivialitäten, beugt sich willfährig allen kleinlichen Forderungen seines Berufsalltags und hält menschliche Beziehungen besonders dann für gelungen, wenn etwas herausspringt, wenn man sich gut verkauft. Ein Geschäftsmann kann kein Liebhaber sein, sagt Charles Baudelaire (1821 - 1867); dazu fehle es ihm an Sublimität, Sensualität und Spiritualität. Geistig verarmt und seelisch unfruchtbar, argwöhnisch und pedantisch, ausbeuterisch, selbstzufrieden und befangen im seichten Optimismus einer Maschinen- und Geldrealität: Aus der Sicht der Boheme leben die »Geldzähler« ein verkleinertes, eindimensionales, oberflächliches Leben und atmen nichts als tödliche Langeweile.

Die heilige Langeweile des genuinen Künstlers

Wir erinnern uns an die Unterteilung von Kierkegaard in solche Menschen, die andere langweilen, und solche, die sich langweilen. Zu den ersteren gehören die arbeitseifrigen Erwerbsbürger, zu den letzteren viele Künstler der Boheme. Die Langeweile des Künstlers ist facettenreich. Die überdrüssige Langeweile, die den Spießer und seine kleine Welt des Geldes meint, mischt sich mit existentieller Langeweile, die am Nichts verzweifelt, und mit schöpferischer Langeweile, die aus dem Nichts Funken schlägt.

Die Mehrdeutigkeit oder Widersprüchlichkeit der existentiellen Langeweile umschreibt z.B. Baudelaire, wenn er zu Beginn der *Blumen des Bösen* (1855) die Langeweile unter die Laster, Sünden, Dämonen der Menschen einreiht (1986, S. 11):

»Doch unter den Schakalen, den Panthern, den Hetzhündinnen, den Affen, den Skorpionen, Geiern, Schlangen, den Untieren allen, die da belfern, heulen, grunzen, kriechen in der ruchlosen Menagerie unserer Laster,

Ist eines häßlicher, und böser noch, und schmutziger! Ob es gleich keine großen Glieder reckt, noch laute Schreie ausstößt, zertrümmerte es gern die ganze Erde, und gähnend schluckte es die Welt ein;

Die Langeweile ists! – Das Auge schwer von willenloser Träne, träumt sie von Blutgerüsten, ihre Wasserpfeife schmauchend; du kennst es, Leser, dieses zarte Scheusal, – scheinheiliger Leser, – Meinesgleichen, – mein Bruder!«

Dieses zarte Scheusal, ce monstre délicat: Langeweile ist von schmerzlicher Süße, und der (sicher nicht spießbürgerliche) Leser wird als Leidens- *und* Lustgenosse umworben.

Langeweile zeichnet aus. Sie ist dem genialen Menschen vorbehalten, »Gottes eigener Aristokratie« (Graña 1964, S. 143). Dieser »natürliche Adel« hat keine Geburtsvorrechte, hebt sich aber in seiner Selbsteinschätzung weit von der bürgerlichen Mittelmäßigkeit ab dank seiner schöpferischen Naturgewalt, seiner einsamen Sensibilität und esoterischen Geistigkeit.

Die Langeweile erhält auch vom deutschen Dichter Robert Hamerling (1830 - 1889) die Gestalt eines abgrundtief gähnenden Scheusals (zit. nach Rehm 1947, S. 111), wenn auch alles im Vergleich zu Baudelaire ein wenig bieder wirkt:

> Das ist der greulichste der Nachtunholde,
> Die aus den Wassern des Kozytus trinken.
> Die Flügel hängen bleischwer ihm herab,
> An ödem Ort gekauert, liegt das Scheusal.
> Und mit dem Kopfe wackelt es im Schlaf.
> Ein grauer Nebelregen, endlos triefend,
> Ist seine Atmosphäre. Wenn es gähnt,
> So ist's, als ob das alte Chaos wieder
> Aufschlösse seinen Rachen, zu verschlingen
> die Welt, die es gebar (...)
> Es nähert sich dem stille Sinnenden

Und öffnet, ungesehen von ihm, den Rachen
Und haucht ihn an mit seines Odems Hauch (…)
Kennt ihr den Namen dieses Ungeheuers?
Der Menschen Mund benennt's die Langeweile.
Die kleinen Erdensöhne neckt es mäßig,
Die großen Geister faßts mit Geierkrallen (…)

An den Geierkrallen der Langeweile hängend schweben die großen künstlerischen Geister weit über der öden Welt, Engel und Dämonen in einem, »Heilige des Nichts« (Kuhn 1976, S. 277). Sie machen sich auf in der Hoffnung, daß eine Reise um die Welt der kürzeste Weg zu sich selbst sei, und empfinden oft weltauf und weltab nur die »sepulkrale Monotonie des Lebens« (Paul Cézanne). Sie stürzen sich mittels Drogen in künstliche Paradiese. Sie diskutieren vielleicht im Pariser »Selbstmordclub«, der 1846 gegründet wurde, den Selbstmord als »Gottesdienst an sich selbst« (Graña 1964, S. 80).

»Wo nichts mehr etwas bedeutete«, meint Graña (S. 129), »bedeutete das Selbst notwendigerweise alles.« Aber auch das Selbst ist dauernd gefährdet, kann seine Tragfähigkeit einbüßen und der Nichtigkeit anheimfallen. Guy de Maupassant (1850 - 1893) schreibt 1890 in einem Brief (zit. nach Kuhn 1976, S. 326):

> »Es gibt keinen Menschen unter der Sonne, der mehr gelangweilt ist als ich (…). Ich fühle mich gelangweilt ohne Ende, ohne Ruhe und ohne Hoffnung, weil ich nichts wünsche und nichts erwarte (…). Alles ist mir einerlei im Leben, Männer, Frauen und alles Geschehen. Das ist mein wahres Glaubensbekenntnis; und ich möchte etwas hinzufügen, das Sie schwerlich glauben werden, nämlich, daß mir an mir genauso wenig gelegen ist wie an den anderen. Alles ist teilbar in Farce, Langeweile und Erbärmlichkeit.«

Aus diesem Nichts heraus und in dieses Nichts hinein entstanden aber nun viele Kunstwerke – und seien es gerade solche, die der Langeweile eine große Gestalt und einen klingenden Namen geben. So greift etwa Baudelaire wieder das alte bürgerliche Motiv vom tödlich gelangweilten König auf (1857; *Die Blumen des Bösen* LXXVII). Aber der da auf dem Thron sitzt, ist auch ein fahler Schatten des poetischen Ichs des Autors:

»Ich bin gleich dem König eines Regen-Landes, reich, doch kraftlos, jung und dennoch uralt, der die Bücklinge seiner Hofmeister verachtet und sich mit seinen Hunden wie mit andern Tieren langweilt. Nichts vermag ihn zu erheitern, weder Wild noch Falke, noch sein Volk, das man vor dem Balkon niedermacht. Des Lieblingsnarren schaurig dummes Lied entwölkt nicht mehr die Stirne dieses grausam Kranken; sein lilienbesticktes Bett verwandelt zum Grab sich, und die Hofdamen, denen jeder Fürst schön dünkt, wissen keine schamlose Gewandung mehr zu erfinden, um diesem jungen Skelett ein Lächeln zu entlocken. Der Weise, der ihm Gold bereitet, vermochte nie aus seinem Wesen auszurotten das verdorbne Element und es mißriet ihm, in jenen Blutbädern, die wir von den Römern überkommen haben und deren auf ihre alten Tage die Mächtigen sich entsinnen, diesen stumpfsinnigen Kadaver zu erwärmen, in dessen Adern statt des Blutes das grüne Wasser des Lethe fließt.«

Baudelaire deutet in seinem Gedicht eine innere Verwandtschaft zwischen Dichter, machtlosem Infanten und auch altklug-angeödeter Jugend an – eine sozusagen grünblütige Gemeinsamkeit der Langeweileneigung. Das ist, soziologisch gesehen, durchaus berechtigt; denn sie befinden sich jeweils am Rande des gesellschaftlichen Lebens, empfinden ihre Macht- und Einflußlosigkeit und leiden tendenziell unter der Leere eines Daseins, das sie unterfordert. Arbeitsverbote und Vergnügungspflichten für den Adel; Mangel an gesellschaftlicher Nachfrage und Resonanz auf die feinnervigen und subjektiven Erzeugnisse der Künstler in der bürgerlichen Arbeitsgesellschaft; Mangel an »ichangemessenen« Anforderungen gegenüber einer modernen, von Brotarbeit entlasteten (Hoch-)Schuljugend, die sich selbst finden und oft bohemehaft *ihr* Leben leben will: Das alles sind Hinweise auf soziale Unterforderungen, die sich in mehr oder minder heftigen Empfindungen der existentiellen Langeweile niederschlagen können.

Wenn zusätzlich, wie bei der Boheme und Teilen der modernen Jugend, ein Kult der Besonderheit und Einzigartigkeit zu immer erneuerter origineller Abhebung von den Spießern zwingt, mag überdrüssige Langeweile zunehmen: die an den

Spießern und die an den nicht mehr aktuellen Formen, sich von ihnen abzuheben.

Daß es innere Verbindungen zwischen Boheme und von Erwerbsarbeit entlasteter Jugend gibt, mag das folgende Kapitel verdeutlichen. Mitglieder der Pariser Boheme machten sich um 1845 den ernsten Spaß, mit grüner Perücke (Baudelaire) oder knallroter Weste (Gautier) an einer Leine eine Schildkröte oder einen Hummer über die Boulevards spazierenzuführen. »Dieser«, sagte der Dichter Gérard de Nerval, »bellt nicht und kennt die Geheimnisse der Tiefe« (Graña 1964, S. 74). 140 Jahre später lümmeln sich Jugendliche mit aufgestylten knatschbunt gefärbten Haaren an den Rolltreppen der Bahnhöfe und lassen eine weiße Ratte an sich rauf- und runterlaufen. Beide widersetzen sich symbolisch durch provokatives Outfit, ostentative Zeitverschwendung und seltsame Haustiere den Zeit- und Ordnungsbegriffen der stinklangweiligen Spießer.

Langeweile in verschiedenen Lebensphasen

»Würden die Affen sich langweilen«, sagt Voltaire, »wären sie Menschen.« Unter der Überschrift »Zoobesucher langweilen Affen« fragt die *Frankfurter Rundschau* vom 16.2.1988 (die sich auf die Londoner *Times* bezieht), warum Schimpansen, Leoparden und Bären in unseren Zoos so gelangweilt aussähen, und gibt die Antwort des Londoner Tierparks wieder: Die Tiere fänden ihre gaffenden Besucher einfach zum Gähnen. Deshalb habe der Zoo am Regent's Park jetzt einen Affen-Animateur, einen 29jährigen Verhaltensforscher, eingestellt, der die müden Tiere amüsieren solle. Für diese Affen, denkt sich der Leser, wäre es freilich amüsanter, wenn ihre Käfige geöffnet würden und sie sich ihre faden Nachfahren etwas näher anschauen könnten.

Ist es sinnvoll, bei Tieren von Langeweile zu sprechen? Wenn, dann eigentlich nur von situativer Langeweile bei eingesperrten Tieren. Dösen (Anpassung des Innendrucks an den geringen Stimulationsdruck von außen) oder rhythmisches Unrastverhalten (Ablassen von Überdruck in der reizarmen Umgebung) werden von Bilz (1971, S. 175, 177, 180) als »Langeweile-Verhalten« in Situationen mit »Gefängnis-Charakter« gekennzeichnet – wobei der Mensch, etwa bei langweiligen Konferenzen, noch die Möglichkeit des Kritzelns und Männchenmalens hat. Bilz (1971, S. 179) erwähnt auch, daß manchmal sogar Tiere in der freien Natur »warten müssen« und dabei nicht stillstehen, sondern eine »Zwischenakts-Motorik« zeigen – so beobachtet an einer Möwe, die zur Brutablösung am Nest erschien und darauf wartete, daß ihr Gatte sich daraus erhob.

Tiere können nicht unter existentieller Langeweile leiden. Sie sind durch Triebe und Instinkte ziemlich zielsicher gesteuert, so daß keine ziellose Anspruchslichkeit auftreten kann. Sie sind sich ihrer selbst nicht bewußt, so daß sie kein »gefühlloses Gefühl« oder eine »Trockenheit der Seele« in sich wahrnehmen können. Sie »verfügen« auch über keine Zeit, die sie in Zeitabschnitte aufteilen und deren Inhalte sie vergleichen könnten. Tiere »werden« gelebt, müssen ihr Leben nicht erfüllen.

Der Dichter Giacomo Leopardi (1798 - 1837) kennt keinen Seelenzustand, welcher der Natur so fern und zuwider ist wie die existentielle Langeweile (1979, S. 178):

> »Allem Bösen, das uns widerfährt, entspricht ein gleiches bei den Tieren, nur nicht der Langeweile. So verdammenswert erscheint sie der Natur und so wenig will sie mit ihr zu tun haben.«

Langeweile wäre hier »Unnatur«, die den Menschen bedrängt und ihn manchmal das Tier beneiden läßt, das »kurz angebunden an den Pflock des Augenblicks (...) weder schwermütig noch überdrüssig ist« (Nietzsche 1893, S. 105).

Wenn nur der Mensch, dieses verwaiste Kind der Natur, zur Langeweile fähig ist – ab welchem Alter ist er es?

Können sich Kinder langweilen?

Da Lebenslangeweile die Selbstentdeckung des Subjektes als eines einzigartigen und sinnbedürftigen Wesens voraussetzt, können sich kleinere Kinder existentiell nicht langweilen. Auch eine überdrüssige Langeweile, die über den Augenblick hinausgeht und zum Beispiel das Einerlei und die Platitüden des täglichen Lebens zum Gähnen findet, ist den Kindern ziemlich fremd. Denn die Welt ist noch neu für sie und sie sind noch weitgehend eins mit ihr. Kinder unterscheiden noch nicht genau zwischen der Subjektivität des Innenlebens und der Objektivität der äußeren Wirklichkeit (vgl. Doehlemann 1985, S. 16 ff.). Innenwelt und Außenwelt gehen ineinander über. So können Gedanken oder Träume als dinglich gegeben erlebt werden und leblose Dinge als ich-haltig, mit Willen ausgestattet und zum Handeln auffordernd. Die Begrenztheit von Wissen und Erfahrung ermöglicht grenzenlose Phantasie. So ist dem Kind »ein unendlicher Raum noch die Wiege« (Friedrich Schiller) oder das Kinderzimmer oder der Hinterhof eine immer wieder neu ausgedeutete Landschaft für Abenteuer, Spaß und Furcht.

Mit Hilfe seiner Einbildungskraft schafft und gestaltet sich das Kind, wenn es darf, seine Reize und Abwechslungen vielfach selbst. Es braucht dazu gar keine überquellenden Spiel-

Claire Bretécher, Kinder

zeugschränke. Da ist z.B. ein einfaches Teesieb, das zwei Geschwistern immer wieder als Spielzeug diente und dabei folgende Verwendungen fand: als Monokel, als Schirmmütze für den Teddybär, als Schmetterlingsnetz zum Fliegenfangen, als Streuer für Sandregen, als Schläger und Auffangkorb für Plastikkügelchen, als Mikrophon, mit einer Schnur an ein auseinandergenommenes Radio geknüpft. Und hat so ein Ding für heute ausgedient, schwingen sich die Kinder auf die Catcars und rammen sich gegenseitig. Kurz, die Welt kommt dem Kind nicht langweilig vor – es sei denn, die Erwachsenen ziehen die Zäune allzu eng. Dann ist Anlaß für *situative* Langeweile gegeben.

Es gibt zwei Situationen, die für Kinder besonders langeweileträchtig sind. Die eine ist durch Handlungsbeschneidung gekennzeichnet, die andere durch einen Mangel an Wechselbeziehung mit anderen Menschen.

»Stillsitzen« zu müssen bei Tisch, im Zug, im Auto oder im Wartezimmer ist eine Handlungshemmung, die sich bei den gelangweilten Kindern oft in »Zappeligkeit« oder »Unausstehlichkeit« niederschlägt.

Goethe erzählt die Anekdote von einem Mädchen, dem man früh damenhaftes Betragen abverlangte (zit. nach Völker 1975, S. 81):

»Ein sechsjähriges Mädchen, das immerfort lustig und guter Dinge war, schalt die Mutter oft, sie sei doch gar nicht vernünftig. Auf einmal sitzt das Kind ruhig und nachdenkend, man fragt, was ihr sei? Sie antwortet: Ich glaube, daß die Vernunft kommt, ich langweile mich.«

Gelangweilt und unleidlich sind die Kinder auch oft, wenn sie nichts tun dürfen außer dem, was sie tun sollen – und das gilt besonders für die Schule. Hier wird die kindliche Lust, auf die Umgebung einzuwirken und dabei sich selbst als ein eindrückliches Wesen zu erfahren, gedämpft und kanalisiert. Das pädagogische Unterfangen bleibt oft vergeblich, die Neugierde der Kinder, ihre hellwachen Sinne und ihren Erfahrungshunger zu festgesetzten Zeiten und an festgelegten Orten an einen vorgegebenen Lernstoff zu binden. So findet das Leben unter der Schulbank statt und obendrauf lagert Langeweile.

Der zweite Anlaß für situative Langeweile ist wiederholtes

David Kluge

Alleinsein. Zwar kann das allein spielende Kind unbelebte Dinge »beseelen«, ein Stück Holz zu einem wilden Tier erklären, einen Teddybär zum Vater oder den dunklen Busch zum Gespenst, aber alle diese beseelten Dinge können eben nicht seelenvoll antworten. Es entsteht kein Dialog. Zwar eignen sich, wie René Spitz (1982, S. 76) schon bei Einjährigen nachweist, unbelebte Dinge zur Abfuhr von gewissen Aggressionsmengen (bis der Gegenstand zerstört ist, dem Kind weggenommen wird oder das Kind ermüdet) und in sehr begrenztem Umfang auch zur Abfuhr von libidinöser Energie. Aber es sind keine Austauschvorgänge. Die Dinge üben keine Vergeltung und erwidern keine Liebe. Das Kind bleibt mit sich allein. Nur eine regelmäßige wechselseitige Beziehung zu menschlichen Partnern füllt das Kind ganz aus. Wenn es an solchen Beziehungen, die ja gleichermaßen frustrieren *und* befriedigen, mangelt, bleibt das Kind innerlich angespannt und eigentümlich leer. Hier schleicht sich Langeweile ein.

Später kann sich das Alleinsein mit starken Gefühlen der Lebensleere verbinden. »Wenn ich allein bin, dann hab ich so 'ne Melancholie in mir«, sagt eine 14jährige. Eine 16jährige Hauptschülerin notiert zum Alleinsein in ihr Tagebuch: »So stelle ich es mir vor, wenn man tot ist. Einfach furchtbar, du glaubst, du gehst kaputt« (zit. nach Doehlemann 1983, S. 508).

Handlungshemmung *und* Alleinsein kennzeichnen häufig die Situation von Kindern vor dem Fernsehgerät. Die Dinge auf der Mattscheibe sind zwar wildbewegt, aber unbelebt. Sie ermöglichen keinen echten Austausch, lassen den kindlichen Betrachter mit sich selbst allein und erzeugen in ihm eine überfüllte Leere. Davon aber später.

Die radikale Langeweile der jungen Leute

Langeweilegefühle häufen sich im Jugendalter, und zwar dann, wenn dieses Alter von früher und harter Erwerbsarbeit und von strengen Anpassungsforderungen entlastet ist und wenn es kulturelle Anregung bringt und »Selbstfindung« ermöglicht. Das galt früher, seit der Zeit der Aufklärung für verhältnismäßig wenige junge Leute aus meist privilegierten Kreisen. Sie konnten, einen humanistischen Bildungsweg gehend, sich mit sich selbst und der Welt auseinandersetzen und zu eigenwilligen und eigensinnigen Persönlichkeiten werden. Daß Langeweile dabei im Spiel sein kann, haben einige von ihnen belletristisch verewigt, so der junge Goethe im *Werther* (1774), der junge Flaubert in *November* (1842) oder der junge Robert Musil im *Törleß* (1906).

Der Rückgang von materieller Not und die Bildungsexpansion der letzten Jahrzehnte gaben immer mehr jungen Leuten die Chance, kulturelle Suchbewegungen auszuführen und das

Ich und seine Mitwelt zu erforschen. Diese Erkundung wird vielfach begleitet von überdrüssiger Langeweile, die sich an der verbrauchten Welt der Älteren entzündet, und endet nicht selten im unruhigen Stillstand der existentiellen Langeweile, weil dort, wo man sich und sein Leben gesucht hat, nichts war.

Wenn im folgenden alte und neue Zeugnisse jugendlicher Langeweile nebeneinandergestellt werden, soll damit nicht unterstellt werden, daß die Lebenssituation der kleinen bildungsbürgerlichen Jugend von damals und der heutigen expandierenden Schul- und Hochschuljugend zwischen 16 und ungefähr 25 Jahren* generell ähnlich ist. Zwei Unterschiede sind es vor allem, die hier von Bedeutung sind:

Zum einen verblaßte die elterliche Autorität, die ehedem fraglos zu gelten hatte. Heute, wo das Wissen der Älteren schnell veraltet und die Eltern selbst dauernd lernen müssen, wo »Jugendlichkeit« ein Gütemaßstab für Alte ist und die Familie allgemein störanfälliger wurde, sind die Jungen von den Älteren soziokulturell unabhängiger geworden. Sie reiben sich genauso an ihresgleichen, um eine eigene Kontur herauszuarbeiten. »Generationskonflikte« finden möglicherweise auch unter den fast Gleichaltrigen mit ihren manchmal schnell wechselnden Lebensgefühlen und -stilen statt.

Zum anderen lebt die moderne Jugend in einer Konsumwelt, die in ihren unablässig erneuerten Warenangeboten die Individualisierung *und* Vereinheitlichung von Lebensentwürfen, von Gefühl, Geschmack und Wahrnehmung befördern kann. Bilderfluten, Geräuschkaskaden, *young fashion, modern style* und *antiques*: Die Erhöhung der Wahlmöglichkeit schafft Entscheidungskonflikte, bei deren Lösung sich kaum noch auf überkommene »Selbstverständlichkeiten« zurückgreifen läßt.

Die Langeweile dürfte in der modernen Jugend verbreiteter, aber vielleicht auch verdeckter sein als in der privilegierten Jugend von früher. Denn die marktwirtschaftlich-kapitalistische Konsum- und Medienwelt vertreibt in einem ewigen Kreislauf hauptsächlich die Langeweile, die sie erzeugt (was später ausge-

---

* Eine soziologische Umfrage von Heiner Meulemann unter 2000 ehemaligen Gymnasiasten, die heute 30 Jahre alt sind, ergab, daß ca 15% sich eher als Jugendliche denn als Erwachsene ansahen (*Frankfurter Rundschau* Nr. 81 vom 7.3.1988).

führt wird). Auch sind die jugendlichen Langeweileäußerungen von früher und von heute unterschiedlich. Das aber, was damals und heute junge Leute für Langeweile besonders empfänglich macht, hat mit ihren Lebensaufgaben in diesem Alter zu tun: Die Auswanderung aus dem Kinderreich, die Ablösung von den Eltern, die Auseinandersetzung mit den Gleichaltrigen und die Suche nach eigener Identität lassen die Probleme von Reflexivität (Umgang mit sich selbst und Wissen über sich selbst) und von Subjektivität (bei sich sein) hervortreten.

Eine 20jährige Studentin schreibt:

> »Wie ich bin: Bin aggressiv, bin ruhig, bin lustig aber ernsthaft, bin ich, bin manchmal schon so alt, bin dann doch jung, gerade jung genug, um nie alt zu sein, bin so gesellig und bin so ein einsamer Hund (…) bin so optimistisch, kenne so viel Pessimistisches, bin so schwierig und kann so leicht den Tag erleben, (…) bin so glücklich und kenne das Unzufriedensein so gut, bin so, bin geradeso, bin immer das, was ich bin und auch nicht, bin alles und nichts« (Behnken 1985, S. 262).

Der Übergang von der weitgehend beschützten und fremdbestimmten Kindheit zum weitgehend eigenverantwortlichen und selbstversorgten Erwachsenen ist bei der (von früher Erwerbsarbeit verschonten) Jugend lang und oft von seelischen Spannungen und Schwankungen begleitet. Lebte das Kind vorher weithin im Horizont der Handlungen, Gefühle, Urteile und Normen seiner Eltern bzw. naher Bezugspersonen, muß es nun die Basis seiner emotionalen und kognitiven Sicherheit stärker auf die eigene Person verlagern. Die Eltern werden als »Hilfs-Ichs« (Döbert 1978, S. 57) zurückgewiesen. In diese Lücke tritt allmählich das eigene Ich, das sich seiner selbst erst gar nicht so sicher sein wird. Wer bin ich und werde ich sein? Welchen Sinn hat welche Art zu leben? In der Auseinandersetzung mit diesen Fragen werden die gelebten Antworten der Elterngeneration oft als trivial, lähmend langweilig und verbraucht wahrgenommen und die eigenen Sinn- und Lebensentwürfe und die der Gleichaltrigen oft als wenig tragfähig, als wandelbar und beliebig. So leben viele junge Leute, die sich und das Ganze suchend in Frage stellen, vorübergehend in einer brüchigen Welt mit ins Nichts verschwimmenden Grenzen.

Viele Jugendliche tragen zu allen möglichen Gelegenheiten eine
gepflegte Langeweile im Gesicht. In Salingers Roman *Der Fänger im Roggen* (1951) begrüßen sich zwei Jugendliche:

> »Hi‹, sagte er. Er sagte das immer in einem Ton, als ob er
> furchtbar gelangweilt oder furchtbar müde wäre« (1966,
> S. 18).

Es gilt vielfach als prestigeträchtig, ein cooler Typ zu sein, un-
angreifbaren Gleichmut und Gelassenheit zu zeigen, irgendwie
unerreichbar zu wirken. In der Ausstellung »Schock und
Schöpfung – Jugendästhetik im 20. Jahrhundert« im Herbst
1986 in Hamburg prangte ein Zitat an der Wand, das zur Charakterisierung der Jugend der 80er Jahre beitragen sollte:

> »... und aus halbgeöffneten Augen sieht sie, wie dieser coole
> Typ in seine geliebten Creepers steigt und easy zur Tür hin-
> ausschlendert. So, wie wenn nichts passiert wäre ... während
> sie erschöpft ins Paradies der Träume gleitet.«

Nun ist Coolness nicht, wie das Zitat nahelegt, eine Spezialität
von jungen Männern. Das war wohl früher so, als den Mädchen
noch weniger Selbständigkeit im Umgang mit sich und anderen
zugestanden wurde.

Im 19. Jahrhundert stand das müde Lächeln des Blasierten,
dem nichts fremd zu sein scheint, auf den Lippen vieler junger
Männer aus privilegierten Kreisen. Sie gaben sich mit allen
Wassern gewaschen, mit allen Höhen und Tiefen des Lebens
vertraut und kühl desillusioniert – und doch war vieles nur ein-
gebildet und fand in der Phantasie statt. M.J. Lermontow
(1814 - 1841) läßt seinen 24jährigen *Helden unserer Zeit* (1840)
sagen (1947, S. 233):

> »In meiner frühen Jugend war ich ein Träumer. Ich liebte,
> ununterbrochen mit den bald finsteren, bald lichten Gestal-
> ten zu spielen, die mir meine unruhige, unersättliche Phanta-
> sie vorzeichnete. Aber was ist mir von alledem geblieben?
> Nichts als Müdigkeit, wie nach dem nächtlichen Kampf mit
> einem Gespenst, und eine wirre, von Bedauern erfüllte Erin-

nerung. In diesem unnützen Kampfe verzehrten sich die Glut der Seele und die Beständigkeit des Willens, der für das wirkliche Leben unumgänglich ist. Als ich in dieses Leben eintrat, hatte ich es bereits in Gedanken durchlebt, und es wurde mir langweilig und widerwärtig zumute, wie jemandem, der die schlechte Nachahmung eines ihm längst bekannten Buches liest.«

Immer wieder taucht die Vorstellung vom jugendlichen Alt-Sein auf (vgl. oben auf S. 130 das Gedicht von Baudelaire und auch auf S. 140 den Text der Studentin). Diese ungefähr 20jährigen fühlen sich körperlich jung und geistig oft alt, sehen sich manchmal als »junge Ruinen« und hören ihr »Herz voller Asche« kaum klopfen. Das Leben, das sie zu kennen meinen, läßt sie gleichgültig. So auch in Flauberts *November* (1842):

»Eines Morgens fühlte ich mich alt und reich an Erfahrungen über tausend unerprobte Dinge, ich war gleichgültig gegen alles Verlockende und voller Verachtung gegen das Schönste (...), ich vermochte nichts zu sehen, was mir auch nur der Mühe des Begehrens wert schien, vielleicht war gerade meine Eitelkeit der Grund, daß ich über die gewöhnliche Eitelkeit erhaben war, vielleicht war meine Gleichgültigkeit nur ein Übermaß an grenzenloser Begierde« (1981, S. 26).

Flaubert – er war 19 Jahre alt, als er das schrieb – macht interessante Andeutungen zu den möglichen Gründen dieser gleichgültigen Erhabenheit. Die jugendliche Eitelkeit hängt zusammen mit der narzißtischen Selbstbesetzung, die nach der allmählichen Abnabelung von der Elterngeneration nötig wird, und mit der gleichzeitigen Neigung zur Selbstüberschätzung, welche die Welt in Frage zu stellen und die dadurch bedingte Verunsicherung halbwegs zu ertragen erlaubt. Die blasierte Gleichgültigkeit scheint als ein Schutzschild gegen »grenzenlose Begierden« zu dienen. Der Anstieg der Triebansprüche in der Jugendzeit bringt die psychische Balance zeitweise zum Zusammenbruch und führt zu einem Zustand innerer emotionaler Umwälzung. Auf diesen siedenden Kessel wird sozusagen der Deckel der Teilnahmslosigkeit gesetzt, was den Jugendlichen wiederum starke emotionale Kraft abverlangt. So wären die Blasiertheit und die Coolness der scheinbar Abgekühlten ansehnliche Fassaden, hinter die zu schauen ebenso verhindert werden soll wie hinter ihnen hervorzuschauen.

Auch der 22jährige Georg Büchner greift in seinem Lustspiel *Leonce und Lena* (1836) das Motiv des blasierten jugendlichen Alt-Seins auf. Der junge Prinz Leonce scheint alles im Leben ausgekostet und nichts bemerkenswert gefunden zu haben:

> »Mein Leben gähnt mich an wie ein großer weißer Bogen Papier, den ich vollschreiben soll, aber ich bringe keinen Buchstaben heraus. Mein Kopf ist ein leerer Tanzsaal, einige verwelkte Rosen und zerknitterte Bänder auf dem Boden, geborstene Violinen in der Ecke, die letzten Tänzer haben die Masken abgenommen und sehen mit todmüden Augen einander an« (I, 3).

Nachdem Lena dem Leonce zum ersten Mal begegnet ist, überfällt sie die Ahnung, daß Leonces Gähnen aus Lebensmüdigkeit kommt.

> »Er war so alt unter seinen blonden Locken. Den Frühling auf den Wangen und den Winter im Herzen! Das ist traurig. Der müde Leib findet sein Schlafkissen überall, doch wenn der Geist müd ist, wo soll er ruhen? Es kommt mir ein entsetzlicher Gedanke: ich glaube, es gibt Menschen, die unglücklich sind, unheilbar, bloß weil sie *sind*« (II, 3).

Nun, so schlimm ist es vielleicht gar nicht; denn die beiden werden ein glückliches Prinzenpaar und nehmen sich vor, in ihrem Reich alle Uhren zu zerschlagen, alle Kalender zu verbieten und Stunden und Monde nur nach der Blumenuhr, nur nach Blüte und Frucht zu zählen.

Ein Happy-End steht noch aus für die 16jährige Hauptschülerin, die die Selbstentfremdung und Verunsicherung des Jugendalters so erfährt (Behnken 1985, S. 261):

> »Ich glaube, die Zeit zwischen 15 und 18 ist das einsamste Alter des Lebens. Alles, was man tut, scheint falsch zu sein. Wie immer man sich gibt, es wirkt sich ungünstig für sich selber aus.«

Die tiefgreifenden Veränderungen im körperlichen, seelischen und sozialen Leben stoßen den jungen Menschen in seiner Entwicklung unerbittlich vorwärts. Er muß mit seiner kindlichen Vergangenheit brechen, muß sich vom Vertrauten abwenden, sein Leben selbst in die Hand nehmen und sich und seinen Platz in der Welt zu finden versuchen. Hier tut sich eine ersehnte und beängstigende Freiheit auf. Diese Freiheit vergrößert sich in der modernen Welt noch dadurch, daß die traditionellen Vorgaben zur Bewältigung von Entscheidungsproblemen verblassen. In vielen Dingen wird der junge Mensch, der sich seiner selbst oft noch gar nicht sicher ist, auf sich selbst verwiesen. Angesichts der Vielzahl möglicher Ziele und Handlungen kann es zu belastender Entscheidungsnot kommen. So wirkt das Leben in seinen alltäglichen Anforderungen oft aufdringlich, lästig und übermächtig. Es bedarf großer psychischer Anstrengung, sich den Unsicherheiten und Ungewißheiten auszusetzen, sich eigene Motivationen aufzubauen, sich einen eigenen biographischen Sinn zu geben, einen eigenen Lebensstil zu suchen. Denken, Wollen und Handeln liegen oft weit auseinander: Im Kopf kann es wildbewegt zugehen, und gleichzeitig beklage ich meine Schlaffheit.

Diese Zeit der Individualisierung ist begleitet von widersprüchlichen Gefühlsmischungen aus Zuversicht und Panik, Allmachts- und Ohnmachtsphantasien, Geborgenheits- und Einsamkeitssehnsüchten, Askese und Ekstase, Konformität und Revolte, Selbstlosigkeit und Ichbezogenheit. Das schwankende Selbstwertgefühl ist empfindlich; die Fröste der Freiheit machen verletzlich. So dürften jugendliche Coolness und Blasiertheit »vorgeschoben« sein. Sie lassen sich als Ausweichversuche vor der Gefährdung des Selbstgefühls (Petrilowitsch 1960, S. 63) verstehen und als Ausdruck jugendlicher Schonungsbedürftigkeit.

Zur Demonstration von Coolness eignen sich auch die selbstgewählten Ausnahmesituationen, die mit Mut, Geschicklichkeit und Kraft zu tun haben. Alltagsflips oder »action«, die in ihrem Ausgang ungewiß sind, machen die Realität vorübergehend dichter, bündeln die auseinanderstrebenden inneren Kräfte und ermöglichen den Beweis, daß man immer cool bleiben kann. Das gilt zum Beispiel für die vielen jugendlichen Autofahrer, die locker verkünden, sie hätten »mehr Spaß

als Angst« beim Fahren (Pfannenschmidt 1987, S. 16). Einer
sagt:

>»Und wenn es mal gekracht hat, na ja, dann liegste halt im
Graben, dann machste eben nen Bruch, dann segelst du, und
überhaupt, hinterher, da denkt man, das ist so wie im Film
gewesen, für mich.«

Und die Schwerverletzten und die Toten? »Das ist halt
Schwund«, sagt ein anderer.

Besonders beliebte Ausstellungsräume der jugendlichen Fassa-
denlangeweile sind Szene-Lokale und Diskotheken. Über allem stehend stehen hier viele herum, in Gestik und Mimik eine
Mischung aus erhabener Abgebrühtheit, hintergründiger Gelassenheit, gähnender Unangreifbarkeit und freundlicher Ver-
ächtlichkeit. Ein Kenner charakterisiert das Münchner Nacht-
leben (Lucht 1986, S. 35 f.):

>»Um als Profi zu gelten, muß man das Nachtleben verach-
ten. Man muß immer wieder beteuern, wie widerlich, wie
langweilig, wie abstoßend, wie lächerlich man es findet. Wer
Rotbäckchen zeigt, weil es noch irgendwie aufregend und
prickelnd ist, verrät sein dörflich-pubertäres Gemüt. Natürlich gibt es auch tatsächliche, routinebedingte Langeweile.
Die wird aber schon in ihren ersten Regungen erstickt durch
die Langeweile als Attitüde, durch das ewig schlenkernd
Lässige, das gähnend Lakonische.«

Die zur Schau gestellte Coolness und das eisige Bild scheinba-
rer Beziehungslosigkeiten lassen heutige Diskotheken oft wie
das Innere von ausgehöhlten Eisbergen erscheinen. In diesem
frostigen Schattenreich mit dem zuckenden Licht lassen sich die
Verwundbarkeiten des Jugendalters hinter pompös gelangweil-
tem Auftreten verbergen – aber nur mühsam. Klaus Bär (1986,
S. 29) entfernt sich auf seine Art aus einer Berliner Disco:

>»Und während sich an der Bar das aufgedonnerte Elend (…)
in bierseligen Banalitäten und Beiläufigkeiten ergießt und
man sich weismacht, es ginge einem prächtig, während sich
Angst und Größenwahn, Rausch und Langeweile, Sehnsucht und Enttäuschung, Genuß und Erbrechen ein trauriges

Stelldichein geben, während diese eitle Show abläuft, erstarrt in all ihren Posen von Coolness und Lässigkeit, die nichts als Angst, Kälte und Koma sind, während sich Einsamkeit und Leere breitmachen hinter lüsternem Lack und Leder und der aufreizenden Schminke und den süßen Düften des Orients, greifst du (...) in deine Gesäßtasche und holst den Flachmann mit dem Bourbon raus und rettest dich in die nächste Eckkneipe.«

Hier wird noch mehr angesprochen als die vorgeschobene Coolness und Blasiertheit. Es sind die jugendlichen Gefühlslagen einer überdrüssigen und einer existentiellen Langeweile.

Überdrüssige Langeweile angesichts der verbrauchten und einengenden Welt der Älteren

Die gesellschaftliche Welt ist für den jungen Menschen, der in sie hineinwächst, immer schon da, ein Vorgefundenes, ein Vorgegebenes. Sie ist von anderen gemacht. Er muß sie sich in ihren Grundzügen aneignen, um überhaupt handeln zu können. Aber in dem Maße, in dem der junge Mensch sich selbst und seine Unverwechselbarkeit entdeckt, wird er vorgegebene gesellschaftliche Regelungen und Ansichten tendenziell als einschnürend und als abgestanden empfinden. Die überkommene Welt wirkt vielfach eng und alt, aber er selbst erlebt sich als frei und neu. So wird er die Neugestaltung seiner nahen und weiten Umgebung oft für geboten und machbar halten.

Junge Leute vermitteln vielfach den Eindruck, als sei vor ihnen auf der Welt kaum etwas Wichtiges und Richtiges gewesen, als fingen sie fast von vorne an. »Gute Jugend glaubt, daß sie Flügel habe und daß alles Rechte auf ihre herbrausende Ankunft warte, ja erst durch sie gebildet, mindestens durch sie befreit werde« (Bloch 1959, S. 132). Das prometheische Gefühl der Gestaltbarkeit von Welt kann sich freilich mit Beliebigkeits- und Angsterlebnissen verbinden: Wo so viel möglich erscheint, beginnt *alles* zu schwanken. Die Allmachtsempfindungen können auch in bittere Ohnmachtsgefühle umkippen: no future.

»Was sollst du da noch machen? Da kannst du dich nur noch

zu den Kumpels verziehen und mit ner Palette Karlsquell eine Session auf dem Müllcontainer vor Karstadt abziehen, mehr ist nicht drin« (16jähriger Gymnasiast; Behnken 1985, S. 439).

Aus der Äußerung mag passive Verzweiflung sprechen; aber das Ambiente signalisiert auch vitalen Widerstand gegen das vorgefundene Ordnungsgefüge der Erwachsenen. Denn wer in der Innenstadt vor einem Kaufhaus auf einem Müllcontainer Platz nimmt und dort ostentativ seine Zeit verschwendet, zeigt deutlich, wie sehr ihn die emsige Spießerwelt anödet und wie wenig Wert er auf einen Platz innerhalb der Normalitätsvorgaben legt.

Die radikale überdrüssige Langeweile der jungen Leute, die sich im Prozeß der konsequenten Selbstwerdung befinden, hat einen reichlichen Nährboden in der Welt der Erwachsenen: Sie wird als schrecklich langweilig, eingefahren, muffig und leblos erfahren, als ein ödes Totenreich des Gewöhnlichen und der Gewöhnung. Diese junge Menschen wollen nicht so sein oder werden wie das Bild, das sie sich von den Älteren machen.

Goethe war 22 Jahre alt, als er in einer kecken Rede über Shakespeare 1771 die »geschnürten und gezierten« Menschen seiner Zeit und ihren Theatergeschmack ansprach (Hamburger Ausgabe, Bd. 10, S. 227):

»Auf meine Herren! trompeten Sie mir alle edle Seelen, aus dem Elysium, des sogenanndten guten Geschmacks, wo sie schlaftruncken, in langweiliger Dämmerung halb sind, halb nicht sind, Leidenschafften im Herzen und kein Marck in den Knochen haben; und weil sie nicht müde genug zu ruhen, und doch zu faul sind um tähtig zu seyn, ihr Schatten Leben zwischen Myrten und Lorbeergebüschen verschlendern und vergähnen.«

Wenn der junge Mann hier den welken Charme der Rokokokultur heiter bespöttelt, so springt sein *Werther* zwei Jahre später mit dem »garstigen Volk« der etablierten Gesellschaft, das im »glänzenden Elend« der Langeweile lebt (2. Buch, Brief v. 24. Dez. 1771), nicht mehr zimperlich um:

»Wie ausgetrocknet meine Sinne werden; nicht einen Augenblick der Fülle des Herzens, nicht Eine selige Stunde! nichts! nichts! Ich stehe wie vor einem Raritätenkasten und sehe die Männchen und Gäulchen vor mir herumrücken, und frage mich oft, ob es nicht ein optischer Betrug ist. Ich spiele mit, vielmehr, ich werde gespielt wie eine Marionette, und fasse manchmal meinen Nachbar an der hölzernen Hand und schaudre zurück« (2. Buch, Brief v. 20. Jan. 1772).

Der Vorwurf der Leblosigkeit und Uneigentlichkeit, der lähmenden Langeweile des durchschnittlichen Erwachsenenlebens überdauerte die Zeiten. Er wird von jeder Jugendgeneration, welche die Chance zur eigenproduktiven Suche nach sich selbst erhält, neu erhoben und ist heute geläufig wie eh und je. Die jugendlichen Metaphern zur Kennzeichnung derer, die schon etwas länger auf der Welt sind, ähneln einander seit langer Zeit (wobei die Rede von den »zubetonierten« Alten in ihrer »Plastikwelt« verständlicherweise neueren Ursprungs ist): Sie gelten als erkaltet oder haben Packeis in und um sich; sie sind verdörrt, vermorscht, blutleer, lebende Leichen, bei lebendigem Leibe verwesend; die »boring old farts« existieren nach Schema F und suchen in Geld und Eitelkeiten eine billige Entschädigung für ihr ungelebtes Leben.

Eine heutige 20jährige spricht eine Empfehlung »an euch Etablierte« aus (Arbeitsgruppe Jugend '83, S. 57 f.):

»Gebt doch zu, daß ihr euch selbst verloren habt. Daß ihr euch nicht mehr im Gefühl habt. Daß ihr Angst vor dem Moment habt, wo ihr seht, daß ihr nichts habt außer dem, was ihr nicht mehr seid (...) In zwanzig Jahren habt ihr alles verloren, was ihr mit zwanzig schon besessen habt – nämlich euch selbst (...) (Nur manchmal) gebt ihr zu, daß ihr Angst (...) vor euch selbst habt, vor eurer Langeweile, vor der Zerstörung der Zeit, in die ihr euch ganz gut eingelebt habt – ihr Etablierten.«

Daß der als normal geltende Bürger eigentlich unvollständig und »außer sich« ist, vermutet schon immer die Boheme. Es gibt eine gewisse Geistes- und Sinnverwandtschaft zwischen Jugend und Boheme. Gemeinsam ist ihnen das Bedürfnis, *ganz* zu leben, die Trennung zwischen Kunst und Leben, Arbeit und Freizeit, Tag und Nacht, privat und öffentlich aufzuheben.

»Lieber lebendig als normal«: Dieser jugendliche Wandspruch könnte auch als Motto über der bohemistischen Subkultur stehen. Den Künstler unterscheidet vom jugendlichen Menschen, daß er »professionell verrückt« ist. Beide aber neigen dazu, sich und ihre Erzeugnisse (auch mündlicher Art) in Kontrast zur vorgegebenen Ordnung, zur Eintönigkeit und Farblosigkeit des Normalen zu setzen. Unter der Jugend sind selbstreflexive Beschäftigungen (Tagebuch und Belletristisches schreiben; zeichnen) weit verbreitet. »Das gefühlsmäßige Erleben des Jugendlichen in diesen Phasen erinnert in gewisser Hinsicht an die Abläufe bei der kreativen Produktion, in der spannungsgeladene, bedrückende und belastende Phasen erlebt werden, an deren Ende jedoch auch ein gelungenes Produkt steht« (Seiffge-Krenke 1984, S. 359).

Die jungen Leute fürchten eine Berufstätigkeit, die sie anödet, die sie vereinseitigt und verkümmern läßt. Sie wollen nicht, wie ein 20jähriger es ausdrückt, »zwei Drittel meines Lebens an irgendeine fremde Sache verschenken, die mit mir absolut nichts zu tun hat« (zit. nach Doehlemann 1983, S. 511). Lassen wir hierzu auch Goethes Werther, den seine Mutter »gern in Activität haben möchte«, zu Wort kommen (1. Buch, Brief v. 20. Julius 1771):

> »Bin ich jetzt nicht auch activ? und ist's im Grunde nicht einerlei, ob ich Erbsen zähle, oder Linsen? Alles in der Welt läuft doch auf eine Lumperei hinaus, und ein Mensch, der um anderer willen, ohne daß es seine eigene Leidenschaft, sein eigenes Bedürfniß ist, sich um Geld oder Ehre oder sonst was abarbeitet, ist immer ein Thor.«

Was den Eltern wichtig und bedeutsam ist und was sie aus sich selbst gemacht haben, nötigt ihren Töchtern und Söhnen oft nur ein überdrüssiges Gähnen ab. Eine Aussage dazu von Zürcher jungen Leuten 1980 (zit. nach Bruder-Bezzel 1984, S. 134):

> »Unsere Eltern krabbelten emsig und tüchtig wie die Ameisen, kurzsichtig und stur wie die Maulwürfe an der Erfolgsleiter herum. Die wenigsten schafften es bis ganz oben, aber die meisten schafften es zu dem, was sie heut sind: eine riesige Mittelschicht kleinkarierter, langweiliger, subalterner

Fünfzigjähriger, die unerschütterlichen Helfer des Großen Bruders, mit Bierbauch, verklebter Fantasie und meterdikken Mauern um Hirn und Herz.«

Nach Meinung der Jüngeren bemerken die Älteren die Mauern nicht, die sie um ihr Hirn und Herz gebaut haben. Demgegenüber sehen sich viele Junge als »Gefangene«, die in den »Knast der Gesellschaft« oder den »Kerker des Lebens« eingesperrt werden und dort unter heftiger überdrüssiger Langeweile leiden (die zum Teil in existentielle Langeweile übergeht). Sie fühlen sich in ihrem seelischen, geistigen und körperlichen Bewegungs- und Tätigkeitsdrang durch gesellschaftliche Normen und (hoch-)schulische Zwänge eingeengt – und auch durch eine abweisende Gleichgültigkeit, die ihnen wie eine Mauer entgegensteht. »Alles in allem wart ihr alle nur Steine in der Mauer«, endet der ungeheuer populär gewordene Song »The Wall« der Pink Floyd. Ein 16jähriges Mädchen schreibt (Arbeitsgruppe Jugend '83, S. 56):

> »Ja, wir irren umher in einem riesigen Gefängnis, in dem die Leute wie zu Mauern sprechen, in dem einen alles durch seine Gleichgültigkeit angreift.«

Der Knast der Gesellschaft wird für viele junge Leute versinnbildlicht in der Beton-, Glas- und Kunststoffwüste der modernen Großstädte. Zürich 1980:

> »Ein Supersicherheitsklotzgefängnis, modern, grau und in Ordnung (...) gähnende Wüste unter Industriedunst (...) riesige planierte Flächen vor Einkaufszentren, so leer und wunschlos, wie die Köpfe der Familienväter am Sonntag (...) vorfabrizierte Schlafschubladen in blinden Satellitenstädten (...) Geld manifestiert sich in Höhe und sterilen Glasfassaden« (zit. nach Bruder-Bezzel 1984, S. 132).

Weniger sichtbar als diese öde Welt, aber gleichermaßen aufdringlich und einengend ist aus der Sicht vieler junger Leute der Planungsimperialismus der Etablierten. Die gesamte Lebenszukunft wird okkupiert, wird vermessen, in Planquadrate aufgeteilt, eingeebnet und terminiert. So scheint die Zukunft platt und voraussagbar zu sein, verspricht den Jugendlichen – außer Autounfällen und ökologischen Katastrophen – kaum noch Überraschungen. Sie verliert den assoziativen Bezug zu Freiheit und ist nichts anderes mehr als das, was man täglich abzuhaken hat.

In einem Gedicht des 22jährigen Helmut Blepp (1981, S. 38) heißt es:

> sich gefangen fühlen bei offenen türen
> weil die gegenwart verplant
> und die zukunft aussichtslos ist (…)
> sich leer fühlen im ausgefüllten leben
> der tagesablauf eine lange liste
> alles läßt sich abhaken bis auf den schluß
> der auf keiner liste steht (…)

Das Gefühl, in einer verödeten Erwachsenengesellschaft eingesperrt zu sein, speist sich aus dem Befreiungsverlangen der jeweils aufbrechenden Jugendgeneration und ist keineswegs nur an die heutige Beton- und Konsumwelt gebunden. Goethes Werther sieht in seiner Umgebung, daß »man sich die Wände, zwischen denen man gefangen sitzt, mit bunten Gestalten und lichten Aussichten bemalt« (1. Buch, Brief v. 22. Mai 1771). Hier verbindet sich überdrüssige mit existentieller Langeweile; denn es klingt an, daß nicht nur die gegebene beschränkte Gesellschaft, sondern das Leben überhaupt ein »Kerker« sei.

Ähnliche Gefühle drückt ungefähr 60 Jahre später Büchners Prinz Leonce aus, der die Feststellung seines Dieners, daß die Welt ein weiträumiges Gebäude sei, heftig verneint (*Leonce und Lena,* II, 1):

> »Nicht doch! Nicht doch! Ich wage kaum die Hände auszustrecken, wie in einem engen Spiegelzimmer, aus Furcht, überall anzustoßen, daß die schönen Figuren in Scherben auf dem Boden lägen und ich vor der kahlen nackten Wand stünde.«

Der junge Prinz ist in seinem seelischen und geistigen Bewegungsdrang erst einmal durch die herumstehenden schönen Figuren (der Illusionen) behindert, die doch nichts anderes als die nahe, endgültige Begrenzung der Welt verdecken. Die Spiegel vergrößern nicht nur illusionär das enge Zimmer, sondern spiegeln auch von allen Seiten das Individuum zurück. Hier wird angedeutet, daß der junge Mensch sich im Gefängnis seiner selbst eingesperrt erleben kann. Das ergibt sich aus der Verstärkung seines Selbstbezugs mit der emanzipatorischen Entbindung von der Erwachsenengesellschaft. Das Ich, das von lauter Spiegel-Ichs umgeben ist, scheint zeitweise immer nur dasselbe aus sich herauszuholen. Leonce (I, 3):

> »Oh, ich kenne mich, ich weiß, was ich in einer Viertelstunde, was ich in acht Tagen, was ich in einem Jahr denken und träumen werde. Gott, was habe ich denn verbrochen, daß du mich wie einen Schulbuben meine Lektion so oft hersagen läßt?«

Kein Zufall, daß hier der auswendig vor seinem Lehrergott daherplappernde Schulbub ins Spiel kommt. Die Schule ist aus der Sicht ihrer jungen Insassen das Langeweileinstitut par excellence. Sie wird nur selten als sinnstiftender Erfahrungsraum erlebt, sondern viel eher als ein Repetiergefängnis, aus dem das »eigentliche Leben« ausgeschlossen bleibt.

Im *November* (1841) des 20jährigen Flaubert heißt es (1981, S. 12):

> »In der Schule war ich traurig; ich langweilte mich in ihr, ich verzehrte mich in Begierden, ich empfand Sehnsucht nach einem bis zum Widersinn leidenschaftlich aufgewühlten Sein, ich träumte von Gluten und hätte sie alle auskosten mögen.«

Die Schule hält heute wie ehedem junge Menschen in Unterrichtsräumen zeitweilig gefangen, legt ihre Körper still und setzt ihnen einen weitgehend abstrakten Lernstoff vor, der meist nichts mit ihrem derzeitigen Leben zu tun hat und vor allem mittels Prüfungsdruck in ihre Köpfe gelangt. Der Schüler wird sein noch ungefestigtes Selbst in einen schulangemessenen Teil und einen Teil für draußen aufspalten. Zum letzteren gehören weite Bereiche der jugendlichen Emotionalität, Körperlichkeit und Sinnlichkeit.

Ein heutiger Gymnasiast kommentiert sarkastisch (Zinnekker 1982, S. 123):

> »Deine Augen schreien nach einer Handvoll Wärme und als Antwort gibt man dir Berge von Wissen.
>
> Lerne zu streicheln dein Deutsch-Buch, zu küssen die englische Grammatik, gib deinen Schulheften Kosenamen, lege dich ins Bett mit deinen Sozialkundebüchern und schlafe mit ihnen.«

Schüler können ihre eigene Wirklichkeit und ihre eigenen Probleme nur schwer in der Schule einbringen – und wenn sie es versuchen, laufen sie Gefahr, daß der Lehrer ihre Ausdrucksfehler korrigiert. Das Gelernte bleibt ihnen oft persönlich fremd oder wird, über eine scharfe Noten- und Punktekalkulation, zu Karrierestrategien instrumentalisiert. Die Bedeutung des meßbaren Schulerfolgs für das berufliche und soziale Fortkommen hat heute erheblich zugenommen – im Vergleich etwa zur Schulzeit von *Törleß* (1906) und dessen 25jährigem Autor (Musil 1978, S. 23). Die Langeweile freilich bleibt vergleichbar.

> »Von alldem, was wir den ganzen Tag lang in der Schule tun, – was davon hat eigentlich einen Zweck? Wovon hat man etwas? Ich meine etwas für sich haben, – du verstehst? Man weiß am Abend, daß man wieder einen Tag gelebt hat, daß man so und so viel gelernt hat, man hat dem Stundenplan genügt, aber man ist dabei leer geblieben, – innerlich meine ich, man hat sozusagen einen ganz innerlichen Hunger ... (...).
> Vorbereiten? Üben? Wofür denn? Weißt du etwas Bestimmtes? Du hoffst vielleicht auf etwas, aber auch dir ist es ganz ungewiß. Es ist so: Ein ewiges Warten auf etwas, von dem man nichts anderes weiß, als daß man darauf wartet ... Das ist so langweilig ...«

Auch für Rainer Maria Rilke »rinnt der Schule lange Angst und Zeit mit Warten hin, mit lauter dumpfen Dingen« (Gedicht »Kindheit« von 1902, *Buch der Lieder*).
Warten (vgl. oben die Schülergedichte »endlos« und »Schulstunde« S. 29f. und 39f.) in der Gefangenschaft der Schule: Hier brütet die überdrüssige Langeweile und läßt den »Rosenkranz öder Tage« quälend langsam durch die Finger gleiten. »Ich war gefangengesetzt«, heißt es im Roman *Ferdydurke* (1938) von Witold Gombrowicz. »Was soll ich von diesen eineiigen Tagen sagen?« (1983, S. 152):

> »Und am nächsten Morgen die Schule (...) der *accusativus cum infinitivo*, Bläßling, der große Dichter und das allgemeine Nicht-Können; Stumpfsinn, Stumpfsinn! Und wieder dasselbe! Wieder dichtet der Dichter, wieder faselt der Lehrer vom Dichter, womit er sein Leben verdient, die Schüler

quälen sich entkräftet auf den Bänken, der Finger grabbelt im Schuh wie eine Haspel, und frische Fische fitzt zum Frühstück Fritze, und fische Frische frickt zum Frühstück Fitz, und fiche Fiche fichzt den Dichter Fritz zum Frühstück, Stumpfsinn, Stumpfsinn! Und wieder bedrückt die Langeweile, und unter dem Druck der Langeweile, des Dichters und des Lehrers verwandelt sich die Wirklichkeit allmählich in die Welt des Ideals – ach, laß mich jetzt träumen, laß! . . . «

Die Lehrer klagen über gelangweilte Schüler, die nicht mitmachen wollen, und die Schüler klagen über Stunden, die so langweilig seien, »daß sie fast physisch darunter litten« (Zinnecker 1982, S. 88). Während die jüngeren Schüler heute der gnadenlosen Langeweile durch tausend fahrige Hampeleien, Mätzchen und Piesackereien begegnen, scheinen die älteren Schüler sie durch Techniken der inneren Abwesenheit zu bewältigen. Dabei mag manchmal das Gefühl überdrüssiger Langeweile auch als eine Abwehr gegen überfordernde Leistungserwartungen auftreten. Mit der Begründung, daß ihm das zu langweilig sei, mag ein Schüler sich (vor sich selbst) weigern, sich bestimmten Anforderungen zu stellen. Dieses Gefühl wird aber, da die betreffenden Anforderungen damit nicht aus der Welt geschafft werden, bald in Sorge und in Angst umschlagen.

Eine Schule, welche die jungen Menschen zu »bilden« und nicht nur zu »drillen« versucht, fördert ihren Verselbstungsprozeß und damit auch ihre Neigung, die Schule und die vorgefundene Erwachsenenwelt schrecklich langweilig zu finden. Für diese jungen Leute, die sich ihrer Eigenart und Unverwechselbarkeit zu vergewissern suchen, tragen viele Ältere eine immergleiche, ausdruckslose Maske, die sie »Erfahrung« nennen, und gebrauchen nichtssagende Worte in ewigen Wiederholungen.

Zu den gesellschaftlichen Vorgegebenheiten, mit denen sich der Nachwuchs auseinanderzusetzen hat, gehört in entscheidendem Maße die Sprache. In zweierlei Hinsicht ist Sprache Anlaß für überdrüssige Langeweile: zum einen als abgenutztes und verbrauchtes Darstellungs- und Belehrungsmittel der Älteren gegenüber den Jungen; zum anderen als Ansammlung von kalten oder toten Buchstaben, die nicht ausdrücken können, was gemeint ist.

Wenn ein Jugendlicher sich vom »ewigen Gelaber« oder »Blabla« seiner Eltern, Lehrer und Politiker angeödet fühlt, meint er den Verlust von Lebendigkeit, von Ausdrücklichkeit und Eindrücklichkeit durch Wiederholung, Routinesprechen und Wortgeklingel. Vielen jungen Leuten scheint es so, als sei fast alles, was die Alten zu ihnen sagen, vorhersagbar, als hätten sie statt Stimmbändern Tonbänder, die immer wieder abgespielt werden und die Worte verschleißen.

Worte sind abstrakt und gehören einem Zeichensystem mit eigener Gesetzlichkeit an. Worte können die Wirklichkeit und deren vielfältige Einzigartigkeiten nicht unmittelbar erfassen, sondern eher kategorisieren. Wendungen wie »ich weiß gar nicht, wie ich es ausdrücken soll« oder »man kann das gar nicht beschreiben« artikulieren eine tägliche Erfahrung der Distanz der Sprache zu den Sachen. Sprache vereinheitlicht, macht vergleichbar und weist den Weg aus der bloßen Subjektivität. (Gerade deshalb erlaubt sie ja Verständigung, aber auch Scheinverständigung mittels abgedroschener Worthülsen.)

Junge Menschen, die den Einzigartigkeiten in sich selbst und in der Welt nachspüren, haben oft ein feines Gefühl für die Spannung zwischen Wörtern und Wirklichkeiten. Was ist sagbar? Oft scheinen Worte zu plump, zu arm, stumpf oder gestempelt zu sein, um die eigenen Befindlichkeiten oder Erlebnisse ausdrücken zu können. Die Sprache wirkt tot vor der Lebendigkeit des zu Benennenden.

»Wie kann der kalte, tote Buchstabe diese himmlische Blüte des Geistes darstellen«, ruft Werther aus, als er einige Gefühle und Gedanken von Lotte nachzeichnen will (1. Buch, Brief v. 10. Sept. 1771), und nach Karoline von Günderode (1780 - 1806) sind »auch die wahrsten Briefe nur Leichen.« A. de Lamartines (1790 - 1869) junger sensibler *Raphael* (1849) antwortet auf die Frage, warum er seine Empfindungen nicht aufschreibe (1850, S. 11):

»›Bah, schreibt auch der Wind, was er in den säuselnden Blättern über unsern Häuptern singt? Schreibt das Meer die Seufzer, die an seine Ufer branden? Nichts Geschriebenes ist schön. Das Göttlichste im Herzen des Menschen kommt doch nie zum Vorschein (...).‹ ›Zwischen dem, was man fühlt, und dem, was man auszudrücken vermag‹, setzte er traurig hinzu, ›ist derselbe Abstand, wie zwischen der Seele und den vierundzwanzig Buchstaben des Alphabets, das heißt: die Unendlichkeit. Willst du auf einer Flöte von Schilfrohr die Harmonie der Sphären wiedergeben?‹«

Aus dieser Sicht verkleinert und verflacht die Sprache das Benannte, macht es grau, fad und gleichgültig. Musils Törleß, tief beeindruckt unter dem leuchtend blauen, unendlich hohen Himmel liegend, möchte ihn in Worte fassen: Aber diese sagen »etwas ganz anderes, so als ob sie zwar von dem gleichen Gegenstande, aber von einer anderen, fremden, gleichgültigen Seite desselben redeten« (1978, S. 63).

So heftet sich das Gefühl überdrüssiger Langeweile oft an eine nichtssagende Sprache, wenn es darum geht, sich mitzuteilen. Wenn sie, bemerkt eine 17jährige Gymnasiastin, die Gedanken, die ihr durch den Kopf schwirren, zu Papier brächte, wären es »nicht mehr die ursprünglichen Gedanken« (Behnken 1985, S. 274). Und ein gleichaltriger Gymnasiast sagt im Gespräch: »Das, was ich meine und was ich sage, ist sowieso völlig verschieden, und was man sagt, ist dann oft öde.«

Jugendliche fühlen sich selbst nicht immer angesprochen von dem, was sie sagen, fühlen sich gelegentlich gelangweilt von ihren eigenen Worten und werden wortkarg – zumindest gegenüber den Erwachsenen, die für alles und jedes ein Wort parat zu haben scheinen, mit dem sie sich zufriedengeben und das sie ständig wiederholen.

Den Übergang von der überdrüssigen Langeweile zur existentiellen Langeweile schildert ein junger Mann in Kleebergs (geb. 1959) Roman *Der saubere Tod* (1987, S. 76):

»Sie stoßen dich (...) raus, mit nichts in der Hand, raus aus dem großen Vakuum mit allem drin, was du nicht willst, was du haßt, raus, und du siehst dich um und bemerkst, daß alles, was in dem Vakuum steckt, alles ist, was es gibt, und draußen, wo du bist, ist es leer.«

Herausgestoßen aus den vorgefundenen und als leer empfundenen Lebenszusammenhängen der normalen Erwachsenengesellschaft öffnet sich dem jungen Mann nicht die Fülle eines bisher ungelebten Lebens, sondern – nichts.

Die existentielle Langeweile des jugendlichen Nihilismus

Das folgende Gedicht einer heutigen 20jährigen Fachabiturientin gibt in der Weise, wie es jugendtypische Gefühlslagen zusammenstellt, Auskunft über die Grundlage der Lebenslangeweile von jungen Menschen.

> Du fragst nach meinem Namen?
> Nenn mich Jugend!
> Mein Vater?
> Sein Name ist Sehnsucht!
> Meine Mutter?
> Sie nennt sich Einsamkeit!
> Wo ich wohne?
> Auf der Straße ins Nichts!
> Der mich ernährt?
> Ich lebe von den Illusionen!
> Du fragst nach meinem Namen?
> Nenn mich Resignation!

Wir wollen hier zwei Gefühlskomplexe unterscheiden und sie auf ihre Langeweilehaltigkeit hin betrachten. Zum einen ist es das Gefühl von der Leere der Eigenwelt (Straße ins Nichts; Einsamkeit). Zum anderen ist es die Einsicht in die Unstillbarkeit der eigenen Sehnsüchte.

Die Leere der eigenen Welt nach dem Abbruch der Bindungen der Kindheit:

Tiefenpsychologisch gesehen wird der Jugendliche, der allmählich über sich selbst bestimmen will, ein tragfähiges Selbstbild und Ich-Ideal aufzubauen versuchen. Dabei werden Libidoenergien von den verinnerlichten Elternvorbildern abgezogen und in einer Übergangsphase auf das eigene Selbst gerichtet, bevor diese freigesetzten Besetzungsenergien sich dann zu Objekten außerhalb meiner selbst und meiner Familie hinwenden können. Nun ist das Selbst aber noch ungefestigt und deshalb kein voller Ersatz für die abgebrochenen Bindungen der Kindheit. Die Libidoenergien finden in mir noch keinen

Claire Bretécher, Mutter ist die Beste

rechten Platz und Halt, noch kein rechtes Maß. Was an mir ist eigentlich liebenswert? So können starke Langeweilegefühle einer emotionalen Leere oder inneren Wüste auftreten (über die dann gelegentlich Gefühlsstürme hinwegtoben).

»Ach, ich bin leerer, hohler, trauriger als ein Faß mit eingeschlagenem Boden«, schreibt der junge Mann in Flauberts *November* (1981, S. 29 f.). Nachdem Musils Törleß (1906) im Internat sein anfängliches leidenschaftliches Heimweh verloren hat, fühlt er beileibe keine Zufriedenheit, sondern eine Leere und Kahlheit der Seele, ein Nichts in sich.

Nicht selten füllen künstlerische Produktionen, Briefe oder Tagebücher – als »Auch-Ichs« – ein wenig die emotionale Leere aus. Ein Satz aus dem Chanson eines Studenten an seine Mitstudenten (Chanson-Ausschreibung in Münster 1987):

> »Man bringt sich gegenseitig ums Leben
> nicht mit Dolchen, nur durch Nichts,
> einfach mit leeren Worten, die die
> eigene Leere nach außen tragen.«

Alphonse de Lamartine macht sich zu seinem 25. Geburtstag (1815) Gedanken darüber, warum das Leben so schwer sei. Eigentlich genügten doch dazu ein Stück Brot und ein paar Tropfen Wasser (zit. nach Kuhn 1976, S. 255):

> »Über mir strahlt ein blauer Himmel und doch fühle ich keinerlei Leidenschaften hier unten. Das Herz ist nie schwerer als wenn es leer ist. Warum? Weil es mit Langeweile angefüllt ist. O doch, ich habe eine Leidenschaft, die schrecklichste, beschwerlichste, die am meisten nagt, die Langeweile.«

Sich selbst eingrabend in gegenstandslose Gefühle, die doch nichts anderes als Nichts hervorkehren, kann es zu einer nihilistischen Gestimmtheit kommen, welche die Lebensgrenze geringachtet. So fragt der junge Obermann (1804) von Senancour (1982, S. 13 f.): »Wenn das innere Leben nur ein ruheloses Nichts ist, wäre es dann nicht besser, es für ein ruhigeres Nichts dahinzugeben?«

Wer in seiner existentiellen Langeweile sein eigenes Dasein nicht recht spürt, wird auch das Dasein außerhalb seiner selbst nicht »erleben«. Der 18jährige Arthur Schnitzler (1880) spricht

von der »Wesenlosigkeit des Lebens«, in dem »alles nur ge-
schieht, der Langeweile zu entfliehen« (*Zeitmagazin* Nr. 42,
13.10.1989, S. 122). In Sören Kierkegaards Werk *Wiederholung* (1843) äußert sich ein junger Mann:

> »Man steckt den Finger in die Erde, um zu riechen, in wel-
> chem Land man ist, ich stecke den Finger ins Dasein – es
> riecht nach – Nichts. Wo bin ich? Was will das sagen: die
> Welt?«

Das nihilistische Entborgen-Sein, das den Weg von der Kindheit in ein unabhängiges Erwachsenenalter streckenweise
kennzeichnet, verbindet sich mit »Unnahbarkeit«. Denn die
Dinge, auf die sich die Libidoenergien noch nicht so recht richten können, scheinen »außen vor« zu bleiben, scheinen bis in
die Nahwelt und Innenwelt der Betreffenden nicht durchsto-
ßen zu können. Ein heutiges, ungefähr 18jähriges Mädchen notiert (zit. nach Schödel 1986, S. 57):

> »Ich schaue durch die Dinge draußen hindurch, sie gehen
> mich nichts an. Ich sehe nichts, höre nichts. Ich warte auf
> nichts.«

Solche Gefühle umreißt 180 Jahre früher auch Senancours
Obermann (S. 82):

> »Die Kräfte meines Herzens wirken nicht mehr hinaus, sie
> wirken zurück und verharren in Ungeduld. So irre ich durch
> die Welt, einsam inmitten der Menge, die mir nichts bedeutet
> (…) (Ich bin wie einer, der) alles sieht, und alles ist ihm ver-
> sagt (…) Mitten in der tosenden Welt erleidet er die Qual,
> daß ihm alles schweigt (…) Er ist vom Seienden geschieden,
> es gibt keine Beziehung mehr; was er vor sich sieht, ist um-
> sonst, er ist einsam, ist abwesend in der lebendigen Welt.«

Diese Einsamkeit rührt nicht vom räumlichen Alleinsein her.
Das gilt eher für jüngere Altersgruppen (vgl. S. 138). Ältere
sind »mit sich« allein, fühlen sich manchmal »sterneneinsam«
(vgl. Spranger 1966, S. 49, 97), da die Lebensbänder der Kindheit abgerissen sind und sich eine Kluft aufgetan hat zwischen
Ich und allem Nicht-Ich, das unendlich fern und fremd zu sein
scheint. Man fühlt sich nirgendwo zugehörig. In der Einsamkeit steckt auch die Erkenntnis der eigenen Einmaligkeit.

Einsamkeitsgefühle können sich verstärken durch Bedingungen der sozialen Unterforderung. Wenn die Mitwelt den jungen Menschen gleichgültig begegnet, wenn niemand etwas von ihnen will (außer dem, das sie nicht wollen) und wenn ihre Beteiligungsangebote ohne richtige Resonanz bleiben, kommen sie sich selbst durchsichtig, leer und kaum liebenswert vor.

»Die Einsamkeit überkommt mich oft ganz beklemmend und erstickend, wenn andere Leute neben mir reden und sich um nichts ereifern. Dann sitze ich da und kann mich oft lange nicht rühren. Schmerz, das Gefühl aufsteigender Tränen, Einsamkeit, die große Leere, das In-sich-zurückgewiesen-Werden (…) Der Mensch ist als Einzelmensch geschaffen: Das ist seine Größe und sein Leid« (zit. nach Doehlemann 1983, S. 503).

Diese »Einsamkeit mit sich« kann wechselweise sehr unterschiedlich empfunden werden: als erhebend und auszeichnend (und auch als einsame Höhe, in der der Unverstandene sich schweben sieht), als beängstigend oder auch nur als fahl und fad: Ich will mich selbst erleben und erlebe dabei nichts. So weiß ich mit mir nichts anzufangen. »Wie leer ist die Welt für den, der sie einsam durchwandert! Was sollte ich beginnen? (…) Wie lang sind die Tage!« (Flaubert 1981, S. 116).

Wenn ein Jugendlicher nicht weiß, was er tun soll, weiß er in aller Regel, *daß* er etwas will und was er *nicht* will, nicht aber, *was* er will. Diesen unruhigen Stillstand kennzeichnet ein 17jähriges Mädchen in einem Gedicht (Arbeitsgruppe Jugend 1984, S. 264):

Zeitnot

langeweile sie bringt dich um
langeweile da schlägts dich um

du weißt nicht was du machen sollst
fängst verrückt an zu zittern
es packt dich du wirst nervös
dir schießen sachen in den kopf
nimmst 'ne kippe
holst dir bier
rennst ans telefon

holst noch ein bier
und dann noch ein paar
flackst dich ins bett
hörst die musik
immer verrückter werden
kannst nicht kämpfen
komm laß es sein

langeweile sie bringt dich um
langeweile da schlägts dich um
bum

Hier klingt etwas an, was uns im nächsten Abschnitt näher beschäftigen wird: ein unstillbarer Hunger nach sich selbst, ein Verlangen nach Verlangen und eine kleine Resignation. Einen Ausweg aus diesem Zustand umschreibt witzig ein Punk-Musiker: »Ich weiß nicht, was ich will, aber ich weiß, wie ich es bekomme.«

Die Einsicht in die Unstillbarkeit der eigenen Sehnsüchte.

Der Mensch kann viel mehr ersinnen und sich vorstellen, als er tatsächlich erfüllen und erleben kann. Was läßt sich alles denken – nicht zu altern, das Welträtsel zu lösen, das Böse aus der Welt zu schaffen, paradiesische Freuden zu genießen, die Bindungen an Raum, Zeit und Schwerkraft aufzuheben und so fort – und was kann Wirklichkeit werden? In der Spannung zwischen Idealität und Realität hat der Mensch zu leben. Er hat, so gut es geht, lebbare von nicht lebbaren Wahrheiten zu trennen und Mögliches von Unmöglichem. Er hat den Drang der Innenwelt gegen den Druck der Außenwelt auszubalancieren und muß sich auch auf die Kunst des Weiterwurstelns im kompromißlerischen Gemenge des Lebens zu verstehen lernen.

Im Selbstwerdungsprozeß des Jugendalters nimmt die Kraft der Imagination zu. Die verschwimmenden Grenzen zwischen Realem und Imaginärem werden aus beiden Richtungen oft leichtfüßig überschritten. Der junge Törleß sagt, bezogen auf die Fächer Religion und Mathematik: »Es gibt immer einen Punkt, wo man dann nicht mehr weiß, ob man lügt oder ob das, was man erfunden hat, wahrer ist als man selber« (Musil 1978, S. 22).

Schon bald aber schleichen sich Zweifel in die wirklichkeitsgestaltende Kraft der Einbildung ein. Trennt mich von der Realität ein Phantasieschleier? Wohin mit meinen Sehnsüchten, Wünschen, Träumen? Die ernüchternde Einsicht in die Unstillbarkeit der eigenen Sehnsüchte und in die Unauffindbarkeit des »eigentlichen« Lebens scheint eine Einbruchstelle für die existentielle Langeweile zu sein.

In der heutigen, selbstironischen jugendlichen Parole »Wir wollen alles – und zwar subito« steckt ja schon die Einsicht in die Vergeblichkeit dieser Forderung. Und wer könnte die an die Wand gesprühte Frage »Heute schon gelebt« ohne weiteres bejahen? Wie sehen denn die »bewegten Minuten« aus, die mit Hammer und Meißel »aus dem Fels der Langeweile herausgehauen« werden müssen (Kleeberg 1987, S. 194)? War das dann alles?

Welches Ich ist es denn, das sich ausleben will? Aus dem Gedicht einer Gymnasiastengruppe von etwa 18jährigen (Arbeitsgruppe Jugend 1984, S. 243):

> Alle zwei Wochen beginnt
> für mich das Leben neu.
> Alle zwei Wochen denke ich,
> es ist für immer, das neue Leben.
> Aber es reicht nur für zwei Wochen.
> Vielleicht wäre es besser,
> nur zwei Wochen zu leben.

Die existentielle Langeweile entspringt dort, wo die riesigen Sehnsüchte von der Erkenntnis unterminiert werden, daß sie unerfüllbar seien und man sich mit dem Erreichbaren zufriedengeben müsse. Die Welt ist zu klein für die Größe der Wünsche nach eigentlichem Leben, nach Schönheit und Gerechtigkeit. Goethes Werther schreibt nach einer langen Wanderung in einer schönen Berglandschaft (1. Buch, Brief v. 21. Junius 1771):

> »Ich kehrte zurück, und hatte nicht gefunden, was ich hoffte. O es ist mit der Ferne, wie mit der Zukunft! Ein großes dämmerndes Ganzes ruht vor unserer Seele, unsere Empfindung verschwimmt darin, wie unser Auge, und wir sehnen uns, ach! unser ganzes Wesen hinzugeben, uns mit aller Wonne eines einzigen, großen, herrlichen Gefühls ausfül-

len zu lassen – und, ach! wenn wir hinzu eilen, wenn das Dort nun Hier wird, ist alles vor wie nach, und wir stehen in unserer Armuth, in unserer Eingeschränktheit, und unsere Seele lechzt nach entschlüpftem Labsale.«

Für die jugendliche Lebenslangeweile eines leeren Sehnens und ziellosen Strebens, die sozusagen über die zu kurze Welt hinausschießen, finden sich viele (literarische) Zeugnisse von Werther bis heute. So beklagt sich zum Beispiel der junge *William Lovell* (1795) von Ludwig Tieck (1773 - 1853) beim Schöpfergott über das »armselige, dürftige Gewebe« unseres Lebens: »Grob und ungeschickt sind alle Farben aufgetragen; alle Freuden sind nur Langeweile« (1759, S. 381). Die leerlaufende Unruhe der unersättlichen Seele spürt ebenso Chateaubriands junger *René* (1803), der stets »ein ganz Unbekanntes sucht« und deshalb »den Abgrund seines Daseins nicht ausfüllen« kann (1962, S. 96 f.), wie Senancours *Obermann* (1804):

»Seit jene unwiederbringlichen Tage der Kindheit vorbei sind, erträumte ich, ahndete ich ein wirkliches Leben; doch stets nur stieß ich auf Trugbilder: Ich sah Menschen – da sind nur Schatten; ich begehrte nach Harmonie – und fand nichts als Gegensätze. Da versank ich in tiefe Traurigkeit; Leere fraß sich in mein Herz; ein unstillbares Sehnen verzehrte mich in der Stille, und die Langeweile des Lebens war meine einzige Empfindung in jenem Alter, wo man zum Leben aufblüht.«

Weil die Weite des Wünschens und Denkens in keinem Verhältnis zur Enge der Welt steht, spricht der ca. 25jährige italienische Dichter Leopardi (1798 - 1837) von Langeweile als der »erhabensten menschlichen Empfindung« (1979, S. 17 f.):

»Wenn nichts auf dieser Erde, ja, bildlich ausgedrückt, selbst die ganze Erde uns nicht beglücken vermag; wenn wir die unergründliche Weite des Raumes, die erstaunliche Zahl und Größe der Welten betrachten und zu dem Ergebnis gelangen, daß das alles, verglichen mit der Denkkraft der eigenen Seele, klein und unbedeutend ist; wenn wir uns die unendliche Zahl der Welten und das All selbst vorzustellen versuchen und fühlen, daß unser Geist und unsere Sehnsucht noch viel größer sind als ebendieses Universum; und wenn uns das Ganze noch immer ungenügend und nichtig vorkommt und wir Mangel und Leere und darauf Langeweile spüren, so dünkt mich, es könne keinen klareren Beweis für die Großartigkeit und den Adel der menschlichen Natur geben. Daher wissen die Ungeistigen kaum etwas von Langeweile und die übrigen so gut wie nichts oder überhaupt nichts.«

Hier begegnet uns also wieder die Vorstellung, daß existentielle Langeweile erst mit einem gewissen geistigen Entwicklungsstand, nur bei »kultivierten Menschen« (Kant) mit selbstreflexiven Fähigkeiten auftreten kann. Das ist, wie wir gesehen haben, tendenziell richtig. Nur klingt es bei Leopardi in seiner jugendlichen Überheblichkeit so, als *müßten* sich alle Geistesgrößen langweilen, oder andersherum, als fehle es dem an Geist, der sich nicht langweilt.

Eine der wenigen Schriftstellerinnen dieser Zeit, George Sand (1804 - 1876), läßt *Lelia* (1833) und ihren Stenio am unersättlichen Idealitätshunger einer Liebe scheitern, deren Sehnsüchte zu groß sind für die kleinen Menschen. Der junge Stenio weiß am Schluß, »daß nichts Wahres ist in den Träumen der Menschen, und daß es nichts mehr gibt als die Geduld der Langeweile oder den Entschluß der Verzweiflung, wenn man die Wahrheit einmal enthüllt hat« (1984, S. 196). Lelia bleibt zurück als die vom ewigen Hunger nach dem Unmöglichen innerlich ausgedörrte junge Frau (S. 127):

»Und jetzt: lebe ich für die jeweils letzte Laune, die mir durch den Kopf geht. Aber diese Launen, die früher heftig und häufig waren, sind jetzt selten und flau geworden. Die Langeweile bringt mich um. Ich habe alles erschöpft, alles ist vorbei. Was kommt jetzt? Wenn ich den Abgrund des einen Tages erfolgreich aufgefüllt habe, frage ich mich schon ängstlich, womit ich den morgigen auffüllen kann.«

Sie fühlen sich vom vergeblichen »Wünschen langsam leergebrannt« (Puschkins *Onegin* 1833; 1980, S. 171), diese jungen literarischen Figuren, die so viele Züge ihrer Urheber haben. Der 26jährige Dramatiker Christian Dietrich Grabbe (1801 - 1836) schreibt in einem Brief, daß er sich selbst so gleichgültig sei wie ihm ein Dritter sei: »Meine Seele ist tot; was jetzt noch unter meinem Namen auf der Erde sich hinschleift, ist ein Grabstein, an welchem Tag für Tag weiter an der Grabschrift gehauen wird« (*Zeitmagazin* Nr. 6/1987, S. 42).

Wenn scheinbar alles gelaufen ist und dies alles nichts war, wenn die Welt sich als zu klein herausstellt für große Versprechungen, können jugendliche Gefühle einer existentiellen Langeweile auftreten, die – wie Senancours *Obermann* schreibt (S. 139) – aus der Nichtigkeit des Lebens ins Nichts danach strebt:

> »Wenn die Leidenschaft für alles, wenn dieses allumfangende Verlangen der starken Seele unser Herz verzehrt hat, wenn der Zauber aus unseren enttäuschten Hoffnungen gewichen ist, so steigt aus der erkaltenden Asche die unheilbare Langeweile auf, unheimlich, schauerlich, vertilgt jede Hoffnung, herrscht über die Trümmer, vernichtend, verdunkelnd, tödlich. Mit unbesieglicher Kraft schaufelt sie uns das Grab, eine Zuflucht, die wenigstens im Vergessen Ruhe schenkt und den Frieden im Nichts.«

Deutet nicht auch der flotte jugendliche Spruch von heute »Wer schneller lebt, ist früher fertig« das Mißverhältnis zwischen metaphysischem Wünschen und Verwirklichungsmöglichkeiten an?

An diesem Mißverhältnis leidet 80 Jahre nach René und Obermann zum Beispiel auch der junge Lazare aus Emile Zolas Roman *Die Freude am Leben* (1884). Die Zeiten haben sich geändert. Die Industrialisierung ist schon weit fortgeschritten. Der junge Mann, der sich naturwissenschaftlich und ingenieurtechnisch versucht, spürt eine grenzenlose, erdrückende Langeweile (Kap. 8, S. 389):

> »Er hatte die skeptische Langeweile seiner ganzen Generation, nicht mehr jene romantische Langeweile der Werther und René, die den Verlust des alten Glaubens beweinten, sondern die Langeweile der neuen Helden des Zweifels, der jungen Chemiker, die sich ärgern und die Welt für unmöglich erklären, weil sie auf dem Boden ihrer Retorten nicht mit einem Schlag das Leben gefunden haben.«

Ob die gegenstandslose Sehnsucht (vgl. Spranger 1966, S. 63) »die blaue Blume« (der Romantik) sucht oder »das Leben« (auf dem Boden der Retorte) oder »alles« (»wir wollen alles – und zwar sofort«): Die Einsicht in die Unerfüllbarkeit des grenzenlosen Verlangens gebiert Weltschmerz und existentielle Langeweile. »Paradise Now!«, forderte das weltbekannte »Living Theatre« um 1970. Wer alles will, kann sich mit nichts zufriedengeben. »I can't get no satisfaction«, sangen die Rolling Stones 1965 – und Millionen Jugendliche singen nach wie vor mit.

In einem Brief fragt eine Gymnasiastin aus den 20er Jahren unseres Jahrhunderts einen Gleichaltrigen (Bühler 1923, S. 70): »Kannst du mir nicht sagen, wonach ich mich sehne? Ich weiß es nicht. Ich weiß nur, daß ich mit mir unzufrieden bin und mit allem außer mir.« Die Sehnsucht nach Sehnsucht nach Sehnsucht. Rainer Koch schreibt in den 80er Jahren in einem *Brief aus Frankfurt*: »Bleib, meine Sehnsucht, wohin willst Du? Bleib bei mir. Was ist Revolution von morgen? Bürger von übermorgen? Ohne Sehnsucht immer nur Banales, Normales.«

In der entwickelten kapitalistischen Gesellschaft versuchen die Marketingabteilungen der Gebrauchsgüter- und Zerstreuungsindustrien, dieses jugendliche Wünschen in Bedürfnisse nach Waren und massenmedialer Spannung umzubiegen. Das mag zum Teil gelingen. Doch im Untergrund nagt weiterhin eine existentielle Langeweile, die aus der Einsicht in die Unerfüllbarkeit des eigenen Verlangens und die Unauffindbarkeit des eigentlichen Lebens herrührt. Diese Langeweile – so meine weiter unten auszuführende Vermutung – wird in der Konsum- und Mediengesellschaft stärker. Denn dort stellt sich das ferne Traumland als Kaufhaus heraus, und das eigentliche Leben soll sich abends vor dem Fernsehgerät abspielen. Ist das dann alles?

Einige Hinweise auf die schöpferische Langeweile
von jungen Leuten

Selbstwerdung, Selbstfindung und Selbstverwirklichung sind die großen Probleme des Jugendalters, die im Zuge der seelischen und geistigen Abnabelung von der Elterngeneration und der Anbindung an die Gleichaltrigen auftreten. Die jugendliche überdrüssige Langeweile macht fest, wie gezeigt wurde, an der scheinbar verbrauchten und einengenden Erwachsenenwelt und besonders an ihren Schulen. Weniger *in* dieser Welt als *außerhalb* hoffen die Jungen zu sich selbst zu kommen.

Nun könnte vielleicht der überdrüssigen Langeweile in der Schule dadurch begegnet werden, daß der schöpferischen Langeweile in der Schule mehr Zeit und Raum zugestanden wird. Eine Bedingung von schöpferischer Langeweile ist die Entlastung von Verhaltensdruck ohne Entzug von Resonanzbereitschaft. Das hieße, daß in der Schule nicht immer ein Kampf gegen die Uhr geführt und mehr »Luft zwischen den Gedanken« (Rumpf 1986, S. 52) gelassen würde, daß Vergegenwärtigung (auch seiner selbst) öfter Vorrang vor Erledigung und Bewältigung hätte, daß langsames Schauen öfter mal die schnellen Blicke des Einordnens ablöste. Geht das denn in der heutigen Schule? Der Lehrer und Schriftsteller Peter Bichsel ist da pessimistisch (1980, S. 82):

> »Zum Lernen braucht es Geduld und Langeweile. Und genau diese Langeweile wird sich diese Schule, die auf diese Wirtschaft und diese Gesellschaft vorbereiten muß, nie leisten können. Und deshalb wird sie auch nur auf Arbeit vorbereiten können und nicht auch auf die Freizeit. Weil echte Freizeit heißt, mit der Langeweile umgehen zu können. Wo kämen wir hin, wenn die Menschen in der Schule lernen würden, mit einem Überfluß an Zeit umzugehen? Der Schaden im gelobten Bruttosozialproduktstaat wäre doppelt: Sie würden zu wenig produzieren und sie würden ihre Freizeit verbringen, ohne zu konsumieren. Wer will das?«

Wer das will und mit der vielschichtigen Langeweile umzugehen lernt, wird auch schöpferische Langeweile spüren, die das Loch, das sie aushöhlt, ausfüllen wird.

Die existentielle Langeweile, in der Leere der Eigenwelt nach dem Abbruch der Kindheitsbindungen begründet, drückt sich oft in unfreiwilliger Teilnahmslosigkeit und Einsamkeit aus: Ich weiß nichts mit mir anzufangen. Davon zu unterscheiden wäre die schöpferische Langeweile des zeitweiligen freiwilligen Abstandnehmens von allen Dingen: Ich weiß, daß ich nichts (Ernstzunehmendes) tun will.

Solche Abkoppelungsphasen können den Selbstwerdungsprozeß begleiten. Der junge Mensch befreit sich zeitweise von vielerlei Ansinnen und Mitweltbezügen, die ihm manchmal den Blick auf sich selbst verstellen. »Solche Phasen«, sagt ein 22jähriger Student, »in denen ich keine Lust habe, etwas zu tun, laufen fast zwangsläufig immer in Überlegungsphasen also über mich selbst rein« (nach Oerter 1984, S. 201).

Auf die Frage, was sie gerade beschäftige, antwortete mir eine 19jährige: »nichts« – und woran sie denke: »an gar nichts« – und ob sie sich langweile: »Ich will mich langweilen« – und warum sie das wolle: »Das ist halt mal wichtig.« Und sie fügte spöttisch hinzu: »Da machen mir sogar deine doofen Fragen nichts aus.«

Der Schriftsteller Dieter Wellershoff (geb. 1925) erinnert sich (1985, S. 264 ff.),

»daß es scheinbar grundlose Anfälle von Langeweile gab, die auf keine äußeren Einschränkungen zurückgingen. Sie begannen in einem selber als ein inneres Nachlassen, ein Spannungsverlust, eine Schrumpfung, ein inneres Erlöschen. Man war vielleicht von draußen hereingekommen, und auf einmal wußte man in seinem Zimmer nichts mehr mit sich anzufangen (...). Hob man den Blick, lag ein dünner Firnis von Ekel über der Welt.

Langeweile, nicht die pathologisch depressive, sondern die intermittierende Stimmung unserer Wachstumszeiten, schließt die Welt nur zu, um sie neu wieder aufzuschließen. Sie löst den alten Pakt zwischen Ich und Welt, den die Gewohnheit, das Bescheidwissen, die festen Bedeutungen gestiftet haben, und erneuert hinter ihrer Nebelwand den Geheimnischarakter des Lebens. Unmerklich, so erinnere ich mich, konnte die Seelenlähmung der Langeweile in ihr Gegenteil wechseln, in ein unbestimmtes Warten.

Aber vielleicht war das auch keine gegenteilige Verfassung, sondern vielmehr die Erfüllung einer in der Langeweile geschaffenen Voraussetzung, das Einströmen des Lebens in die leergeräumten Positionen. Das blicklose Starren ging über in ein Schauen, das sich dem Gesehenen öffnete, ohne es wieder dinglich festzumachen und begrifflich darüber zu verfügen. Die Langeweile hatte dem vorgearbeitet. Sie hatte die Bedeutungen auf der inneren Leinwand verwischt. Das, was zunächst als eine Verschleierung der Welt erlebt wurde, war eigentlich schon der erste Schritt gewesen zu ihrer erneuerten und vertieften Wahrnehmung (...).

Die sinnliche Welt war voller Metaphern, deren Bedeutung offenblieb und vielleicht in einer anderen Sprache gesprochen wurde, die man noch nicht verstand. Die Augen gingen davon über, und das Herz schlug in einem grundlosen Glücksgefühl. Alles bot sich dar und war doch unfaßbar, das Gegebene war immer auch noch ein Versprechen.«

Die »Windstille der Seele« (Nietzsche) ist abzuwarten, bevor lustige Winde eine fröhliche Fahrt versprechen. Diese Fahrt kann in verschiedenste Richtungen gehen – zum Beispiel nach Kopenhagen: Hier führen, wie Hannes Gamillscheg in der *Frankfurter Rundschau* vom 22.12.1986 berichtet, ungefähr 200 junge Leute (Gymnasiasten, Studenten, Arbeitslose) aus dem Untergrund einen erfolgreichen »Krieg gegen die Langeweile«. Blinde »action«? Nein. Sie bestiegen zum Beispiel mit grauem Anzug, Schlips und Aktenkoffer die S-Bahn und beschmierten die Waggons mit Graffiti – worauf eine zweite Gruppe kam, als Punks verkleidet, und alles wieder saubermachte. Sie reihten sich mit lauter Katzenmusik in den Umzug von Militärorchestern ein oder entführten das Fahrrad des Bildungsministers, um damit die Aufbesserung der mageren Stipendien zu erpressen. Und wenn sie dann durch die Straßen ziehen und sich unter dem Motto »Wir helfen der Polizei« mit Knüppeln selbst auf den Kopf hauen, hat ja alles wieder seine Ordnung.

Der fade Geschmack des mittleren Lebensalters

Die mittleren Lebensjahre (etwa zwischen 40 und 50) sind in gewisser Hinsicht mit den Jugendjahren vergleichbar. In beiden Phasen gehört »Selbstfindung« zu den vordringlichen Lebensaufgaben. Der junge Mensch hat zu sich selbst zu kommen im Rahmen der Loslösung von Kindheit und Eltern und der Anbindung an Gleichaltrige. Der Mensch in der Lebenswende hat in sein Selbst etwas neu einzuarbeiten, das ihm zwar immer schon bekannt war, aber nicht naheging: das Ende seines Lebens. Im mittleren Alter schlägt die Zeitrechnung allmählich um. Als meine Lebenszeit messe ich nicht mehr nur die Zeit »seit meiner Geburt«, sondern auch die Zeit, die mir noch bleibt, also »den Rest des Lebens«. Wenn das Ende einbegriffen wird, fällt neues Licht auf das ganze Leben. Es werden Bilanzen gezogen, wobei vergessene oder verdrängte Wirklichkeiten und ungelöste Probleme von früher wiederkehren können. Während der Jugendliche fragt: »Wer bin ich und was soll ich tun?«, fragt der Mittvierziger: »Was tue ich eigentlich? Wurde ich der, der ich bin?«

In der Auseinandersetzung mit der eigenen Vergangenheit und dem Schatten, die sie in die Zukunft wirft, hat das Selbst sich neu zu bewerten und zu finden – und das oft vor einem »leeren Nest«, weil die Kinder das Haus verlassen haben. Dieser verstärkte Umgang mit sich selbst geht häufig einher mit einer gewissen Ruhelosigkeit und Unzufriedenheit, mit Grübelei oder schlechter Laune. »Wenn man einen Vierzigjährigen auffordert, sein derzeitiges Leben zu charakterisieren, dann wird er etwas unbestimmt antworten, daß es ›schrecklich‹, ›langweilig‹, ›öde‹ oder ›bedrückend‹ sei, ohne dabei genau sagen zu können, warum« (Fried 1967, S. 11). Anfang 1989 wurde der Schriftsteller Peter Handke (geb. 1942) gefragt (*Die Zeit* Nr. 10 vom 3.3.1989, S. 78), ob sich für ihn nach dem Wegzug seiner 20jährigen Tochter eine neue Art von Alleinsein ergebe, was Handke bejaht; es sei aber nicht schlimm – aber daß es kein Problem sei, sei ihm ein Problem. Und er fährt fort:

> »Ein Gefühl von Einsamkeit stellt sich nicht ein. Das Dumme ist nur, ich langweile mich. Zum erstenmal seit meiner Jugend, in der ich mich wahnsinnig gelangweilt habe, erlebe ich wieder die Langeweile.« (Nachfrage: »Wie sieht denn das aus?«) »Na, die Zeit vergeht nicht. Das Leben ist kurz, wie Goethe sagt, aber der Tag ist lang.«

Der Gesprächspartner rät Handke, sich doch wieder zu verlieben.

Mit 53 Jahren war der russische Schriftsteller Jurij Trifonow (1925 - 1981) zum zweiten Mal in Italien und vergleicht damit seinen ersten Aufenthalt 18 Jahre früher (1989, S. 8 f.). Der Vergleich mündet in eine stille Klage über den Verlust, der im Fortgang des Lebens enthalten ist:

> »Damals überwältigte mich alles, ich wollte mir alles merken, alles einprägen, mich quälte das Verlangen, etwas Lyrisches über all dies zu schreiben, jetzt aber überwältigt mich nichts ... Ich will nur sagen: Das Leben ist ein allmählicher Verlust an Überwältigendem.«

Im Lauf der Jahre, die ins Land gehen, verliert das Leben weitgehend den Reiz der Frische und Neuheit. Fast nichts scheint es mehr zu geben, was man zum ersten Male tun könnte. Fast alles scheint sich zu wiederholen. Strenggenommen wiederholt sich natürlich nichts. Aber was nützt diese Feststellung der Lehrerin, die in ihrem 20. Berufsjahr gerade die 19 367. Schularbeit korrigiert, oder dem Ehepaar, das ziemlich genau weiß, wann der andere was sagen wird. Die ständigen regelmäßigen Wiederholungen der anstehenden Verpflichtungen und Verrichtungen lassen manchmal das Gefühl aufkommen, daß alles stillsteht. Der amerikanische Schriftsteller Allen Ginsberg (geb. 1926) notierte im mittleren Alter (zit. nach Brim 1978, S. 418 f.):

> »Man kennt bereits alles, und alles hat aufgehört zu geschehen (...) Unsere Freunde sind jetzt so, wie sie immer sein werden; keiner wird sich mehr ändern. Man hat alles erlebt: Sex, Liebe, Freundschaft, Drogen, sogar Ruhm, sogar die Grenzen des eigenen Ich.«

Die Welt schrumpft zu etwas Altbekanntem zusammen. Das Gefühl, »daß die Zeit anhält und sich nichts mehr bewegt« (Fried 1967, S. 94), kann sich in eigentümlicher Weise mit dem Gefühl mischen, daß die Wochen und Monate dahinrasen. Für den, der »Bescheid weiß«, beschleunigt sich der Zeitfluß: Da war »wieder« das und »wieder« jenes, und es wird wieder das und wieder jenes sein – und wieder zu Ende gehen. Dabei aber läßt die Vorhersagbarkeit die Dinge unbewegt erscheinen, eingehüllt ins graue Gewand des Einerlei.

Wie im Jugendalter das Empfinden verbreitet ist, im Gefängnis der Gesellschaft eingesperrt zu sein, macht sich in den mittleren Lebensjahren das Gefühl breit, in der Falle des Berufs zu sitzen. Aber man sitzt dort freiwillig *und* unfreiwillig. Man kennt den Laden und die Leute, auch wenn sich dauernd etwas ändert. Man hat sich eingerichtet, hat sein Auskommen, hat Ärger, hat so seine Gewohnheiten und ist gelangweilt. Die tägliche Berufsarbeit ist oft nicht mehr der Rede wert.

In Katherine Mansfields (1888 - 1923) Erzählung *An der Bucht* sagt Jonathan, dessen Haare allmählich grau werden, zu seiner Schwägerin, daß es ihm »blöde und teuflisch« erscheine, täglich ins Büro zu gehen (1983, S. 370):

> »Kannst du mir sagen, was der Unterschied zwischen meinem Leben und dem Leben eines gewöhnlichen Sträflings ist? *Ich* kann nur einen Unterschied sehen: daß ich mich selbst ins Gefängnis begeben habe und daß niemand mich je wieder herauslassen wird. Die Situation ist also noch unerträglicher. Denn wenn ich gegen meinen Willen – vielleicht sogar um mich schlagend – hineingestoßen worden wäre, dann hätte ich, sobald die Türe zu war, oder jedenfalls im Lauf von etwa fünf Jahren oder so, die Tatsache hingenommen und angefangen, mich für die Fliegen zu interessieren oder die Schritte des Wärters im Gang zu zählen (...). Doch wie die Dinge jetzt stehen, bin ich ein Insekt, das aus freiem Willen in ein Zimmer geflogen ist. Ich pralle gegen die Wände, pralle gegen die Fensterscheiben, bumse gegen die Decke, ja tue alles nur Menschenmögliche – ausgenommen, daß ich wieder rausfliege.«

Die geöffnete Tür des Büros findet das Ich meist nur in der Phantasie: auf und davon fliegen, irgendwo anders etwas ganz anderes beginnen – natürlich mit einem neuen, jüngeren, attraktiven Lebenspartner. Aber diese Phantasien sind doch oft vom Licht der Lebenskenntnis gebleicht und von »Na und - Gefühlen« angekränkelt; denn wer viel durchlebt hat, wird auch im ganz anderen viel allzu Bekanntes und Schales finden.

Gerhard Hoffnung

Die existentielle Langeweile des ernüchterten Menschen

Onkel Benjamin, der schrullig-weise Titelheld von Claude Tilliers (1801 - 1844) Roman (1843), hat vier Jahrzehnte hinter sich (1. Kap.):

> »Was heißt leben! Aufstehen, sich schlafen legen, frühstük-ken, mittagessen und am anderen Morgen von vorn anfan-gen. Wenn man das vierzig Jahre geübt hat, ist es am Ende recht fade geworden.
>
> Die Menschen gleichen Zuschauern bei einem Schauspiel, welche Abend für Abend, die einen auf Sammetpolstern, die andern auf nackten Bänken, die Mehrzahl aber auf Stehplät-zen, dasselbe Stück ansehen; alle gähnen bis zum Kieferver-renken, alle sind sich einig, daß all das todlangweilig ist, daß

sie viel besser in ihren Betten lägen, aber nichtsdestoweniger will niemand seinen Platz aufgeben.

Leben – ist es die Mühe wert, auch nur die Augen zu öffnen?«

Onkel Benjamin weiß bitter-fröhliche Liedchen von der Vergeblichkeit, der langen Schleppe der rasenden Zeit, zu singen: »Wir haben kaum die Zeit, zu einer Frau zu sagen: ›Ich liebe dich!‹ Bei unserm zweiten Kuß ist sie eine alte Schachtel. Kaum sind die Reiche aufgerichtet, so stürzen sie wieder zusammen.«

Junge Menschen scheinen mit ihrem Idealitätshunger und ihren überweltlichen Sehnsüchten sozusagen an die Grenzen der vorhandenen Welt zu stoßen. Menschen im mittleren Lebensalter dagegen stoßen an ihre eigenen Grenzen. Wenn Säfte und Kräfte nachlassen, wenn die Zukunft schrumpft und der Tod ins Blickfeld tritt, wird die Frage dringlich, was das Leben bisher gebracht hat. Welche Resultate gibt es? Nach welchen Bewertungskriterien kann ich sagen, nicht »umsonst« gelebt zu haben? Welche Chancen habe ich verpaßt, und welchen Pflichten bin ich aus dem Weg gegangen?

Die neue, intensive Erfahrung der eigenen Vergänglichkeit schärft den Blick nach rückwärts und nach innen. Nun werden bei der Lebensbewertung Wünsche und Wirklichkeiten genauer getrennt; Kulissen werden beiseite geschoben und Masken abgenommen. Diese Ernüchterung endet häufig in gewissen Gefühlen von »-losigkeit«: Das Dasein ist farblos und ich bin lust- und leblos. Andeutungen dazu bringt Dieter Wellershoff (1974, S. 58):

»Manchmal in ungeschützten Augenblicken. Es ist eigentlich nichts. Nur eine Art Zerstreutheit und, wie soll ich es sagen, so ein fader Geschmack, der aber nicht in mir zu sein scheint, sondern in der Welt. Er haftet allem an, ich glaube es sehen zu können. Als wäre alles überzogen mit einem stumpfen Lack.«

Eine innere Leere im Jugendalter folgt dem Abbruch der Bindungen der Kindheit. Eine innere Leere im mittleren Erwachsenenalter* folgt dem Abbruch von Teilen eines Idealselbstes,

---

* Der Regisseur Peter Stein über die Theaterkritik: »Es gibt auf seiten der Leute, die in Deutschland Theater professionell beurteilen, eine mindestens so große

das sich in der Lebensrückschau nicht annähernd verwirklicht findet. Existentielle Langeweile umgreift die stille Trauer darüber, daß viele Hoffnungen und Erwartungen an das Leben sich als vergeblich herausstellten. Das Individuum sieht sich genötigt, das Bild von sich selbst zu ändern und dabei einige Farben und Vorspiegelungen wegzulassen. So mag es sich und seine Welt zeitweise innerlich ausgehöhlt finden. Zwei Verse aus dem Gedicht »Taedium vitae« von Ferdinand v. Saar (1833 - 1906; 1888, S. 189 f.):

> Und dann des Tags Geleise,
> Das ew'ge Einerlei –
> Die Erde samt dem Himmel
> Ein ausgeblasnes Ei.

> Und rings die Ideale
> Wie Disteln abgeköpft,
> Und jede Kraft verdrossen,
> Und jeder Wunsch erschöpft.

Wie das Jugendalter ist das mittlere Lebensalter eine Zeit der verstärkten Beschäftigung mit sich selbst. Darunter können zeitweise die Beziehungsfähigkeit und die Teilnahmebereitschaft leiden, was wiederum die Langeweilegefühle vergrößert. In die Auseinandersetzung mit sich selbst verstrickt, interessiert sich die Person weniger für andere Dinge und Menschen, für alte Freunde oder den Ehepartner, und findet alle und alles furchtbar langweilig.

Ehealltag und Eheallnacht derer, die 20 Jahre lang verheiratet sind, scheinen ja oft ziemlich fad zu sein. Wenn geteiltes Leid halbes Leid ist und geteilte Freude doppelte Freude, dann ist geteilte Langeweile wohl vierfache Langeweile. Diese Langeweile aber ist teilweise rückführbar auf die narzißtische Beein-

---

Krise wie auf der Bühne (…). Weil sie es selbst beim Theater nicht schafften, haben sie nun gegenüber allem, was da passiert, den totalen Dégoût. Das ist zum Teil eine Altersfrage: Die sind nämlich auch alle fuffzig. Menschen in diesem Alter sind nicht besonders ansehnlich – schauen Sie mich an –, die haben ihre ganz besonderen Schwierigkeiten und stilisieren diese extrem. Genauso läuft das in der deutschen Theaterkritik: Die langweilen sich alle zu Tode und kippen das auf Feuilletonseiten aus« (*Frankfurter Rundschau*, Nr. 213, 14.9.89, S. 14).

trächtigung der Beziehungsfähigkeit. Daraus erklärt sich nach Barbara Fried (1967, S. 108 ff.) auch, daß Seitensprünge von verliebten Vierzigern oft sehr schnell in der Dürrezone der Langeweile enden, wenn die körperliche Leidenschaft verdampft ist und das »Verhältnis« zur Beziehung verfeinert werden müßte. Denn, so die Autorin, viele Männer um 45 wollen – ähnlich wie Jugendliche – nur *sich selbst* in den Augen der anderen widerspiegeln, weil sie sich leer fühlen und eines angemessenen Selbstbildes nicht sicher sind.

Der »Gewinn von Einsamkeit« und die schöpferische Langeweile

Der Tod wird in der Lebenswende geboren, sagt der Psychologe Carl Gustav Jung (1875 - 1961). Die neue Aussicht auf den eigenen Tod vereinzelt die Menschen und macht sie möglicherweise unabhängiger von anderen. Die letzte Wahrheit der Lebensmitte lautet nach Gail Sheehy (1976, S. 303): Wir stehen allein. »Da ist kein schutzbringender anderer mehr in den dunklen Räumen deiner Seele. Es ist keiner da, der immer für dich sorgen, keiner, der dich niemals verlassen wird.« Es dauert ein halbes Leben lang, meint Jung, bis wir merken, daß für unsere innere Freiheit und innere Sicherheit nicht andere Menschen verantwortlich sind, sondern wir selbst. Diese neue Einsamkeit erlaubt eine vertiefte Beziehung zum anderen, da man ihn weniger »braucht« als »meint«.

Im Roman *Drei Flötentöne* von Jeannie Ebner sieht eine Frau sich und ihren Mann »langsam auf den Tod zugehen«:

> »Wir halten uns beim Gehen an den Händen, auch wenn wir nicht Hand in Hand gehen, denn in meiner Hand ist die Erinnerung an deine Hand konstant fühlbar und umgekehrt in deiner das Wissen um die meine – oder bilde ich mir das nur ein? Aber so etwas Absurdes kann man dich nicht fragen, denn du gehörst zu den Leuten, die lieber nicht zuviel wissen wollen.«

Diese Frau sagt ihren jungen Arbeitskolleginnen, daß zu einer guten Ehe ein »schönes Quantum Langeweile« gehöre. Sonst sei sie ungenießbar bis katastrophal, sobald die ersten Jahre vorüber seien.

In der neuen Einsamkeit scheint ein Vermögen zur schöpferischen Langeweile zu stecken, die in neue Betrachtungs- und Erlebnisweisen münden kann. Das Schöpferische besteht nicht nur im »Machen«, sondern auch in einer neuen Offenheit für scheinbar altbekannte Dinge. Ein 50jähriger Mann sagt (zit. nach Andriessen 1972, S. 182):

> »Ich habe eine Stunde lang dagesessen und einfach nur geschaut, nach den Wolken und so. Davon verstehe ich zufällig was. Aber wenn man sich mal die Zeit nimmt, so zu gucken, dann sagt man sich doch: Das ist mehr als nur eine Frage des Verdampfens. Man erkennt da eine andere Wirklichkeit drin. Und dann sieht man mit einemmal, wer man selbst ist, wie man zum Schöpfer steht. Und wenn man dann wieder bei seiner Arbeit ist, kann die Erfahrung schnell wieder verschwimmen. Dann landet man wieder auf seiner alten Straße.«

Die schöpferische Langeweile auf der Parkbank kann offenbar gegen den Trott und die Gesichtskreisverengung am Arbeitsplatz nicht allzu viel ausrichten. Aber dennoch vertieft die stille Kreativität »nach innen« die Person und damit die Welt, in der sie lebt. Die Besinnung auf sich selbst kommt in diesem Alter, in dem die Erfahrung der eigenen Vergänglichkeit eine Begegnung mit der eigenen Einsamkeit erzwingt, häufig zurück auf die gemeinsamen Grundlagen allen Lebens, auf die schöpferische Langweiligkeit des puren Seins und Werdens. »Pflanzen sind Meister des Müßiggangs«, erkennt der Schriftsteller Karl Heinrich Waggerl (1897 - 1973) bei seinen Bergwanderungen, »sie bewältigen ihr gnadenloses Schicksal einfach dadurch, daß sie da sind« (1987, S. 49).

Soziale Unterforderung und existentielle Langeweile im Alter

Hängen Langeweilegefühle in der Jugend und im mittleren Alter vorrangig mit den Prozessen der Selbstfindung zusammen, so im Alter vor allem mit sozialer Unterforderung. Alte Menschen, insbesondere die ökonomisch schwächeren, erfahren in unserer Gesellschaft, die den Leistungsbegriff auf Erwerbsleistung einzuengen tendiert, häufig eine soziale Entwertung. Im Zuge des schnellen gesellschaftlichen Wandels besteht oft wenig Nachfrage nach ihren »überholten« Lebenserfahrungen und »veralteten« Fertigkeiten. Ihre sozialen Teilhabechancen sind verringert. Man will wenig von ihnen und man hört wenig auf sie. Sie erwarten so wenig vom Leben wie von ihnen erwartet wird. So herrscht im gesellschaftlichen Niemandsland des Alters vielfache existentielle Langeweile.

> »Wenn ich«, erzählte eine 80jährige Frau, »bei meiner Tochter die Treppe putzte, hieß es gleich: ›Das hast du nicht nötig, ruh dich aus!‹ Gut gemeint, aber: ich muß was tun, sonst sterbe ich vor Langeweile.«

Die Arbeitsmoral, der sie sich ein Leben lang verschreiben mußten, wirkt oft bis ins hohe Alter nach. »Etwas tun« heißt arbeiten – und wenn es keine Arbeit für sie gibt, beschaffen sie sich welche, wie die Schriftstellerin Friederike Mayröcker (geb. 1924) einmal mit dem boshaften Blick einer kleinen Urenkelin schreibt (1986, S. 79):

> »Ach meine fünffachen Urgrosztanten in ihren letzten Jahren waren anfällig geworden für Langeweile, sie litten unter ihren langweiligen Tagen. Sie verachteten aber die Faulheit, so sehr, dasz sie, um die Nachmittage und Abende herumzubringen, in vollkommen intakte Strümpfe Socken und Beinkleider Löcher schnitten und rissen, ja sie schnitten und rissen Löcher um sie hernach wieder zustopfen zu können, damit war der Tag gerettet. Ach, obwohl sie die Faulheit so verachteten, brachten sie es zuwege, stundenlang also mehrere Stunden vor der verabredeten Zeit mit den Händen im Schosz zu sitzen, im Fleisze die Daumen drehend, die gepackten Lederhandtaschen neben sich auf dem Fuszboden, im Vorzimmer die Eingangstür anvisierend in Erwartung des Abgeholtwerdens, zu Weihnachten, Ostern, wenn wir sie holen würden um sie dem Kreis der übrigen Familie einzuverleiben.«

Viele Menschen, die als Rentner oder Pensionäre aus dem Bannkreis der (oft fremdbestimmten) Arbeit treten, gelangen in eine befremdliche Situation. Einerseits müssen sie ständig eigene Entscheidungen treffen, müssen sich die Zeit selbst einteilen und die Orte selbst aussuchen; andererseits fehlt es, da oft keine Nachfrage nach ihren Anwesenheiten und Fertigkeiten besteht, an Entscheidungsmasse, -druck und -kriterien. Eigentlich ist es ja egal, wann sie was tun oder unterlassen. Das Handeln in der Gegenwart verliert ohne rechten Anschluß an die Vergangenheit und ohne perspektivische Einbindung in die Zukunft an Kontur und Sinn. Das ist der Nährboden einer existentiellen Langeweile, die als eine Art von ruheloser Lähmung fühlbar wird.

Freilich, die Umfrageforschung macht vergleichsweise wenig alte Menschen aus, die sich langweilen. »Leiden Sie unter Alleinsein und Langeweile?«, wurde im Jahr 1972 eine repräsentative Auswahl von Bundesbürgern über 65 gefragt. Nur 7% bejahten die Frage, und 12% gaben an, »gelegentlich« oder »selten« darunter zu leiden. »Der hohe Anteil der Nein-Antworten macht es nötig, die Ansichten von den alleingelassenen und sich langweilenden älteren Menschen erheblich einzuschränken« (Pieper 1976, S. 298).

Das klingt beruhigend, ist aber ein wenig vorschnell. Denn die Frage*formulierung* entscheidet mit über die Antwortenverteilung. Zum einen findet sich dort das ziemlich starke Wort »leiden«, das manchen Befragten möglicherweise nicht treffend zu sein scheint. Zum anderen wird Langeweile an »Alleinsein« gekoppelt, so daß etwa diejenigen Senioren, die nicht allein leben, die Frage eigentlich kaum bejahen können. So ergibt sich für den Autor, was Wunder, daß vom »Problem der Isolierung und Langeweile« in größerem Umfang nur die Alleinstehenden, also vor allem die älteren Frauen, betroffen sind.

In der sogenannten Leistungs- und Erfolgsgesellschaft gibt es das ungeschriebene Verbot, viel Zeit zu haben. »Wer zugibt, viel Zeit zu haben, disqualifiziert sich selbst und scheidet aus der Gesellschaft derer, die etwas leisten, etwas fordern, etwas erhalten können, aus« (Luhmann 1971, S. 156). Gerade ältere Menschen halten sich oft sklavisch an das Verbot. Statt freimütig festzustellen, daß sie Zeit übrig haben und auch mal nicht so recht wissen, was sie damit anfangen sollen, malen sie oft das Bild des immer beschäftigten Ruheständlers aus, der von einer Verpflichtung zur anderen eilt (vgl. auch oben S. 121 das Zitat aus der »Glocke«). Auch wenn diese Geschäftigkeit manchmal leerläuft, erfüllt sie doch wichtige Funktionen. Sie rechtfertigt in einer gesellschaftlichen Umgebung, die Müßiggang abschätzig beurteilt, die Lebensform ohne Erwerbsarbeit, ermöglicht überhaupt erst »Freizeit« im Ruhestand und schirmt gegen die Einschätzung ab, endgültig zu »den Alten« zu gehören.

Daß Langeweile eigentlich verboten ist, bestätigt indirekt auch der Lokalreporter der *Frankfurter Rundschau*, der (im Rahmen einer Altenhilfsaktion) eine 76jährige in ihrer kleinen Wohnung besucht (*Frankfurter Rundschau* Nr. 272 vom 22.11.1988, S. 12). Denn er bestätigt der Seniorin eine ungewöhnliche »Art, die Dinge offen zu benennen, wie sie sind«:

> »So sieht sie den Alltag als Rentnerin mit schmalem Geldbeutel: ›Morgens aufstehen, anziehen, frühstücken, Wohnung putzen und dann – Wartesaal.‹
> Zur Demonstration des Gesagten setzt sie sich auf einen Stuhl und hebt den Blick gelangweilt zur Decke.«

Manch ein frischgebackener Ruheständler wird »kribbelig«, wenn die ersten sechs Wochen des Aufatmens nach der Pensionierung vorbei sind. Er streicht unruhig in der Nähe der Firma herum und will doch nicht gesehen werden, weil er nicht mehr dazugehört. »Und wenn sie ihm sagten, ›sei doch froh, jetzt kannst du den ganzen Tag machen, was du willst‹, dann war sein Lächeln nur gequält« (Kraus 1986). Er spürt einen weitreichenden Umweltentzug.

Die soziale Unterforderung und damit die Langeweile verstärken sich häufig nach dem Tod des Ehepartners. Die Unterforderung kann bis zum »sozialen Tod« führen, in dem der alte Mensch, von dem man kaum noch Kenntnis nimmt, zutiefst vereinsamt. Wenige Kontakte zu haben muß freilich noch nicht zu Verlorenheits- und Einsamkeitsgefühlen führen. Auf die Frage nach ihren Kontakten zu anderen Menschen antwortet eine 75jährige Frau (zit. nach Dießenbacher 1985, S. 56):

> »Ne, ich bin 'n einsamer Mensch, sag ich immer. Ich bin am besten zufrieden, wenn ich alleine bin und so für mich hindrämeln kann. Nee, ich bleib', wo ich bin. Hier sterb' ich, und hier leb' ich. Ich bin eben so. Kann's nicht helfen. Puhl' mir in 'ne Nasenlöcher (lacht). Ja, was soll ich denn machen? Mich

kratzen? Lesen tu' ich, so Schnulzen, Räuberpistolen und sowas, Abenteuerromane. Handarbeiten fang ich an, schmeiß ich wieder in die Ecke, dann fang ich nochmal an und nachher hab' ich keine Lust mehr. Und dann hier der Fernseher. Der ist auch von der Fürsorge, den haben sie mir bewilligt.«

Es wird auch deutlich, wie diese Frau ihre Langeweile schlecht und recht und mit einem Stückchen Selbstironie bewältigt.

Während im mittleren Lebensalter das Gefühl verbreitet ist, daß die Tage, Wochen und Monate beschleunigt vergehen und dennoch alles »stillsteht«, kommt es dem alten Menschen eher umgekehrt vor: »Jeder Tag eine kleine Ewigkeit. Aber wo sind all die Jahre geblieben?«

Das Elend der modernen Konsum- und Entertainmentgesellschaft:
Die Vermehrung der Langeweile durch ihre unaufhörliche Bekämpfung

Langeweilegefühle haben, wie dargelegt, die Selbstentdeckung des Subjektes zur Voraussetzung. Das gilt gattungsgeschichtlich ebenso wie lebensgeschichtlich: Naturmenschen ohne »Bildung« und Kindern ist Langeweile fremd. In den modernen Gesellschaften erfahren die meisten Menschen eine gewisse Kultivierung und Subjektivierung, so daß sie nach sich selbst als einem sinnbedürftigen und unverwechselbaren Individuum fragen und gewisse Ansprüche an sich selbst richten können. Insofern dürften die Neigungen zu Langeweilegefühlen in modernen Gesellschaften weiter verbreitet sein als in vormodernen.

Gleichzeitig aber sind Langeweilevertreibungs- oder -verhinderungsindustrien in weltumgreifendem Ausmaß entstanden. Nun verringern aber die unaufhörlichen Versuche, Spaß und Vergnügen zu schaffen, die Langeweile beileibe nicht, sondern – so die These – vermehren sie und verdecken sie allenfalls notdürftig.

Bevor dieser These näher nachgegangen wird, noch einige Bemerkungen zu einer Hauptursache von Langeweile in den modernen Gesellschaften. Die Selbstentdeckung des Subjektes ist ja keine eigentliche Ursache von Langeweile, sondern eine Voraussetzung. Unterschiedliche Ursachen nennen die oben aufgeführten »Erklärungsansätze«, die dann zum Teil bei der Beschäftigung mit Langeweile zu verschiedenen Zeiten und in verschiedenen Lebensphasen aufgegriffen wurden.

Eine Hauptursache von Langeweilegefühlen in den modernen Gesellschaften liegt in der Einschnürung und Hemmung von Kompetenz- und Effektanzmotivationen. Im »Selbstbewußtsein« des modernen Menschen steckt der Wunsch, sich selbst »zu verwirklichen«. Wo soll das geschehen? Nach wie vor bestimmt Erwerbsarbeit einen großen Teil des Lebens der meisten Menschen. Zwar geht die Jahresarbeitszeit allmählich zurück – in der Bundesrepublik für Vollzeitbeschäftigte von 2100 Stunden im Jahre 1960 auf 1700 Stunden zwanzig Jahre später –, aber der Arbeitsgesellschaft geht noch lange nicht die Arbeit aus. Dabei steigt der Anspruch der Arbeitnehmer an die Erwerbsarbeit: Immer weniger Menschen finden ihre Arbeit insgesamt »interessant« (Opaschowski 1983, S. 31) oder sehen in ihrem Beruf persönliche »Verwirklichungs-chancen«.

Die durchschnittliche Erwerbsarbeit *unterfordert* den Täti-gen oft in motorischer, intellektueller und imaginativer Hin-sicht und *überfordert* ihn oft in nervlicher Hinsicht, vor allem aufgrund andauernder einseitiger, konzentrierter Anspannung und Zeitdruck. Wenn die gedanklichen Anforderungen und die potentiellen Fähigkeiten in einem Mißverhältnis zueinander stehen, wenn ewige Wiederholungen stattfinden, wenn die Er-messens- und Entscheidungsspielräume klein und die Zeitnot groß ist, ergeben sich kaum »innere Arbeitserträge«, die den Betreffenden bereichern. Viele Arbeitnehmer befinden sich in einer Art von gehetzter Passivität. Die Gleichgültigkeit gegen eine Arbeit, die Selbstentfaltung behindert und eine innere Leblosigkeit erzwingt, geht einher mit Empfindungen von überdrüssiger oder existentieller Langeweile, die freilich von täglicher Hektik und »Streß« überdeckt wird.

Der lange Schatten der Arbeit fällt auch über die Freizeit. Wer den ganzen Werktag über einem Zeitdrill ausgesetzt und von verantwortlichen Entscheidungen weitgehend ausge-schlossen ist, tut sich oft sehr schwer, die Freizeit in zeitliche Eigenregie zu nehmen und zu einem Feld selbstbestimmter Ei-gentätigkeiten zu machen. Das wird zum Beispiel deutlich, wenn ungelernte Bandarbeiterinnen sagen (nach Volmerg u. a. 1983, S. 268):

> » ›Wenn ich zuhause bin, hab' ich nur Langeweile. Mir fehlt dann die Arbeit, ich habe niemand zur Unterhaltung.‹ Eine Kollegin bestätigt: ›Ja, wenn ich zuhause sitze, dann bin ich ziemlich nervös, dann weiß ich nicht, was ich zuerst und zu-letzt machen soll. Wenn ich auf Arbeit bin, dann weiß ich, was ich machen muß.‹ «

Eine uninteressante Arbeit fördert auf Dauer eine allgemeine Interessenlosigkeit – und diese erleichtert es wiederum (neben der Unterhaltung mit Arbeitskollegen), die uninteressante Arbeit auf Dauer zu ertragen. Die Fremdbestimmung der Arbeitsziele bedingt tendenziell eine gewisse Ziellosigkeit des Freizeitverhaltens. Die Unterforderung und Verarmung am Arbeitsplatz münden oft in Überforderung durch eigene Freizeitgestaltung.

So würde die Langeweile der inneren Leere, die am Arbeitsplatz oft von Anspannung und Streß überdeckt ist, in der Freizeit in großem Umfang und mit schwer absehbaren Folgen offen zutage treten, wenn nicht moderne Unterhaltungs- und Erlebnisindustrien einsprängen: allen voran das Fernsehen, das – wie viele Untersuchungen zeigen – unter den Freizeitbeschäftigungen an erster Stelle steht, und die moderne Konsumgüterindustrie, die dem Einkaufen und Gebrauchen aller möglichen Waren mittels Reklametechniken den Wert von herausragenden »Erlebnissen« anhängen will. Aber Fernsehunterhaltung und Konsumerlebnisse können Langeweile nicht überwinden. Im Gegenteil: Sie vermehren sie *und* scheinen sie gleichzeitig zu übertönen.

Der gähnende Konsument im buntbewegten Paradies der Waren

Die kulturoptimistische These der Aufklärung, daß die Menschen nach Überwindung der Armut und Erreichung eines gewissen Lebensstandards zu Philosophen oder Künstlern würden, hat sich nicht so recht bewahrheitet. Statt sich der Betrachtung der Natur und ihrer Wunder hinzugeben oder sich für die Humanisierung der menschlichen Verhältnisse zu engagieren, jagen die meisten Menschen in den wohlhabenden Gesellschaften ohne Unterlaß hinter Konsumgütern her – auf Kosten der Umwelt und im Wettlauf mit der Mitwelt. Man stelle sich nur vor, die Menschen würden die Zeit, die sie sich zum Ansehen von Werbespots im Fernsehen nehmen, auf die Bewunderung von Wolkengebilden oder Herbstblättern verwenden. Aber wer ist denn so weltabgewandt!

Der Warenreichtum einer Gesellschaft läßt nicht auf Bedürfnisreichtum schließen. In den modernen kapitalistischen Gesellschaften ist die Neigung weit verbreitet, die Freiheit und Vielfalt der Wahlmöglichkeit zwischen verschiedenen Produkten mit der Freiheit und Vielfalt des Lebens und Denkens zu verwechseln. Diese Neigung wird von den Konsumgüterindustrien, Banken und Werbeagenturen nachdrücklich gefördert. Der Kaufhunger der Konsumenten kann nur dann erhalten und gesteigert werden, wenn möglichst viele Wünsche und Phantasien an Waren- und Dienstleistungsangebote angebunden werden. Alle menschlichen Nachfragen nach Lebenssinn, Glück, Solidarität oder Unverwechselbarkeit werden von der Industrie aufgegriffen, gefiltert und als »Nachfrage« auf dem Markt verstanden. Jedes Verlangen soll auf etwas Käufliches bezogen werden, und das Kaufen soll zu einem »Erlebnis« werden. Die Waren- und Markenvielfalt erlaubt den Käufern, das scheinbar »Besondere« und »Individuelle« zu erwerben, und macht sie möglicherweise blind gegen den sanften Imperialismus von Industrie und Werbung, der auf die Vereinheitlichung und Degradierung aller Wünsche auf Wünsche nach Waren zielt.

Dauernd erneuerter Warenreichtum und auf Bedürfnisverengung abstellender Kaufdruck lassen in zweierlei Hinsicht Langeweile aufkommen: Zum einen werden viele Dinge, die eben auf den Markt kamen, durch dauernde »Innovationen« und Modewechsel entwertet und rufen nur noch ein Gähnen hervor. Zum anderen muß die Warenwelt zur Anstachelung der Kauflust Versprechungen machen, die sie nie und nimmermehr zu erfüllen vermag – was beim Konsumenten zu den unbestimmten Gefühlen der überfüllten Leere oder hungrigen Übersättigung führen kann.

Die Beschleunigung von Innovation und Modewechsel,
der vermehrte Kulturmüll und die überdrüssige Langeweile

In den westlichen Gesellschaften schwappen Mode- und Innovationswellen immer schneller und breiter über die Waren- und Ideenwelten – wobei sich technisch-funktional bedingte Neuerungen mit absatzpolitisch bedingten und modisch bedingten häufig bis zur Ununterscheidbarkeit vermischen. Oft ist es doch nur eine dauernde Wiederkehr des Neuen, des alten Noch-nie-da-Gewesenen.

Immer mehr Dinge werden dem beschleunigten Innovations- und Modewechsel unterworfen. Das gilt für die körpernahen Selbstdarstellungsmittel (Kleidung, Schmuck, Frisuren; neuerdings Brillengestelle), für Architektur und Wohnungsausstattung oder für Geschenkartikel (vom Lieblingsmaskottchen für das Kleine über den hitlistenersten Song für den Halbwüchsigen, den Trendstrauß für die Mutter, den aktuellen Videorecorder für den Vater bis zum neuesten Herzstärkungsmittel für die Oma). Das gilt auch für Reiseziele, Hobbies, Zeichensysteme (Modeworte und -kürzel, Modefachsprachen), Nachrichten und Gesprächsthemen (vgl. die schwankenden Marktwerte von Informationen über Waldsterben, Ozonloch und Robbensterben) und für Meinungen, Engagements, Stimmungen, Ausdruckshaltungen oder Lebensentwürfe. Allenthalben lesen und hören wir von ihnen oder finden sie abgebildet: die neuen Jungen, die neuen Alten, die neue Frau, den neuen Mann – und es scheint oft so, als seien ihnen die Verfallsdaten hinten aufgedruckt.

Die Ursachen für das verstärkte Tempo der Mode- und Innovationszirkulationen sind neben technischer vor allem ökonomischer Art. Der drohenden Sättigung von Märkten kann der Industriekapitalismus, dessen entscheidende Antriebskraft die Aussicht auf Gewinne ist, unter anderem durch die Förderung eines beschleunigten kulturellen Verschleißes begegnen. Je mehr Dinge sich schnell überleben und kulturell und/oder sachlich veralten, desto mehr lassen sich – Kaufkraft und -lust vorausgesetzt – verkaufen. Die Kauflust wird durch Werbung angestachelt, die ja nicht nur bestimmte Produkte anpreist, sondern auch den Konsum als Lebensstil propagiert und die Steigerung der materiellen Ansprüche als entscheidenden Gewinn für die Person feiert.

Daß das modeschnelle Leben durchaus im Sinne vieler heutiger Menschen ist, hängt wieder mit dem modernen Leitbild der freien, einmaligen und unverwechselbaren Person zusammen. Denn dauernd in Trends und Modeströmungen (möglichst weit vorne) mitzuschwimmen, gibt dem konsumlustigen Individuum möglicherweise das Gefühl, frei, fortschrittlich und auf der Höhe der Zeit zu sein. Auch erlaubt es ihm, sich von anderen abzuheben *und* dazuzugehören: Ich zeichne mich vor anderen aus (die noch nicht oder zu spät im Trend liegen) und stehe doch nicht außerhalb (derer, die im Trend liegen wollen)..

Aus einem millionenfach verbreiteten Werbetext für ein »High Class Magazin für Frauen« (Frühjahr 1990): »VIELE GEHEN MIT DER MODE. Doch wenige sind ihr voraus. In MADAME finden Sie schon heute *Trends* von morgen und übermorgen.«

Der »letzte Schrei« tut ja erstmal so, als sei er das letzte Wort. Jeder Hit gibt sich als besser aus als sein Vorgänger. Jede Modeerscheinung will die bestmögliche Lösung für irgendein Problem sein. Aber bei der beschleunigten Entwertungs- und Veraltensgeschwindigkeit ist der letzte Schrei eigentlich schon verhallt, bevor er geschrien wurde – und geht über in ein lautes Gähnen. Denn die massenhaften Innovationen verwandeln sich für die, die jeden neuen Trend zu wittern versuchen, beschleunigt in einen Kulturmüll, der sich allenthalben auftürmt und sie zutiefst anödet.

Der Leitsatz eines großen westdeutschen Modehauses in unzähligen Anzeigen lautete: »Heute ist Heute – Gestern war anders.« Aber die Dinge und Themen von gestern sind nicht aus der Welt. Sie finden sich überall. So ist die Welt gerade für diejenigen, die über Trends schon reden wollen, bevor sie kommen, überfüllt von Sachen und Gedanken, die immer schon wieder »out« und deshalb fad sind. Wer – mit freundlicher Empfehlung der Gebrauchsartikel- und Kulturgüterindustrie – dauernd »aktuell« leben oder sogar »der Zukunft voraus sein« (Werbeslogan einer Bekleidungsfirma) will, wird oft überdrüssige Langeweile empfinden angesichts all der nicht mehr aktuellen Dinge, die ihn umgeben.

Der Song »Out« der Klaus Lage Band (auf der Platte *Heiße Spuren*, Büchergilde Gutenberg 1985) kennzeichnet ironisch die gnadenlosen kulturellen Entwertungsprozesse:

> Rap ist out – Punk ist out
> Rock'n Roll und Funk ist out
> Cola light und Koks – out
> geil und ätzend – auch out

Toscana out – Kreta out
der »Spiegel« und der »Stern« sind out
Schöner wohnen out
Drei-Tage-Bart auch out
Breakdance ist ja dermaßen out

Out – out und vorbei
Out – out und vergessen
Out – out und vorbei
vergiß es

Wald ist out. Du bist out
Stricken und WGs sind out
Ohrring und Bhagwan – out
Bin echt betroffen – auch out
Bauernhäuser sind ja so out

Out – out und vorbei (...)

Rote out – Grüne out
Birne und Bananen – out
Bürgerinitiativen – out
Empfindsamkeit – auch out
Frieden, Mann, ist ja sowas
von dermaßen absolut out, Mann!

Die »In-Ichs« mit dem feinnervigen Gespür für den Zeitgeist
holen sich ihr Vergnügen und ihre Selbstwertgefühle aus ihrer
dauernden modischen Erneuerung und fühlen sich dabei in
einem fort gelangweilt durch die vergangene Gegenwart der
verblichenen und überholten Waren und Themen.

Die existentielle Langeweile angesichts der unerfüllbaren
Verheißungen der Warenwelt

Nach Aussagen von Werbefachleuten ist der Verbraucher in
Mitteleuropa täglich einem »Werbekonzert« (Haase 1986, S. 9)
von 2500 bis 3000 Werbeimpulsen ausgesetzt. Ob die Töne nun
sanft oder schrill, einschmeichelnd oder aufschreckend sind,
mit denen jeder Spieler auf sich aufmerksam machen will – *ein*
Ziel verfolgen so gut wie alle: Sie wollen den Zuhörer unzufrie-

den machen oder ihn in seiner Unzufriedenheit bestärken, um ihm Befriedigungsmittel anbieten zu können. Verbraucher dürfen nie so zufrieden sein, daß sie möglicherweise auf den schlimmen Gedanken kommen, eigentlich nichts (anderes oder Neues) mehr zu brauchen. Werbung hat also die sonderbare Aufgabe, dem Konsumenten jede Wunscherfüllung und Problemlösung mittels dinglicher und audiovisueller Waren zu versprechen und dennoch seinen Hunger nach (neuen und anderen) Waren unersättlich zu halten. Nur wenn die Verheißungen nie voll erfüllbar sind und immer neue Erfüllungen in Aussicht gestellt werden, besteht die Chance, daß der Käufer immer weiter kauft.

Die Werbetechniken der schönen Lügen sind vielfältiger Art und können hier nicht dargestellt werden. Nur soviel: Viele Produkte werden aufgeladen, indem sie mit Sehnsüchten (nach Liebe, »Größe«, Erfolg und Teilnahme; nach glücklichem Familienleben, nach Ausbruch aus der Enge des Alltags, nach unzerstörter Umwelt) oder Ängsten (vor Konflikten, Isolation, Krankheit, vor dem Altern) in Verbindung gebracht werden. Oder die Produkte werden zu »Stars« beseelt, die einen bestimmten »Charakter« oder »Stil« haben und mit denen man »kommunizieren« soll – und das heißt, sein Ideal selbst hineinprojizieren soll (z. B. in ein Automobil).

Angeboten wird ein Traum, verkauft wird ein Produkt. Die mehr oder minder enthüllten weiblichen Brüste auf Glanzpapier oder Mattscheibe sind heute nach Sloterdijk (1983, Bd. 1, S. 280 f.) ein bevorzugter Anlaß zum Träumen – die »modernen Geschäftsbrüste«:

»In der modernen Medien- und Modezivilisation herrscht ein atmosphärisches Gemisch aus Kosmetik, Pornographie, Konsumismus, Illusion, Sucht und Prostitution, für das die Enthüllung und Abbildung von Brüsten typisch ist. In der Warenwelt scheint nichts mehr ohne sie zu gehen. Jeder spekuliert zynisch auf die Suchtreflexe der anderen. Bei allem, was nach Leben aussehen und Wünsche wecken soll, sind sie dabei, als Universalornament des Kapitalismus. Alles, was tot, überflüssig, entfremdet ist, macht mit lachenden Formen auf sich aufmerksam. Sexismus? Wenn es so einfach wäre. Reklame und Pornographie sind Sonderfälle des modernen Zynismus, der weiß, daß die Macht den Weg über die Wunschbilder gehen muß und daß man die Träume und Süchte der andern zugleich reizen und frustrieren kann, um die eigenen Interessen durchzusetzen.«

Die meisten Menschen im Westen können sicherlich zwischen dem großen Traum (von Liebe, Lust und Abenteuer) und dem banalen Produkt (z.B. einer Seife) unterscheiden. Die meisten Menschen lassen sich nicht einfach von der werbepsychologischen Warenzauberei blenden, die das Creme-Bad zu Zärtlichkeit werden läßt, den Schokoladenriegel zu Spaß, das Waschpulver zu Mutterliebe, die Margarine zu Frühstücksglück, das Auto zu männlicher Ausstrahlung oder die Lektüre der Regenbogenpresse zu Weltoffenheit. Aber die Träume, Sehnsüchte und Werte verlieren dadurch, daß sie von der Reklame inflationär beschworen und unterschiedslos auf alle möglichen banalen Gegenstände und Nachrichten bezogen werden, für viele Menschen an Bedeutung und Gewicht.

Wer dauernd mit Werbebotschaften traktiert wird, mag sich an den schönen Vorspiegelungen ein wenig ironisch distanziert ergötzen, glaubt aber am Ende gar nichts mehr »wirklich« – ohne eigentlich zu wissen, wie man sein Glück anders als warenförmig und konsumierend erlangen kann. »Wo so viel als bedeutungsvoll und wertvoll hingestellt wird, wo sich so viel scheinbare Unentbehrlichkeit spreizt, ist endlich gar nichts mehr wichtig oder wertvoll« (Schmidbauer 1984, S. 100). Wenn die Dinge ebenso beliebig erscheinen wie die Worte hohl, die sie anpreisen, dann können Gefühle einer inneren Leere und Gleichgültigkeit, einer bohrenden existentiellen Langeweile mächtig werden: Alles ist großartig und alles ist nichts.

Der Ödnis des leeren Überflusses gibt der amerikanische Pop-Künstler Andy Warhol (um 1929 - 1987) den angemessen belanglosen Ausdruck. Nichts gilt außer der Wahrheit der Oberfläche: All is pretty und hat nichts zu bedeuten. So liefert er als Ikonen der allgegenwärtigen trivialen Waren- und Konsumwelt die serigraphisch vervielfältigten Super-Bilder von Cambell's Suppendosen (Chicken with rice, Scotch Broth,

Andy Warhol, One Hundred Campbell's Soup Cans

Cream of Vegetable, Onions usw.), von Coca-Cola-Flaschen, Dollar-Noten, Kuh- und Hollywood-Star-Köpfen oder Sensationstodesbildern aus Zeitungen (»Car Crash«, »Suicide«, »Electric Chairs«). Er sagt (nach Baacke 1987, S. 155):

»Ich fühle mich ebensosehr als Teil meiner Zeit, meiner Kultur, wie es Raketen und Television sind. Am besten gefallen mir amerikanische Filme; ich finde sie großartig; sie sind so klar, so wahr; ihre Oberfläche ist so großartig. Ich mag, was sie zu sagen haben. Im Grunde haben sie nicht viel zu sagen, und gerade deshalb sind sie so gut. Ich meine, je weniger etwas zu sagen hat, desto vollkommener ist es.«

Die Werbung und die Sensationsvermarktungsmedien haben die Maßstäbe zur Beurteilung von Dingen und Ereignissen in Beschlag genommen, trivialisiert und entleert. Eins ist wie das andere. In *The Philosophy of Andy Warhol* (1975) findet sich im Kapitel »Beauty« die lapidare Aufreihung (S. 70):

> A new idea.
> A new look.
> A new sex.
> A new pair of underwear.

Alles ist schön – mit kleinen Ausnahmen; was aber ist am schönsten (S. 71)?:

> The most beautiful thing in Tokyo is McDonald's.
> The most beautiful thing in Stockholm is McDonald's.
> The most beautiful thing in Florence is McDonald's.
> Peking and Moscow don't have anything beautiful yet.

Aber auch Peking und Moskau machen sich daran, schön zu werden.

Die existentielle Langeweile inmitten der Warenwelt schlägt sich häufig in einer Unzufriedenheit nieder, die man vor sich kaum begründen kann, und wohl auch in schlechter Laune, die so ganz im Gegensatz steht zur notorisch guten Laune der Phantommenschen in der Werbung.

Neben der Aufblasung trivialer Warenzusammenhänge durch trügerische Verheißungen und der Verseichtung aller Werte und Sehnsüchte zu etwas scheinbar Käuflichem gibt es in der modernen Konsumgesellschaft eine weitere Quelle dieser Langeweile. Denn wo es zum allenthalben propagierten guten Leben gehört, sich jede Bequemlichkeit und jeden »Genuß sofort« zu gönnen, mangelt es an »Lustgefühlen«. Wie erinnerlich (vgl. oben die psychologischen Erklärungsansätze: Langeweile durch Unterschreiten des Erregungsoptimums), läßt sich, verhaltenspsychologisch gesehen, »Behagen« von »Lust« unterscheiden. Behagliches Wohlgefühl breitet sich aus, wenn der Erregungspegel im oder nahe beim Optimum liegt, Lust dagegen stellt sich ein, wenn der Erregungspegel sich in Richtung Optimum verändert (Spannungsanstieg, Spannungsabbau).

Zu viel Wohlbefinden kann Lust verhindern. Wenn jeder kleine und größere Wunsch sofort erfüllt wird (was auch durch die Warendarbietungstechniken in Supermärkten und Kaufhäusern und durch das Kreditwesen sehr gefördert wird) und wenn keine körperliche oder geistige Anstrengung nötig ist, um zu Annehmlichkeiten zu gelangen, mangelt es an den Lustgefühlen von »Sehnsucht«, »Vorfreude«, »Aufregung«, »Abenteuer«, »Gelingen« oder »Erleichterung«. Die moderne Konsumgesellschaft hätschelt einen Menschen, der die Erfüllung von Wünschen nicht aufschieben oder zurückstellen will, der dauernd körperliche und geistige Kraft sparen will (ohne sie anderweitig zu verwenden), der schon beim allerersten Anzeichen, daß ihm das Wasser im Mund zusammenläuft, zubeißt. Aber in das komfortable Leben dieses Menschen fallen stete Wermutstropfen der Langeweile.

Die Langeweileverscheuchungs- und Langeweileerzeugungsmaschinerie: Das Unterhaltungsfernsehen

Heutige Menschen verbringen eine Menge ihrer Zeit vor dem Fernsehgerät. Um nur einige Zahlen zu nennen: Im Jahr 1988 lief der Apparat in bundesdeutschen Haushalten durchschnittlich rund 250 Minuten lang (bei leicht steigender Tendenz über die Jahre hin). Die durchschnittliche Sehdauer pro erwachsener Person betrug 1988 rund 155 Minuten und 1989 rund 153 Minuten[*] – und ca. 12 Minuten mehr, wenn ein Kabelanschluß vorhanden war (*Frankfurter Rundschau* Nr. 7 vom 9. 1. 1990). Der Anteil der sogenannten Vielseher, die über drei-

---

[*] Die durchschnittliche tägliche Sehdauer lag im Juni 1990 in der Noch-DDR höher als in der BRD: 171 Minuten.

Burkhard Fritsche

einhalb Stunden pro Tag fernsehen, liegt bei 25 bis 30%. Der Bundesbürger sitzt durchschnittlich pro Jahr also rund 100 Arbeitstage vor dem Fernsehgerät, die Hälfte seiner sogenannten verhaltensbeliebigen Freizeit. Fernsehen ist die häufigste Nennung bei Fragen nach Freizeitbeschäftigungen – wobei die Leute es oft gar nicht mehr als eigentliche »Freizeitbeschäftigung« ansehen, weil es so gewohnt und selbstverständlich ist. Der Durchschnittszuschauer will beim Fernsehen in erster Linie »unterhalten« werden.

In Frankreich betrug, wie breite demoskopische Erhebungen ergaben, die durchschnittliche wöchentliche Fernsehdauer 1983 ungefähr 16 Stunden und stieg bis 1989 auf etwa 20 Stunden an (*Frankfurter Rundschau* Nr. 93 vom 21.4.1990, S. 11).

In den Vereinigten Staaten ist das Fernsehgerät in den Haushalten durchschnittlich 7 Stunden pro Tag angestellt und der Bürger sitzt im Schnitt 4 Stunden davor. Ein 60jähriger Amerikaner hat etwa 10 Jahre seines Lebens vor diesem Kasten verbracht (und dabei ungefähr 1,5 Millionen Werbespots gesehen).

Eine Tätigkeit, der so viel Zeit geopfert wird, muß doch wirklich beliebt sein. So möchte man meinen. Aber es gibt eine Vielzahl von Anzeichen dafür, daß diese Tätigkeit gar nicht so beliebt ist und daß die Leute der langen Zeit, die sie vor dem Fernsehschirm verbringen, oft einen nur geringen Wert beimessen.

Die Mischung aus Gebanntheit und überdrüssiger Langeweile beim Fernsehen

Bei einer amerikanischen Untersuchung von 1960 – das (kommerzielle) Fernsehen war zu diesem Zeitpunkt in den USA schon längst fest eingeführt – wurde eine repräsentative Stichprobe gefragt, welche Freizeitaktivitäten am besten zu den vorgegebenen Sätzen paßten. Auf das Fernsehen treffen nach Auskunft der Befragten (in Prozent) zu (nach Prokop 1979, S. 4 f.):

> »Ich bin faul«: 49% (keine andere Freizeittätigkeit wurde diesem Satz häufiger zugeordnet); »eine perfekte Art, sich zu entspannen«: 42%; »ich sollte wirklich etwas anderes tun«: 31%; »das ist wirklich interessant«: 27%; »es fasziniert mich«: 25%; »es langweilt mich ganz schön«: 21%; »ich nenne dies ein echtes Vergnügen«: 21%; »ein weiterer verlorener Abend«: 20%.

Die genaue Analyse der Daten zeigte, daß sich die Befragten *nicht* so sehr polarisierten in solche, die angetan vom Fernsehen sind, und solche, die angeödet sind, sondern viele Leute oft *beides* sind. Diese Ambivalenz in der Einstellung zum (Unterhaltungs-)Fernsehen wird durch mehrere Untersuchungen bestätigt: Fernsehen wirkt oft anziehend *und* fade, befriedigt nicht so recht und läßt dennoch nicht los. Jerry Mander (1979, S. 259) zitiert einen Zuschauer:

> »Das ist eine unheimlich merkwürdige Sache. Wenn ich fernsehe, fühle ich mich gelangweilt und doch auch gleichzeitig davon gebannt (...) Ich bringe nicht einen Funken Interesse auf, und trotzdem sehe ich mir das Zeug zu Ende an.«

Eine Untersuchungsfrage aus einer amerikanischen Erhebung aus den 70er Jahren lautete: »Haben Sie beim Fernsehen jemals das Gefühl, daß Sie lieber etwas anderes machen würden, daß Sie sich aber nicht losreißen können?« »Gelegentlich«, antworteten 24% der Befragten, und »fast immer« 12% (nach Scitovsky 1977, S. 140). Der Forscher meint, ungefähr 40% der Fernsehzuschauer als »unfreiwillige Zuschauer« bezeichnen zu können, denen zwar fad wird, die aber auch »nichts Besseres« zu tun wissen. Die Menschen sehen sich Dinge im Fernsehen an, über die sie niemals in Büchern nachlesen würden und für die sie auch nicht außer Haus gehen und Geld ausgeben würden, um sie sich etwa im Kino anzugucken. Gerade die Vielseher, das zeigt eine neue Studie von Kubey und Csikszentmihalyi (1990; vgl. Ernst 1990, S. 28) fühlen sich unzufrieden und gelangweilt und verlernen immer mehr, dem durch etwas anderes als eben noch mehr Fernsehen begegnen zu wollen – eine Spirale aus Langeweile und immer gleichen Abhilfeversuchen.

Auch deutsche Untersuchungen fördern das »Freizeit-Paradoxon« zutage, daß für das Fernsehen am meisten Zeit aufgewendet wird, obwohl es im Vergleich zu anderen Freizeitbeschäftigungen am wenigsten Spaß macht (Opaschowski 1983, S. 60, 152). Auf die Frage, was am Feierabend am meisten Spaß mache, antworteten im Januar 1980 55% der Befragten, »Zeit für sich selber« zu haben, und nur 10%, »Zeit für das Fernsehen« zu haben. Und dennoch nimmt sich die Mehrzahl die meiste Zeit für das Fernsehen – und würde »eigentlich« oft lieber etwas anderes tun.

Bei einem Test des Instituts für Demoskopie in Allensbach wurden den Beteiligten sieben kleine Szenenbilder (z.B. eine Familie beim Gespräch am Küchentisch; ein Erwachsener, der mit einem Kind spielt; jemand, der in einem Buch liest; Personen, die vor dem Fernsehgerät sitzen) vorgelegt mit der Bitte, ihnen eine Serie unterschiedlicher Aussagen zuzuordnen. Der Fernseherszene wurden 1985 mit großem Abstand Aussagen zugeordnet wie »wieder ein Abend totgeschlagen« (von 39% der Befragten), »ich habe eigentlich ein schlechtes Gewissen, daß ich so meine Zeit verschwende« (von 24%). Nur 14% wählten den Satz: »Da fühle ich mich wirklich wohl« (Piel 1987, S. 80 f.).

Nach einer Jugenduntersuchung (an 4089 Schülern der 7., 8.

und 9. Schulstufe von 1985 – Lukesch 1986, insbes. S. 271) lagen die durchschnittlichen Nutzungszeiten für Fernsehen (zusätzlich Video) an Werktagen bei 130 (23) Minuten, an Samstagen bei 175 (34) Minuten und an Sonntagen bei 142 (26) Minuten. Trotz dieses hohen Zeitaufwandes für Fernsehen (und Video) bezeichnen nur 11,5 % der Schüler das Fernsehen als ihre liebste Freizeitbeschäftigung. Lukesch spricht von einer auffälligen Diskrepanz zwischen der tatsächlichen Konsumdauer und der Bewertung dieser Tätigkeit.

Anziehend *und* langweilig, anfüllend *und* aushöhlend, vielversprechend *und* unbefriedigend: Diese eigentümliche Doppelgesichtigkeit des Fernsehens schlägt sich auch in einem Verhalten der Zuschauer nieder, das nach Verbreitung der Fernbedienung gang und gäbe ist. Es ist das unentwegte Hin- und Herschalten zwischen den Kanälen (»switching« oder »flipping«, auf deutsch auch »knibbeln«). Ulrich Greiner (1985, S. 39) glossiert diese »wirkliche Fernsehfreiheit«:

»Nie werde ich den Verdacht los, das jeweils andere Programm sei viel interessanter, ja, es könnte mir, wenn ich nicht auf der Stelle umschaltete, eine Sensation entgehen. (...) Wir wären wirklich in einer verzweifelten Lage, gäbe es die Fernbedienung nicht. (...) Mag auch das Programm langweilig sein, das Risiko, aufstehen zu müssen, den Schalter zu drehen und nach einer Weile zu merken, daß das andere Programm noch langweiliger ist, dieses Risiko geht kein vernünftiger Mensch ein. Mit der Fernbedienung aber ist das ein Kinderspiel (...).

Vor der Fernbedienung hatten wir das Fernsehen, nun haben wir TV, zu deutsch Tihwih, Tihwih aber bedeutet, daß an die Stelle des optischen Einzelereignisses ein visueller Gesamtzusammenhang getreten ist.«

Neben dem Knibbeln gibt es eine weitere Merkwürdigkeit im Fernsehverhalten, die auf die eigentümliche Doppelqualität dieses Unterhaltungsmediums verweist. Es verspricht Munterkeit und bringt oftmals Schlaf. Solches schlägt sich auch in Witzen nieder, z.B. in der westfälischen Tageszeitung *Die Glocke* (vom 20.4.1988): »Herr Doktor, ich kann abends nicht einschlafen.« »Na, dann wird es aber höchste Zeit, daß Sie sich ein

David Kluge

Fernsehgerät zulegen.« Der Filmregisseur und Schauspieler
Vittorio de Sica nannte Fernsehen das einzige Schlafmittel, das
mit den Augen eingenommen wird. Der Wiener Sänger Fend-
rich singt in seinem Lied »Es is' scho all's vorbei« (*natur*, H. 11/
1986, S. 61) von einem allmählich älter werdenden Mann, der
– »auf, auf die Szene ruft« – die Abwesenheit seiner berufstäti-
gen Frau nutzen will, sich »auf etwas Jüngeres zu pressen«,
aber es fehlt »die Kraft für jede Leidenschaft«: »Tagaus, tagein /
schlaf i daham beim Fernsehn ein.«

Bei einer Befragung (1978) von 309 Bundesbürgern, die unter dem Gesichtspunkt der statistischen Repräsentativität ausgesucht wurden, bejahten 56% den Satz: »Ich bin schon einmal
vor dem Fernseher eingeschlafen« (Dehm 1984, S. 202). Eine
Repräsentativumfrage von 1986 erbrachte, daß 46% der westdeutschen Zuschauer beim Fernsehen einschliefen: mindestens
einmal 8%; bis zu fünfmal 12%; bis zu zehnmal 8%; öfter als

zehnmal 18% (*Prisma*. Wochenmagazin zur Zeitung, Nr. 45 vom 30.10.1986). Die Samstagabendshows haben zwar hohe Einschaltquoten, aber offenbar auch hohe persönliche Ausschaltquoten. Nach Umfragen von 1989 langweilt sich dabei die Hälfte der Zuschauer und jeder vierte schläft dabei ein (Bertram 1990, S. 12). Das läßt die Fernsehzeitschrift *Bild + Funk* (Nr. 15, 14.-20.4.1990, S. 10) den Hilferuf ausstoßen: »Wer rettet unseren Samstagabend?« Die Antwort steckt schon in der Frage: Rettung kommt nicht von uns selbst und unseren eigenen Aktivitäten, sondern von besseren Showmastern auf unserer Mattscheibe.

Einerseits macht Fernsehen oft müde. Andererseits fühlen sich viele zum Fernsehgerät hingezogen, wenn sie müde sind. Das zeigt etwa die Untersuchung von Ursula Dehm (1984, S. 191, 143). Als eine Tätigkeit, die man ausübt, wenn man nach einem anstrengenden Arbeitstag »müde« ist, nannten 53% das Fernsehen und, zum Vergleich, 5% »sich mit Freunden treffen«. Als Tätigkeit, die man ausübt, wenn einem »nach dem täglichen Einerlei« so richtig »langweilig« ist und man Abwechslung sucht, nannten demgegenüber nur 28% das Fernsehen und 40% das Treffen mit Freunden. Gefragt, wobei sie sich »gut unterhalten«, verwiesen 80% auf das Treffen mit Freunden und nur 45% auf das Fernsehen. 50% stellten fest, daß das Wort »eintönig« »etwas« (31%) oder »gut« (19%) zu »Unterhaltungssendungen im Fernsehen« passe.

Es hat den Anschein, als machte es vielen Leuten gar nichts aus, vom Fernsehen gelangweilt zu werden, weil es ihrem inneren Ausgepumptsein entspricht. Sie sind abends oft »so leer, daß man nur noch fernsehen kann«, wie es der Schriftsteller Peter Handke ausdrückt (*Zeitmagazin* Nr. 50 vom 6.12.1985, S. 30). Mancher *will* sich geradezu beim Fernsehen langweilen. »Da will ich mich abhängen«, sagte ein Student, »will mich berieseln lassen und richtig gähnen.« Die Fernsehschauspielerin Marion Kracht »kennt Freunde, die setzen sich schon mit dem Vorsatz, einzuschlafen, vor die Kiste« (*Prisma*, Nr. 45/1986). In Hans Magnus Enzensbergers Gedicht »Festlicht« (*Die Zeit* vom 1.4.1983, S. 22) heißt es: »Und wenn ich mich langweilen will, / ist das Fernsehen da, der bunte Wattebausch / auf den Augen.«

Es liegt *nicht* an einzelnen Sendungen, daß das Fernsehen in der Nähe von Langeweile angesiedelt ist. Dieses Unterhaltungsmedium selbst ist von Haus aus langeweileträchtig. Einige Sendungen mögen das für kurze Zeit vergessen lassen, und in anderen tritt es besonders deutlich zutage. Der erste und einfachste Grund für die Langeweileträchtigkeit besteht darin, daß die Zuschauer vieles in sich »abschalten« sollen, wenn sie das Gerät anschalten. Das Medium verlangt von ihnen, auf eigene Gespräche und ablenkende Tätigkeiten weitgehend zu verzichten und unentwegt in eine Zimmerecke zu gucken, wo auf einem kleinen erleuchteten Viereck sich kleine Menschen und Dinge bewegen und Geräusche von sich geben, die auf dem technischen Übertragungsweg an Natürlichkeit verloren haben.

Wir wollen kurz verfolgen, mit welchen Kunstgriffen die Fernsehmacher – allen voran natürlich die des kommerziellen TV – den nicht gewinnbaren Kampf gegen die genuine Langweiligkeit ihres Massenmediums führen. Die Grundfrage lautet: Wie lassen sich möglichst viele Leute, die meistenteils »unterhalten« sein wollen*, dazu bringen, möglichst lange und immer wieder auf eine kleine Scheibe mit Phosphorglühbildern zu starren (ohne einzunicken)? Der Ausgangspunkt ist: Die Menschen in der (Welt-)Gesellschaft sind in vielerlei Hinsicht verschieden – nach Weltsichten, Mentalitäten, Kenntnissen, Vorlieben, Geschmack, Ansprüchen usw. Also müssen die (oft weltweit disponierenden) Produzenten, um möglichst viele Leute am Bildschirm wach- und festzuhalten, kleinste gemeinsame Nenner mit größtmöglicher psychischer Besetzung ebenso *finden* wie *herstellen*. Dabei entsteht die ziemlich unspezifische und einheitliche Unterhaltungsware aus Spannung, Rührung und Komik, die sich tendenziell an folgenden vier, miteinander zusammenhängenden Prinzipien ausrichtet: dem des Aufbauschens, des Amüsements, des Kitsches und der Dynamisierung. So soll die Aufmerksamkeit eines massenhaften

---

* Von diversen Fernsehangeboten für kleinere Zielgruppen (nach Alter, Wohnort, Bildungsniveau, Religion usw.), die möglicherweise eher informiert, gebildet oder erbaut werden wollen, sei hier abgesehen – wobei natürlich auch hier das Problem der Langeweile auftaucht.

Publikums für die Flimmerkiste geködert und erhalten werden. Und überall in dieser Fernsehwelt, heißt es, können wir »dabei sein« – aber wie »dabei« können wir wirklich sein? Wir werden sehen.

a) Das Prinzip des Aufbauschens: Alles in der Fernsehwelt ist wichtig.

Die Wirklichkeit ist nicht eindeutig vorgegeben und muß von den Menschen im kommunikativen Mit- und Gegeneinander in weiten Teilen immer wieder »definiert« werden. Dazu gehört auch die Frage, ob Ereignisse »wichtig« sind oder nicht und unsere Aufmerksamkeit mehr oder minder stark beanspruchen können.

Das Fernsehen greift in die Prozesse der Wirklichkeitsbestimmungen vehement ein. Es macht diverse Geschehnisse auf der Welt allein dadurch vergleichsweise wichtig, daß es sie Millionen Menschen auf der Mattscheibe zeigt. Nun schließt diese scheinbare Wichtigkeit Langeweile keineswegs aus; man denke nur an die häufigen Übertragungen der An- und Abfahrten von schwarzen Politikerlimousinen vor Kanzlerämtern oder Präsidentenpalästen in Nachrichtensendungen. Deshalb dokumentiert das Fernsehen, das unterhalten will, meist nicht Ereignisse, die auch ohne Fernsehen so stattfinden würden, sondern solche, die für das Fernsehen präpariert oder inszeniert wurden. Diese eigens geschaffenen Ereignisse müssen erst einmal so »wichtig« daherkommen, daß es den Zuschauern wichtig genug erscheint, dazusitzen, zuzusehen, nicht umzuschalten und nicht einzuschlafen. Wie wichtig würde uns denn eine Quiz-Show vorkommen, in der ein Quizmaster im Wohnzimmer der Kandidaten sitzt und ihnen die belanglosen Quizfragen stellt? Statt dessen wird ein Brimborium von Aufbauten, Apparaten, Kostümen, Lichtern, Tönen und »Prominenz« aufgeboten. Das gilt für fast das gesamte Showbusiness: Im Tonfall größter Wichtigkeit wird – unabhängig vom jeweiligen Gegenstand – sehr Wichtiges von Menschen verkündet, die eben dadurch sehr wichtig für uns zu werden scheinen. In einem alltäglichen Sensationalismus bläst die Fernsehwelt sich unentwegt selber auf.

b) Das Prinzip des Amüsements: Alles in der Fernsehwelt ist
   nebensächlich und immer gibt es was zu lachen.

Im genannten Prinzip der Wichtigtuerei steckt ja schon die
Tendenz zu seiner Aufhebung: Wenn alles wichtig ist, ist nichts
mehr wichtig. So gesellt sich diesem Prinzip problemlos das
Prinzip des Amüsements zu: Nichts ist so wichtig, daß man es
allzu ernst nehmen sollte (denn das würde auf Anstrengung
hinauslaufen). Besonders das Kommerzfernsehen, das den
Werbeagenturen ein möglichst großes und gutgelauntes Publikum verkaufen will, neigt dazu, möglichst alle Themen als
spritzige Unterhaltung aufzubereiten (»Infotainment«). Nach
Neil Postman (1985, S. 12, 110) haben sich in den Vereinigten
Staaten Politik, Erziehungswesen, Religion, Wirtschaft, Nachrichten usw. »in kongeniale Anhängsel des Showbusiness verwandelt. Wir sind im Zuge dieser Entwicklung ein Volk geworden, das im Begriffe ist, sich zu Tode zu amüsieren.« Alles im
populären Fernsehen wird auf das Format von vergnüglicher
Zerstreuung zurechtgestutzt. Entertainment wurde »zur Super-
ideologie des gesamten Fernsehdiskurses«. Alles ist nebensächlich, aber unverzichtbar, weil Spaß sein muß. Aber wo Unterhaltung und Vergnügen (ohne Verstörung und Einsicht) zum
einzigen Anspruch des Fernsehens werden, droht um so stärker deren Kehrseite: die gähnende Langeweile.

c) Das Prinzip des Kitsches: Die Fernsehwelt ist schön, ge-
   fühlvoll und harmonisch.

Was die Gags fürs Zwerchfell, das soll der Kitsch fürs Herz
sein. Die Unterhaltungswelt des Fernsehens ist vielfach zu
Zuckerwasser verdünnt, in das die Tränen der Rührung fallen.
Kitsch ist, zusammen mit Amüsement, ein gängiges Fernseh-
verfahren zur Inszenierung, Beschreibung und Auslegung von
Welt.

   Kitsch ist ein totalitäres Verfahren: Er sucht nicht, schlägt
nicht vor, läßt keine Interpretationsspielräume, eröffnet keine
neuen Sichtweisen, wie es Kunst vermag, sondern vereinfacht
und harmonisiert die Welt zu einem Eintopf aus gemütlichem
Schrecken, erhabener Oberflächlichkeit und seufzerschönen
Herzensangelegenheiten. Kunst kann betroffen machen oder

»erschüttern«, indem sie die Fragwürdigkeit und Brüchigkeit menschlicher Existenz anspricht. Kitsch dagegen soll vergessen machen und jeder Frage entheben zugunsten von parfümierter Sentimentalität; denn alles Fremde und Unübersichtliche ist ausgesperrt.

Ein prächtiges Beispiel für kitschhafte Wahrnehmung liefert die Zeitschrift *Funk Uhr*, die den Produzenten der Fernsehserie »Die Schwarzwaldklinik« im Namen ihrer Leserschaft zum Lebensspender verklärt und beglückt anbetet (zit. nach *Spiegel* Nr. 48 vom 25.11.1985, drittletzte Seite):

> »Er erfüllt unsere Sehnsucht nach Sonne im Herzen. Er entführt uns bis ans Ende dieser Welt. Er schenkt uns Träume. Er beglückt uns mit Harmonie. Er macht unsere kalte Welt wärmer. Er rührt uns zu Tränen. Er sorgt dafür, daß wir stets was zu lachen haben. Er führt Familien vorm Bildschirm zusammen. Er macht Einsame weniger einsam. Und dabei macht er ›nur‹ Fernseh-Unterhaltung. Herr Bundespräsident, bitte geben Sie Wolfgang Rademann einen Orden! Am besten den größten, den Sie haben. Millionen Fernseh-Zuschauer werden dankbar dafür sein.«

Der Kitsch unterstreicht die monologische Aussageweise des Fernsehens. Der Showmaster monologisiert insofern, als der Zuschauer ihm nicht ins Wort fallen oder antworten kann, obwohl jener ihn oft direkt anzusprechen scheint. Der Kitsch hält insofern semiotische Monologe, als er »Fraglosigkeit« herstellen will. Er bringt die Widersprüchlichkeiten, Mehrdeutigkeiten und Fragwürdigkeiten der Dinge und Geschehnisse zum Verschwinden. Die Aussageform des Kitsches »löscht die Dimension des nicht-harmonisierbaren ›Anderen‹ aus« (Erdle 1987, S. 64). So hat der Zuschauer nichts (mehr) zu sagen. Nicht Auseinandersetzung und Erörterung werden verlangt, sondern passives Einstimmen und Mitgehen.

d) Das Prinzip der Vergröberung und Dynamisierung: Alles in der Fernsehwelt hat *drive* und *power*.

Damit der kleine bunte Bildschirm, der Gestalten und Dinge oft in der Größe von Nippesfiguren zeigt, die Blicke der Zuschauer auf sich zieht und nicht mehr losläßt, werden eine

Reihe von dramaturgischen und technischen Kunstgriffen verwendet. Dazu gehört etwa die Höhepunktdramaturgie, welche die Bildschirmwirklichkeit zusammenzieht zu einer Schlag-auf-Schlag-Abfolge von Spannungsmomenten, Nervenkitzeleien, Turbulenzen und *actions*, von Blutrünstigkeiten, Liebesinbrünsten, Hinterhältigkeiten und schenkelklopfendem Gelächter.

David Kluge

Mit der Beschränktheit des Mediums, das ja auf engem Raum immer nur »Sichtbares« zeigen muß, hängt seine Vorliebe für Extremsituationen und Grobschlächtiges zusammen. Gewalt, Wut, Eifersucht oder Klamauk sind optisch und akustisch fernsehgerechter als innige Freundschaft, innerer Frieden oder Nachdenklichkeit. Autojagden in der nächtlichen Großstadt wirken mitreißender als Spaziergänger im morgendlichen Stadtpark. Große Fressen lassen sich leichter ausstrahlen als kleine Anmerkungen. So ist die Fernsehwelt voll von emotional aufgeladenen Ausnahmesituationen, von »Grobgestricktem, Augenfälligem und Überdeutlichem« (Mander 1979, S. 237). Die beschleunigte und geballte Fernsehrealität ist vielfach um die Subtilitäten, Pausen, Bedächtigkeiten und stillen Seiten des Lebens ausgedünnt.

Auch Kunstgriffe vielerlei Art sollen die Aufmerksamkeit des Betrachters wachhalten. Ständige Einstellungswechsel (Blick von nah und fern aus allen Richtungen; Ab- und Überblendungen usw.) und Schnitte (durchschnittliche Dauer einer Einstellung: 4 Sek.; in Werbespots 2 Sek.) sollen die Bilderabfolgen beleben. Würde bei einem Altstadtbummel die Kamera in etwa so geführt, wie die Augen des Bummelnden umherwandern, wäre das für Zuschauer vor der Mattscheibe in kurzer Zeit unerträglich langweilig. Das Ganze müßte radikal verkürzt und durch viele filmtechnische und akustische Mätzchen dynamisiert werden – garniert möglichst noch mit dramatischen Szenen aus Gegenwart oder Vergangenheit.

In den modernen, auf weltweite Vermarktung angelegten Fernsehproduktionen scheinen sich die dramaturgischen und technischen Kunstgriffe immer mehr von spezifischen Inhalten abzulösen und tendenziell »leerzulaufen«. Farbenspektakel, gleisnerische Dekoration, irrlichterndes Auf und Ab, aufgedrehte Figuren, rasante Bewegungen, Krach und *crash*, flüchtige Stimmungen: Die »Mache« is the message. In gnadenlosem Tempo werden leere, schillernde Zeichen vorbeigeschwemmt – ein sinnfreies Bilderrauschen, das nichts aussagen, sondern elektrisieren und einen diffusen psycho-physiologischen Erregungszustand aufrechterhalten soll.

Auf dem televisionären Weg vom (beschränkten) Ausdrucksmittel zum bloßen audio-visuellen Reizmittel ist der Videoclip am weitesten fortgeschritten. Der Schriftsteller Yaak Karsunke macht den interessanten Versuch, den sinnleeren, farbflirrenden Bildersog eines Videoclips mit dem Ausdrucksmittel der Sprache vorzustellen (Karsunke 1988, S. 69):

> auf einem barhocker im schleierwald
> singt einer ins mikrofon SCHNITT
> eine blondine dreht sich im schlaf um
> ÜBERBLENDUNG zwei stöckelschuhbeine
> im gegenlicht auf einer treppe
> SCHNITT dieselben (dieselben?)
> beine in jeans SCHNITT jetzt nackt
> in einem wirbelnden rock
> unter den die kamera SCHNITT
> & SCHNELLE SCHNITTFOLGE hände
> auf tasten / auf saiten
> auf trompetenventilen / auf REISS-SCHWENK
> über ein brennendes ghetto
> im rauch INEINANDERKOPIERT

der auf dem barhocker singend
WEICHZEICHNER/WISCHBLENDE eine
schwarze – ganz in weiß – tanzt über
ein autobahnkreuz LANGE FAHRT
mit kamera & auto über land
in WEICHZEICHNER farbschlieren endend
SCHNITT hetzt steht die blondine
am fenster im hintergrund UNSCHARF
das brennende ghetto ein windstoß
hebt ihr das nacht- SCHNITT der sänger
(der aus dem schleierwald) – plötzlich
in schwarzer lederkluft – rast
OVERSHOULDER auf einer schweren maschine
durch die brennenden straßen
SCHNELLE SCHNITTFOLGE hände
auf tasten / auf saiten
auf trompetenventilen – das alles
diesmal in waberndem farb-
nebel AMERIKANISCH VERKEHRTRUM
die rennenden stöckelschuhbeine
GROSSAUFNAHME ein ohrring
& haar das IN ZEITLUPE schwingt
ÜBEREINANDERKOPIERT
das schwingende Haar & der schleierwald mit dem barhocker-sänger
SCHNITT die schwarze in weiß
betritt das apartment
der schlafzimmer-blondine GEGEN-
SCHNITT die erschrickt ZOOM
auf die schwarze – jetzt ganz in rot –
die soeben LANGSAMER SCHWENK
auf dem nachttisch das foto
des schleierwald-sängers entdeckt
GROSSAUFNAHME das foto
zwinkert der schwarzen zu / schüsse
im off & / der sänger
singt weiter ABBLENDE TITEL

Mit Blick auf die Bedeutungsentleerung, die seitens der Fernsehmacher mittels »Mache« und seitens der Zuschauer mittels »flipping« (Hin- und Herschalten zwischen den Kanälen) im Gange ist, sieht der Schriftsteller Hans Magnus Enzensberger (1988, S. 238) das Fernsehen sich allmählich seiner wahren, weltweiten Bestimmung als »Nullmedium« nähern. Leise spottend und leicht übertreibend meint er, daß die wohlgefällige, dauerhafte Betrachtung der bunten, flackernden, leuchtenden Flecken auf dem Bildschirm psychotherapeutisch wirke, der »individuellen Hygiene, der Selbstmeditation« diene. »Die extreme Zerstreuung schlägt in hypnotische Versenkung um. Insofern kommt der Wattebausch vor den Augen der Transzendentalen Meditation recht nahe. So ließe sich auch die quasi-religiöse Verehrung, die das Nullmedium genießt, zwanglos erklären: Es stellt die technische Annäherung an das Nirwana dar. Der Fernseher ist die buddhistische Maschine« (S. 244).

Der Fernsehzuschauer am »Tor der Erleuchtung«? Die Geistesabwesenheit unter der Bilderdusche hat wohl nur wenig mit buddhistischer Meditation zu tun. Diese enthält schöpferische Langeweile, nicht aber die überdrüssige Langeweile des Zuschauers, der auf ständiger Suche nach neuen audiovisuellen Reizen unaufhörlich zwischen den Kanälen hin- und herschaltet.

Existentielle Langeweile im Gefolge von Unterforderung und Weltentwertung durch das Fernsehen

Das Unterhaltungsfernsehen unterfordert in der Regel sein Publikum in zweierlei Hinsicht, nämlich in kognitiver und sozialer Hinsicht. Fernsehen ist eine »Technologie des freien Eintritts«, eine bloße Bilderschau, die im Unterschied zur linearen, sequentiellen Logik des gedruckten Wortes keine besonderen kognitiven Fähigkeiten verlangt und auch keine entwickelt (Postman 1983, S. 93, 100). Nun ist ja gerade der Mangel an geistiger Herausforderung ein vielgenannter Grund für die Anziehungskraft der Flimmerkiste nach einem anstrengenden Arbeitstag. Einige Aussagen von Arbeitern (nach Schlösser 1981, S. 138):

»Ich gucke mir Spielfilme und Unterhaltung an. Das ist geistiges Abschalten, wenn man so will, daß man sich der Unterhaltung hingibt.«

»Da bin ich echt für Entspannung. Das kann man an sich so vorbeiplätschern lassen, so daß man sich geistig nicht groß anstrengen braucht.«

Nach einem langen Tag voller Druck und Hektik in der Fabrikhalle oder am Schreibtisch, von so vielen Wahrnehmungs- und Erfahrungsmöglichkeiten abgeschnitten, wird Entspannung zum dringenden Bedürfnis. Die Arbeitstage, die weithin aus neurophysiologischer Anspannung und kognitiver Unterforderung bestehen, münden in Fernsehabende, welche die Unterforderung auf ihre Weise fortsetzen. Entspannung geht mit einer inneren Erneuerung einher. Wenn diese Erneuerung aber immer nur in innerer Beruhigung (bis hin zum Schlafen) durch die »visuelle Massage« des Fernsehens besteht und kaum in innerer Bereicherung durch Herausforderung von Fähigkeiten (was das Fernsehen nur in sehr beschränktem Umfang schaffen kann), dann verbreiten sich die schwer artikulierbaren Gefühle von mangelnder innerer Produktivität, von überfüllter Unausgefülltheit und aussichtslosem Verlangen, die auf existentielle Langeweile verweisen.

Oben (S. 38) wurde das subjektive Zeit-Paradox erwähnt, wonach eine geschehnisreiche Zeit hier und heute rasch vergeht und sich in der Erinnerung ausdehnt. Nun hat aber der Fernseher, diese »Zeitvernichtungsmaschine par excellence« (Barth 1989, S. 208) vielfach die Wirkung, daß sowohl die erlebte als auch die erinnerte Zeit kurz werden. Denn die Neuigkeits- und Gefühlswerte der unaufhörlichen Bilderstrudel und Geräuschkaskaden sind meist gerade so hoch, daß sie die Aufmerksamkeit im jetzigen Moment halbwegs binden, aber nicht hoch genug, um deutliche Spuren im Gedächtnis zu hinterlassen. Fast nichts bleibt übrig, aber die Stunden, Abende, Wochen sind spurlos verschwunden; diese Zeit ist weg – und die nächste Game- oder Talk-Show ist schon da.

Empfindungen existentieller Langeweile werden gefördert durch eine *soziale* Unterforderung, welche in einer eigentümlichen Weise die Fernsehsituation kennzeichnet. Der Zuschauer vor dem Gerät ist überall »dabei« und dennoch ausgeschlossen. Er hat vertraute Gäste in seinem Zimmer und hat doch niemanden da. Er wird angesprochen, kann aber nicht antworten.

Strahlende Menschen auf der Mattscheibe laden uns unentwegt zu allen möglichen Fernsehereignissen ein. Im folgenden eine Kostprobe aus ihrem Sprachschatz, unsystematisch in den letzten Jahren gesammelt, vor allem beim Ersten und Zweiten Deutschen Fernsehen, die schon ganz wie die kommerziellen Sender zu locken versuchen:

»Ich hoffe, Sie sind auch dabei.«

»So haben Sie die Möglichkeit, nachträglich mit dabei gewesen zu sein.«

»Ich freue mich auf unseren gemeinsamen Fernsehabend.«

»In 15 Minuten treffen wir uns wieder. Tschüß, bis gleich.«

»Ich weiß, nein ich hoffe, daß ich Sie wiedersehe nach der Tagesschau.«

»Ich freue mich, mit Ihnen zusammen sein zu können.«

»Wir tun uns zusammen und machen was.«

»Wir freuen uns, mit Ihnen die letzten Stunden des Jahres verbringen zu dürfen.«

»Ich freue mich, daß Sie bei uns sind beziehungsweise wir bei Ihnen zu Gast.«

»Bleiben Sie heute abend zu Hause, dann komme ich zu Ihnen.«

»Sie haben jeden Donnerstag einen Freund im Wohnzimmer.«

»Beim nächsten Mal laden Sie uns wieder zu sich nach Hause ein.«

Wo ist der, der »dabei« ist, und wer ist wo mit wem »zusammen«? Lassen wir diese durchaus vertrackten Fragen beiseite und betrachten wir den Ausgangspunkt der sozialen Unterforderung beim Fernsehen: Die Fernsehwelt und ihre illustren Menschen tun so, als sei der Zuschauer am Ort des Geschehens willkommen, anwesend, teilnahmeberechtigt und wichtig. Doch der Zuschauer weiß meistens, daß er, der Umworbene, persönlich völlig unerheblich ist. Er kann nicht agieren, nur reagieren auf Bilder, über deren Qualitäten und Abfolgen er

David Kluge

nur dadurch mitzubestimmen vermag, daß er auf andere Kanäle umschaltet oder das Gerät abschaltet. Überschwenglich zu unterhaltsamen Fernsehereignissen eingeladen oder auf prominente Gäste in seinem Wohnzimmer angesprochen, wird der Konsument doch tatsächlich zu nichts anderem aufgefordert, als stillzusitzen und auf den Bildschirm zu starren – und da sitzt er, ausgeschlossen aus dem televisionären Handlungszusammenhang und insofern sozial unterfordert.

Es sind eher sozial isolierte Menschen, die zu einem distanzarmen Fernsehverhalten neigen. Sie suchen in der Illusion einer intimen, unmittelbaren Beziehung zur Fernsehpersönlichkeit einen Ersatz für fehlenden Umgang mit anderen Menschen. Sie meinen, ihren Liebling (oder Lieblingsschurken) zu »kennen«, glauben sich ihm nahe und (in Anhänglichkeit oder Abneigung) verbunden. Sie fühlen sich von der »Du-Qualität« der Sendung umfangen, in denen die Showstars »Intimität mit Millionen« betreiben – und können doch nichts beitragen, sind und bleiben (gerade nach Sendeschluß) allein. In diesem Zusammenhang kann Fernsehen geradezu als Vereinsamungstechnologie wirken.

Anzeige unter der Rubrik Heiraten / Bekanntschaften in der *Frankfurter Rundschau* vom 5.8.1989:

> »UTE, eine hübsche Büroangestellte, sitzt abends oft einsam vor ihrem Fernseher u. denkt, wie schön es wäre, wenn ... ›Er‹ sollte, wie sie, einfach, treu, aufrichtig u. ein echter Kamerad sein, gerne auch Nichttänzer!«

Die vom Tagwerk erschöpften Fernsehzuschauer mögen zeitweise gerade die soziale Unterforderung vor dem buntbewegten Bildschirm als erholsam genießen. Das Fehlen von Handlungserfordernissen und Risiken, der Wegfall der Pflicht zur Selbstrepräsentation, die Möglichkeit, sich »rauszuhalten«, die Geschehnisse zu »durchschauen« und sich unverbindlich in die eine oder andere Rolle zu versetzen, können als entlastend und vergnüglich empfunden werden. Auf Dauer aber befriedigt das nicht. Die »Beziehungen« zu den Showstars sind allzu einseitig und nicht entwicklungsfähig. Die allabendliche stundenlange Vortäuschung und Vorführung von lebhaften Aktivitäten kompensieren über die Wochen und Jahre hin nicht die Passivität, die den Zuschauern dabei abverlangt wird. Wenn sie nicht in Morpheus' Arme sinken oder sich vom Kasten abwenden, können Gefühle einer existentiellen Langeweile aufkommen, die dann oft durch vermehrten Fernsehkonsum und die ungeduldige Suche nach immer weiter aufgedrehter Bildschirmturbulenz überwunden werden sollen. Aber das Unterfangen ist vergeblich. Denn wie können Gefühle von innerer unruhiger Leblosigkeit und sehnsüchtiger Ohnmacht mit dem Medium abgewehrt werden, das sie fördert?

Es kommt hinzu, daß das Fernsehen tendenziell die Welt entwertet und auf diese Weise existentielle Langeweile schürt. Denn die unter dem Gesichtspunkt von Unterhaltung inszenierte Wirklichkeit im Fernsehen ist auf den ersten Blick ja bunter, bewegter, lustiger und spannender als die Alltagswirklichkeit, die mit Abenteuern und prickelnder Atmosphäre geizt. Im Vergleich zu den einander überschlagenden Geschehnissen im Fernsehen scheint in der gewöhnlichen Wirklichkeit nicht viel los zu sein.

Natürlich ist diese Betrachtungsweise oberflächlich – aber

dauerhafter Fernsehkonsum fördert eben diese Betrachtungsweise. Die schmalspurige Sinneserfahrung und der »flüchtige Eindruck« beim Fernsehen verdünnen auf Dauer die Erlebnisfähigkeit gegenüber einer Welt, die nicht fernsehgerecht präpariert, aufgebauscht, vergröbert und dynamisiert wurde. Häufiges Fernsehen »bindet« Phantasien und Sehnsüchte und läßt die eigene Vorstellungskraft verkümmern. Es hemmt die Kreativität (vgl. z.B. Mac Beth Williams 1986) und damit das Vermögen und die Bereitschaft, die unscheinbaren Wunder zu bemerken oder den stilleren Tiefendimensionen von Mensch und Welt nachzugehen. Wer die Wirklichkeit und sein eigenes Leben mit dem »Fernsehblick« betrachtet, wird oft alles grau und öde vorfinden und das ruhelose Nichts der existentiellen Langeweile spüren.

Zeit für schöpferische Langeweile

Aus eigenem Willen in der Freizeit immer »aktiv« sein: Das ist ein allgemein akzeptiertes Leitbild in den westlichen Konsumentengesellschaften. Des Drucks der berufsalltäglichen Fremdbestimmung zeitweise ledig, kann der freizeitaktive Mensch sich dynamisch und gesund fühlen und mit Anerkennung rechnen. Dieses Leitbild wird kaum verdunkelt durch die Tatsache des üblichen stundenlangen Fernsehens; denn dabei »erlebt« man ja hochaktive Menschen in unaufhörlichen Aktionen.

Mit dem Aktivsein verbinden sich vor allem Vorstellungen von Geschäftigsein, Energie, Zweckverfolgung, Bewältigung, Erledigung und Zeitersparnis. Es soll etwas herauskommen. Man strebt nach Könnerschaften (in Hobby oder Sport) und Kennerschaften (von Konsumgütern oder Urlaubsgegenden). In all den Rührigkeiten und Unternehmungen steckt freilich oft eine Menge innerer Passivität. Ein Beispiel dafür ist das Autofahren, das heute unabdingbar zur Freizeit gehört. Es scheint all das zu bieten, was mit Aktivsein zusammenhängt: Schnelligkeit, wechselnde Szenerie, Freiheit, Spannung, Herausforderung des Könnens, Nervenkitzel. Aber es fordert und fördert keinerlei innere Produktivität. Das Auto wird vielfach benützt als schnelle Maschine zur Beschaffung äußerer Reize, auf die man bloß zu reagieren hat, die bei aller rasanten Dynamik innerlich unterfordern und die ziellose Unerfülltheit der existentiellen Langeweile aufkommen lassen. Mit dem Auto läßt sich die Zeit eher verbrauchen als verbringen.

Die flüchtigen Power-Gefühle, die das Autofahren mit sich bringen kann, werden häufig weiter aufgeblasen durch das Dröhnen der Lautsprecher im Wageninneren. Gerade die elektronisch ausgeweiteten Baß- und Schlagzeugstöße der populären Musik in die Zwerchfellgegend können die mangelnde innere Lebendigkeit zeitweise auf neurophysiologischem Wege kompensieren.

Vergleichen wir damit das Vermögen von künstlerisch anspruchsvoller Musik, den – nicht durch andere Tätigkeiten abgelenkten – Hörer zu »beruhigen« und seelisch zu beflügeln. Thomas Mann schildert im *Zauberberg* Momente einer schöpferischen Langeweile, die Hans Castorp während seines langjährigen eintönigen Sanatoriumsaufenthaltes beim Schallplattenhören von (damals zeitgenössischer) Klassik empfindet. Es handelt sich, von Mann nicht ausdrücklich genannt, um Claude Debussys (1862 - 1918) *Nachmittag eines Fauns* (*Zauberberg*, 7. Kap., »Fülle des Wohllauts«).

»Der Traum, den Hans Castorp dabei träumte, war dieser: Rücklings lag er auf einer mit bunten Sternblumen besäten, von Sonne beglänzten Wiese, einen kleinen Erdhügel unter dem Kopf, das eine Bein etwas hochgezogen, das andere darüber gelegt, – wobei es jedoch Bocksbeine waren, die er kreuzte. Seine Hände fingerten, nur zu seinem eigenen Vergnügen, da die Einsamkeit über der Wiese vollkommen war, an einem kleinen Holzgebläse, das er im Munde hielt, einer Klarinette oder Schalmei, der er friedlich-nasale Töne entlockte: einen nach dem anderen, wie sie eben kommen wollten, aber doch in geglücktem Reigen, und so stieg das sorglose Genäsel zum tiefblauen Himmel auf, unter dem das feine, leicht vom Winde bewegte Blätterwerk einzeln stehender Birken und Eschen in der Sonne flimmerte. Doch war sein beschauliches und unverantwortlich-halbmelodisches Dudeln nicht lange die einzige Stimme der Einsamkeit. Das Summen der Insekten in der sommerheißen Luft über dem Grase, der Sonnenschein selbst, der leichte Wind, das Schwanken der Wipfel, das Glitzern des Blätterwerks, – der ganze sanft bewegte Sommerfriede umher wurde gemischter Klang, der seinem einfältigen Schalmeien eine immer wechselnde und immer überraschend gewählte harmonische Deutung gab. Die symphonische Begleitung trat manchmal zurück und verstummte; aber Hans mit den Bocksbeinen blies fort und lockte mit der naiven Eintönigkeit seines Spiels den ausgesucht kolorierten Klangzauber der Natur wieder hervor, – welcher endlich nach einem abermaligen Aussetzen, in süßer Selbstübersteigerung, durch Hinzutritt immer neuer und höherer Instrumentalstimmen, die rasch nacheinander einfielen, alle verfügbare, bis dahin gesparte Fülle gewann, für einen flüchtigen Augenblick, dessen wonnevoll-voll-kommenes Genügen aber die Ewigkeit in sich trug. Der junge Faun war sehr glücklich auf seiner Sommerwiese. Hier gab es kein ›Rechtfertige dich!‹, keine Verantwortung, kein priesterliches Kriegsgericht über einen, der der Ehre vergaß und abhanden kam. Hier herrschte das Vergessen selbst, der selige Stillstand, die Unschuld der Zeitlosigkeit: Es war die Liederlichkeit mit bestem Gewissen, die wunschbildhafte Apotheose all und jeder Verneinung des abendländischen Aktivitätskommandos, und die davon ausgehende Beschwichtigung machte dem nächtlichen Musikanten die Platte vor vielen wert.«

Das Träumen zählt nach gängiger Auffassung nicht zum Aktivsein – es sei denn, man tut es vor glitzernden Schaufensterauslagen. Auch das Lieben gehört nicht dazu oder so etwas wie Beschaulichkeit oder Besinnlichkeit; schon gar nicht die schöpferische Langeweile, die es erst einmal auszuhalten gilt, bevor sie möglicherweise Früchte trägt.

»Eine gewisse Kraft zum Aushalten von Langeweile ist wesentlich für ein glückliches Leben«, schreibt der Philosoph Bertrand Russel (1872 - 1970). Er verweist auf Kant, der kaum jemals mehr als 10 Meilen weg von Königsberg gewesen ist, und auf den Naturforscher Charles Darwin (1809 - 1882), der nach einer Weltreise den Rest seines Lebens in einem Landhaus verbrachte, und meint: »Eine Generation, die Langeweile nicht mehr aushalten kann, wird eine Generation kleiner Menschen sein, Menschen, die über die Maßen getrennt sind von den langsamen Prozessen der Natur« (Russell 1960, S. 65).

Charles Darwin ist vermutlich ein schlecht gewähltes Beispiel. Denn er scheint nach der Kenntnis von Winterstein (1930, S. 551 f.) ein Mann gewesen zu sein, der vor jeder freien Zeit in die Arbeit flüchtete. Er hatte einen extremen »Zeitgeiz« und verabscheute alles, was nach Müßiggang und Vergnügungen aussah. Er konnte es in seinen späteren Jahren nicht über sich bringen, auch nur eine Zeile Poesie zu lesen, und fand Shakespeare so unerträglich langweilig, daß ihm davon übel wurde. Es sei dahingestellt, ob er nun einen sogenannten Analcharakter besaß, wie Winterstein meinte, oder in seinen Wahr-

David Kluge

nehmungs- und Erkenntnisfähigkeiten völlig vereinseitigt war. Auf jeden Fall bedarf es, um Langeweile aushalten zu können und sie als schöpferische fruchtbar werden zu lassen, einer kognitiven Offenheit und Empfänglichkeit und einer gewissen Allgemeinbildung, die allseitig ausgerichtet ist und den ganzen Menschen betrifft. Diese Allgemeinbildung könnte ein Nährboden von ungebundenen Phantasien, Beobachtungen und scheinbar beiläufigen Tätigkeiten sein, die in der langen Weile angelegt sind, einen inneren Anstoß und Zuwachs versprechen und möglicherweise auf ein vertieftes Engagement für Mitwelt und Umwelt hinauslaufen.

Sich Zeit zu lassen für die ruhige Vergegenwärtigung von Gesehenem, von Einfällen oder von Gefühlen – auch einem der inneren Leere –, wirkt unzeitgemäß, wenn »Tempo« nicht nur zu einem Kennwort für Arbeit, sondern auch für Freude und Vergnügen wird. Zeit und Geduld für eine dröge, nichtstuerische Langeweile aufzubringen* wirkt heute meist verrückter als das »aktive« Totschlagen von Zeit, das vielleicht auch »das Selbst mordet« (Timm o. J., S. 109).

Wie schöpferische Langeweile in ein tiefes Erleben einmünden kann, deutet das Tagebuchgedicht »Am Meer« eines 17jährigen Mädchens um 1920 an (nach Bühler 1923, S. 94):

> Die Tage flossen gleich und still
> Wie eine Kette ohne Unterbrechung.
> Ich ging umher. –
> Ich ging zum Wald und suchte rings umher,
> Mein Blick glitt durch die leichtbewegten Wipfel.
> Ich ging zum Strand und suchte in der Ferne,
> Mein Blick glitt übers Meeres glatte Fläche.
> So ging ich um – und kein Erleben kam.
> Und doch es kam.
> Es kam gleich einem Strom,
> Es kam mit Wellenschlag
> Und riß mich fort.
> Ich ging umher, der Strom umbrauste mich,
> Er weckte alles Leben, das da schlief,
> Und er entfesselte lebendige Kraft.
> Ich ging umher und dankte, dankte.

In der derzeitigen Konsum- und Entertainmentgesellschaft müssen die Spielräume einer kreativen Langeweile unter erschwerten Bedingungen gesucht werden. Denn überall tönen die Erlebnisversprechungen der audiovisuellen Massenmedien und die Lockrufe der Konsumgüter, trügerisch zwar, aber laut. Wer es öfter mal über sich bringt, *nicht* die Flimmerkiste einzuschalten, keine Hobbytätigkeiten aufzunehmen, nicht ins Auto

---

* Der Regisseur Peter Zadek, der zur Vorbereitung eines Stücks mit allen Schauspielern in Klausur außerhalb des Theaters ging, bemerkte zu dieser Arbeitsweise u. a.: Es ist »ein Vorgang, der mit der Phantasie über ein Stück zu tun hat, ich versuche, eine gemeinsame Phantasie herzustellen, nicht eine identische, sondern eine gemeinsame (...). Wenn Leute drei Monate zusammenhocken (...), gibt es Zeiten, wo sie sich furchtbar langweilen, und das sind natürlich ganz wichtige Zeiten. Wenn der Punkt der Langeweile überwunden wird, das halte ich für einen wichtigsten Momente im Theater überhaupt, auch in der Beziehung von der Bühne zum Zuschauer. Langeweile gehört zum Leben« (zit. nach Lange 1989, S. 50).

zu steigen, keinen Shopping-Bummel zu machen, sondern nur langsam eine fade Zeit zu verschwenden, kann in seinem Inneren erleben, wie verschwenderisch die Zeit ist.

Zur Ermunterung und zum Ausklang die offensichtlich aus einer schöpferischen Langeweile geborene »Ode an die Faulheit« des chilenischen Dichters Pablo Neruda (1904 - 1973):

> Gestern fühlte ich, die Ode
> will nicht aus dem Boden sprießen.
> Es war höchste Zeit, sie hätte
> zumindest
> ein grünes Blatt zeigen müssen.
> Ich wühlte die Erde auf: »Steig empor,
> Schwester Ode«,
> sprach ich zu ihr,
> »ich habe dich versprochen,
> hab keine Furcht,
> ich werde dich nicht quälen,
> vierblättrige Ode,
> vierhändige Ode,
> Tee wirst du trinken mit mir.
> Steig auf,
> ich werde dich krönen unter den Oden allen,
> wir werden zusammen ans Ufer
> des Meeres auf dem Zweirad fahren.«
> Fruchtlos war's.
> Da zeigte sich die Faulheit
> hoch oben in den Pinien,
> nackt,
> schläfrig mit geblendeten Augen
> entführte sie mich,
> zeigte mir am Gestade
> kleine zerbrochene Stückchen
> ozeanischer Stoffe,
> Hölzer, Algen, Steine,
> Federn von Meeresvögeln.
> Ich suchte und fand doch keine
> gelben Achate.
> Das Meer,

Türme niederreißend,
meiner Heimat Küsten
verheerend,
unaufhörlich Schaumkatastrophen
vor sich hertreibend,
erfüllte den Weltraum.
Einsam am Ufer,
ein Lichtstrahl öffnete
eine Blumenkrone.
Ich sah die silbernen Sturmschwalben kreuzen
und wie schwarze Kreuze
an die Felsen geschmiedet
die Kormorane.
Befreite eine Biene,
die im Spinnennetz mit dem Tode rang,
steckte ein Steinchen
in die Tasche,
sanft fühlte es sich an, ganz sanft
wie eine Vogelbrust,
indes an der Küste miteinander
Sonne und Nebel kämpften
den ganzen Nachmittag lang.
Zuweilen
sog sich der Nebel voll mit Licht
wie ein Topas,
dann wieder fiel
ein feuchter Sonnenstrahl
nieder, gelbe Tropfen sprühend.
Am Abend,
an meine Pflicht,
die flüchtige, die Ode denkend,
zog ich am Feuer
meine Schuhe aus,
wischte den Sand von ihnen,
und sogleich sank ich
in Schlaf.

Literatur

Richard Alewyn, *Das große Welttheater. Die Epoche der höfischen Feste*, München 1985.

Hermann Andriessen, *Psychologie des Erwachsenenalters*, Köln 1972.

Arbeitsgruppe *Jugend '83, Jugend – vom Umtausch ausgeschlossen. Eine Generation stellt sich vor*, Reinbek 1984.

Dieter Baacke, *Jugend und Jugendkulturen*, Weinheim - München 1987.

Klaus Bär, *Insulanerficker*. In: *Der Alltag*, Zürich, H. 2, 1986.

Ariane Barth, *Im Reißwolf der Geschwindigkeit. Über die rasende Zeit der gehetzten Gesellschaft*. In: *Der Spiegel*, Nr. 20, 43. Jg., 1989, vom 15.5.1989.

Charles Baudelaire, *Die Blumen des Bösen*. Deutsch von Friedhelm Kemp, München 1986.

Samuel Beckett, *Murphy*. Roman, Reinbek 1959.

Ders., *Warten auf Godot*. In: *Dramatische Dichtungen*, Bd. I, Frankfurt am Main 1963.

Imbke Behnken, *Jugend in Selbstbildern*, Leverkusen 1985 (Bd. 4 von: *Jugendliche und Erwachsene '85*, hg. vom Jugendwerk der Deutschen Shell).

Alfred Bellebaum, *Langeweile, Überdruß und Lebenssinn*, Opladen 1990.

Walter Benjamin, *Illuminationen*, Frankfurt am Main 1961.

Edmund Bergler, *Laughter and the Sense of Humor*, New York 1956.

Haskell E. Bernstein, *Boredom and the ready-made life*. In: *Social Research*, 42. Jg., 1975, H. 3.

D.E. Berlyne, *Konflikt, Erregung, Neugier*, Stuttgart 1974.

Hans-Uwe Bertram, *Jeder vierte schläft dabei ein*. In: *Bild + Funk*, Nr. 15 (14.-20.4.1990).

Peter Bichsel, *Arbeitserziehung*. In: *Freibeuter*, Berlin, H. 5, 1980.

Rudolf Bilz, *Langeweile – Versuch einer systematischen Darstellung*. In: ders., *Paläoanthropologie*, Bd. 1, Frankfurt am Main 1971.

Helmut Blepp, *Abhaken*. In: *Am Erker, Zeitschrift für Literatur* etc., Münster, 5. Jg., 1981, H. 10.

Ernst Bloch, *Das Prinzip Hoffnung*, Frankfurt am Main 1959.

Ders., *Spuren*. In: *Gesamtausgabe*, Bd. I, Frankfurt am Main 1977.

Joachim Bodamer, *Die Langeweile als Zeiterscheinung*. In: ders., *Wir auf der Szene unseres Daseins*, Freiburg - München 1960.

Bonaventura, *Nachtwachen*, Stuttgart 1964.

Orville G. Brim, *Krisentheorien des mittleren Alters*. In: Leopold Rosenmayr (Hg.), *Die menschlichen Lebensalter*, München 1978.

Hermann Broch, *Die Erzählung der Magd Zerline*. In: *Die Schuldlosen*. Roman in elf Erzählungen, Zürich 1950.

Almuth Bruder-Bezzel, Klaus-Jürgen Bruder, *Jugend. Psychologie einer Kultur*, München- Wien-Baltimore 1984.

Georg Büchner, *Sämtliche Werke*, Wiesbaden o.J.

Charlotte Bühler, *Das Seelenleben des Jugendlichen*, Jena ²1923.

René Char, *Poésies – Dichtungen*, Frankfurt/M. 1959.

François René de Chateaubriand, *Atala. René*, Stuttgart 1962.

Timothy K. de Chenne, *Boredom as a clinical issue*. In: *Psychotherapy*, Vol. 25, 1988, Nr. 1.

Emile Michel Cioran, *Lehre vom Zerfall*, Stuttgart 1978.

Stanley Cohen, Laurie Taylor, *Ausbruchsversuche. Identität und Widerstand in der modernen Lebenswelt*, Frankfurt/M. 1977.

Mihaly Csikszentmihalyi, *Das flow-Erlebnis. Jenseits von Angst und Langeweile: im Tun aufgehen*, Stuttgart 1985.

Mihaly Csikszentmihalyi, *Flow – the optimal experience*, New York 1990.

Felix von Cube, *Nicht auf das Schlaraffenland programmiert*. In: *Frankfurter Rundschau* vom 26.9.1987.

Marquise du Deffand, *Lettres à Horace Walpole*. Ed. Paget Toynbee, 3 Bände, London 1912.

Ursula Dehm, *Fernsehunterhaltung. Zeitvertreib, Flucht oder Zwang*, Mainz 1984.

Robert Desnos, *Die Abenteuer des Freibeuters Sanglot*, München 1973.

Charles Dickens, *Klein Dorrit*. Deutsch von M. Färber, Leipzig o.J.

Hartmut Dießenbacher, *Witwen*, Frankfurt/M. 1985.

Rainer Döbert, *Sinnstiftung ohne Sinnsysteme*. In: Wolfram Fischer, Wolfgang Marhold (Hg.), *Religionssoziologie als Wissenssoziologie*, Stuttgart 1978.

Martin Doehlemann, *Junge Schriftsteller – Wegbereiter einer antiautoritären Gesellschaft?*, Opladen 1970.

Ders., *Germanisten in Schule und Hochschule. Geltungsanspruch und soziale Wirklichkeit*, München 1975.

Ders., *Von Kindern lernen. Zur Position des Kindes in der Welt der Erwachsenen*, München 1979.

Ders., *Die Phantasie der Kinder und was Erwachsene daraus lernen können*, Frankfurt/M. 1985.

Ders., *Von den zentralen Lebensaufgaben Jugendlicher und was sie selbst darüber denken*. In: *deutsche jugend. Zeitschrift für die Jugendarbeit*, 31. Jg., 1983, H. 11.

Ders., *Verwaisung im Erwachsenenalter*. In: *Zeitschrift für Sozialisationsforschung und Erziehungssoziologie*, 7. Jg., 1987, H. 3.

Feodor M. Dostojewski, *Die Brüder Karamasoff*, München 1955.

Ders., *Aus dem Dunkel der Großstadt*, Frankfurt am Main 1986.

Jeannie Ebner, *Drei Flötentöne*. Auszug in der Zeitschrift *Brigitte* vom 17.11.1981.

Norbert Elias, *Die höfische Gesellschaft*, Darmstadt - Neuwied ⁴1979.

Hans Magnus Enzensberger, *Die vollkommene Leere*. In: *Der Spiegel*, 42. Jg., Nr. 20 vom 16.5.1988.

Birgit R. Erdle, *Kitsch und Vergessen*. In: *konkursbuch* 18, Tübingen 1987.

Heiko Ernst, *Der Langeweile entkommen*. In: *Psychologie heute*, 17. Jg., 1990, H.5.

Otto Fenichel, *Zur Psychologie der Langeweile*. In: *Imago*, Bd. 20; Wien 1934.

Iring Fetscher, *Die Zukunft der Arbeit*. In: Elmar Altvater u.a.: *Arbeit 2000. Über die Zukunft der Arbeitsgesellschaft*, Hamburg 1985.

Gustave Flaubert, *Madame Bovary*. Aus dem Französischen übersetzt von Hedda Eulenberg, Leipzig o.J.

Ders., *November,* Frankfurt am Main 1981.

Barbara Fried, *The middle-age-crisis*, New York - Evanston - London 1967.

Max Frisch, *Stiller*. Roman, Frankfurt am Main 1963.

Erich Fromm, *Anatomie der menschlichen Destruktivität*, Stuttgart 1974.

Christopher Fry, *Die Dame ist nicht für's Feuer*, Frankfurt /M. 1950.

Arnold Gehlen, *Das gestörte Zeit-Bewußtsein*. In: *Merkur*, 17. Jg., 1963.

Johann Wolfgang von Goethe, *Leiden des jungen Werther. Goethes Werke*, 7. Bd., Stuttgart 1867.

Witold Gombrowicz, *Ferdydurke*. Roman, München 1983.

Iwan Gontscharow, *Eine alltägliche Geschichte. Oblomow*, Zürich 1960.

Cèsar Graña, *Bohemian versus Bourgeois*, New York - London 1964.

Ulrich Greiner, *Der Zuschauer – Herr aller Programme*. In: *Die Zeit*, Nr. 37 vom 6.9.1985.

Romano Guardini, *Vom Sinn der Schwermut*, Zürich 1948.

Dieter Haase, *Interview*. In: *Forum für Führungsnachwuchs*, 2. Jg., 1986, H. 6.

Friedrich Hebbel, *Tagebücher*, 3 Bände, Leipzig o.J. (1926).

Martin Heidegger, *Einführung in die Metaphysik,* Tübingen 1953.

Woodburn Heron, *The Pathology of Boredom*. In: *Scientific American* 196 (Jan. 1957).

Hermann Hesse, *Die Kunst des Müßiggangs. Kurze Prosa aus dem Nachlaß*, Frankfurt am Main 1973.

Friedensreich Hundertwasser, *Über den Maler Walter Kampmann.* In: *Zeitmagazin*, Nr. 41 vom 2.10.1987.

W. Illge, *Zur Psychologie der Langeweile.* In: *Die neue deutsche Schule*, Frankfurt/M., 3. Jg., 1929.

D. Gerhard Jacobi, *Langeweile, Muße und Humor und ihre pastoraltheologische Bedeutung*, Berlin 1952.

Jens Peter Jacobsen, *Niels Lyhne*. Roman, Stuttgart 1984.

Immanuel Kant, *Anthropologie in pragmatischer Hinsicht*, Stuttgart 1983.

Yaak Karsunke, *number one.* In: *Die Zeit*, Nr. 15 vom 8.4.1988.

Sam Keen, *Sich Zeit nehmen für die Langeweile.* In: *Lebens-Wandel. Die Veränderung des Alltags*, hg. von der *Psychologie heute* – Redaktion, Weinheim - Basel 1981.

Otto F. Kernberg, *Borderline – Störungen und pathologischer Narzißmus*, Frankfurt am Main 1978.

Sören Kierkegaard, *Über den Begriff der Ironie*, München - Berlin 1929.

Ders., *Entweder / Oder.* Erster Teil, Bd. 1, Gütersloh 1979.

Michael Kleeberg, *Der saubere Tod.* Roman, München 1987.

Norbert Klinkmann, *Gewalt und Langeweile.* In: *Kriminologisches Journal*, 14. Jg., 1982.

Leo Kofler, *Zur Theorie der modernen Literatur,* Neuwied - Berlin 1962.

Thomas Kraus, *Statt langersehnter Freizeit oft nur gähnende Langeweile.* In: *Münstersche Zeitung* vom 20.6.1986.

Robert Kubey, Mihaly Csikszentmihalyi, *Television and the quality of life: How viewing shapes everyday experience*, Erlbaum Assocs. 1990.

Reinhard Kuhn, *The Demon of Noontide. Ennui in Western Literature*, Princeton, New Jersey 1976.

Alphonse de Lamartine, *Raphael. Blätter aus dem zwanzigsten Jahr*, Stuttgart o.J. (1850).

Mechthild Lange, *Peter Zadek*, Frankfurt/M. 1989.

Ciacomo Leopardi, *Gedichte und Prosa*, Frankfurt/M. 1979.

Wolf Lepenies, *Melancholie und Gesellschaft,* Frankfurt am Main 1969.

Michail J. Lermontow, *Ein Held unserer Zeit*, Recklinghausen 1947.

E. Levinger, *Von der menschlichen Langeweile.* In: *Schweizerische Medizinische Wochenschrift*, 81. Jg., 1951, Nr. 5.

Katharina Ley, *Von der Normal- zur Wahlbiographie?* In: M. Kohli, G. Robert (Hg.), *Biographie und soziale Wirklichkeit*, Stuttgart 1984.

Frank Lucht, *Everybody is kung fu fighting.* In: *Der Alltag*, Zürich, Nr. 2, 1986.

Thomas Luckmann, *Persönliche Identität, soziale Rolle und Rollendistanz*. In: O. Marquard, K. H. Stierle (Hg.), *Identität*, München 1979.

Niklas Luhmann, *Die Knappheit der Zeit und die Vordringlichkeit des Befristeten*. In: ders., *Politische Planung*, Opladen 1971.

Helmut Lukesch, *Video- und Fernsehkonsum und das Freizeitverhalten von Kindern und Jugendlichen*. In: *Zeitschrift für Sozialisationsforschung und Erziehungssoziologie*, 6. Jg., 1986, H. 2.

Tannis Mac Beth Williams, *The Impact of Television. A Natural Experiment in Three Communities*, London 1986.

Jerry Mander, *Schafft das Fernsehen ab. Eine Streitschrift gegen das Leben aus zweiter Hand*, Reinbek 1979.

Thomas Mann, *Der Zauberberg*. Roman, Frankfurt/M. 1967.

Katherine Mansfield, *Sämtliche Erzählungen in zwei Bänden*, Frankfurt/M. 1983.

Ernst Martin u.a., *Monotonie in der Industrie*, Bern u.a. 1980.

Gert Mattenklott, *Tödliche Langeweile*. In: *Merkur*, 41. Jg., 1987, H. 2.

Friederike Mayröcker, *Die Hochzeit der Hüte*. In: Jochen Jung (Hg.), *Lob der Faulheit*, Salzburg - Wien 1986.

Robert Michels, *Zur Soziologie der Boheme und ihre Zusammenhänge mit dem geistigen Proletariat*. In: *Jahrbücher der Nationalökonomie und Statistik*, Bd. 136, 1932.

Montesquieu, *Journaux de Voyage*. In: *Œuvres complètes*, Vol. I, Paris 1949.

Alberto Moravia, *La Noia*. Roman, Reinbek 1966.

Wilhelm Münch, *Über die Langeweile*. In: *Westermanns Illustrierte deutsche Monatshefte*, 85 (Nov. 1898).

Robert Musil, *Die Verwirrungen des Zöglings Törleß*, Reinbek 1978.

Wolfgang Nahrstedt, *Freizeit und Familie – Zur pädagogischen Phänomenologie der Langeweile*. In: *Recht der Jugend und des Bildungswesens*, 22. Jg., 1974.

Pablo Neruda, *Dichtungen*, Darmstadt - Neuwied 1967.

Friedrich Nietzsche, *Unzeitgemäße Betrachtungen*, Leipzig 1893.

Ders., *Menschliches, Allzumenschliches*, 2 Bände, Leipzig 1895.

Ders., *Die Fröhliche Wissenschaft*, 3 Bände, München 1955.

Rolf Oerter, *Zur Entwicklung der Handlungsstruktur im Jugendalter*. In: Erhard Olbrich, Eberhard Todt (Hg.), *Probleme des Jugendalters*, Berlin - Heidelberg - New York 1984.

Horst W. Opaschowski, *Arbeit. Freizeit. Lebenssinn?*, Leverkusen 1983.

C. Northcote Parkinson, *Asien läuft Europa den Rang ab ... Das Gesetz der Langeweile – Vorschläge für einen neuen Lebensstil*. In: *Epoche*, München, Bd. 12, 1988, H. 107.

Blaise Pascal, *Gedanken*. Eine Auswahl (E. Wasmuth), Stuttgart 1956.

Pier Paolo Pasolini, *Freibeuterschriften. Die Zerstörung der Kultur des Einzelnen durch die Konsumgesellschaft*, Berlin 1978.

Nikolaus Petrilowitsch, *Zur Psychologie und Psychopathologie der Blasiertheit*. In: *Jahrbuch für Psychologie, Psychotherapie und medizinische Anthropologie*, München, 7. Jg., 1960.

Christian Pfannenschmidt, *Denn sie wissen nicht was tun*. In: *Zeitmagazin*, Nr. 35 vom 21.8.1987.

Edgar Piel, *Im Geflecht der kleinen Netze. Vom deutschen Rückzug ins Private*, Zürich 1987.

K. Josef Pieper, *Die Situation älterer Menschen in der BRD*. In: *Kölner Zeitschrift für Soziologie und Sozialpsychologie*, 28. Jg., 1976.

Herbert Plügge, *Pascals Begriff des Ennui und seine Bedeutung für eine medizinische Anthropologie*. In: ders., *Wohlbefinden und Mißbefinden*, Tübingen 1962.

Neil Postman, *Das Verschwinden der Kindheit*, Frankfurt/M. 1983.

Ders., *Wir amüsieren uns zu Tode*, Frankfurt/M. 1985.

Dieter Prokop, *Faszination und Langeweile. Die populären Medien*, Stuttgart 1979.

Alexander Puschkin, *Onegin*. Roman in Versen, Gießen 1980.

François Rabelais, *Gargantua und Pantagruel*, verdeutscht durch Gottlob Regis, 2 Bände, München 1964.

Walter Rehm, *Experimentum Medietatis*, München 1947.

Wilhelm J. Revers, *Die Psychologie der Langeweile*, Meisenheim 1949.

Ders., *Zeit und Zeiten des Menschen*. In: Ansgar Paus (Hg.), *Grenzerfahrung Tod*, Graz - Wien - Köln 1976.

Horst Rumpf, *Die Luft zwischen den Gedanken*. In: *Die Zeit*, Nr. 41, 1986.

Bertrand Russell, *The Conquest of Happiness*, London 1960.

Ferdinand von Saar, *Gedichte*, Heidelberg 1888.

J.D. Salinger, *Der Fänger im Roggen*, Reinbek 1966.

George Sand, *Lélia*, Frankfurt am Main 1984.

Jean-Paul Sartre, *Der Ekel*, Reinbek 1982.

Jochen Schimmang, *Meine Reglosigkeit ...* In: *Die Zeit* vom 31.1.1986.

Manfred Schlösser, *Freizeit und Familienleben von Industriearbeitern*, Frankfurt/M. - New York 1981.

Wolfgang Schmidbauer, *Weniger ist manchmal mehr. Zur Psychologie des Konsumverzichtes*, Reinbek 1984.

Schock und Schöpfung. Jugendästhetik im 20. Jahrhundert, Darmstadt - Neuwied 1986.

Helmut Schödel, *Von der Rebellion zur Retusche*. In: *Die Zeit*, Nr. 15 vom 4.4.1986.

Arthur Schopenhauer, *Die Welt als Wille und Vorstellung*, 2 Bände, Stuttgart - Frankfurt/M. 1960.

Joachim Schultz, Gerhard Köpf, *Das Insel-Buch der Faulheit*, Frankfurt am Main 1983.

Brigitte Schwaiger, *Wie kommt das Salz ins Meer*, Wien - Hamburg 1977.

Tibor Scitovsky, *Psychologie des Wohlstands*, Frankfurt/M. - New York 1977.

Inge Seiffke-Krenke, *Formen der Problembewältigung bei besonders belasteten Jugendlichen.* In: E. Olbrich, E. Todt (Hg.), *Probleme des Jugendalters*, Berlin - Heidelberg - New York 1984.

Andreas Seltzer, *Die Freuden des Sitzens.* In: *Der Alltag*, Zürich, Nr. 2, 1986.

Etienne P. de Senancour, *Obermann.* Roman in Briefen, Frankfurt am Main 1982.

Lucius Annaeus Seneca, *An Lucilius: Briefe*, Darmstadt 1974.

Roger Shattuck, *The Banquet Years*, New York 1968.

Gail Sheehy, *In der Mitte des Lebens*, München 1976.

Peter Sloterdijk, *Kritik der zynischen Vernunft*, 2 Bände, Frankfurt am Main 1983.

René A. Spitz, *Vom Dialog*, Frankfurt/M. - Berlin - Wien 1982.

Eduard Spranger, *Psychologie des Jugendalters*, Heidelberg 1966.

Gerhard Staguhn, *Tänzer im Innern des Eisbergs.* In: *Frankfurter Rundschau* vom 2.8.1986.

Ders., *Und ewig gähnt die dunkle Nacht.* In: *Frankfurter Allgemeine Magazin*, Nr. 481 vom 19.5.1989.

Stendhal, *Rot und Schwarz. Chronik aus dem Jahre 1830*, Gütersloh o.J.

Urs M. Strub, *Lyrische Texte*, Köln-Berlin 1953.

Jonathan Swift, *Ausgewählte Werke*, Frankfurt am Main 1972.

Jürgen Theobaldy, *Sonntags Kino.* Roman, Berlin 1978.

Wolfgang Thiele, *Die Langeweile, das Nichts und die Neurose.* In: *Materia Medica Nordmark*, 18. Jg., 1966, H. 1.

Ludwig Tieck, *William Lovell*, Berlin-Leipzig 1795.

Claude Tillier, *Mein Onkel Benjamin*, Leipzig 1962.

Albrecht Timm, *Verlust der Muße. Zur Geschichte der Freizeitgesellschaft*, Hamburg o.J. (um 1968).

Jean-Philippe Toussaint, *Das Badezimmer.* Roman, München - Wien 1987.

Jurij Trifonow, *Das umgestürzte Haus*, Frankfurt/M. 1989.

Paul Valéry, *Die Seele und der Tanz.* In: P. V.: *Werke*, Bd. 2, Frankfurt am Main 1990.

Thorstein Veblen, *Theorie der feinen Leute*, Frankfurt/M. 1986.

Ludwig Völker, *Langeweile. Untersuchungen zur Vorgeschichte eines literarischen Motivs*, München 1975.

Birgit Volmerg u.a., *Erlebnisperspektiven und Humanisierungsbarrieren im Betrieb*, Forschungsbericht, Universität Bremen 1983.

Voltaire, *Candide oder Die Beste der Welten*, Stuttgart 1971.

Karl Heinrich Waggerl, *Die Kunst des Müßiggangs*, München 1987.

Martin Wangh, *Boredom in psychoanalytic perspective*. In: *Social research*, 42. Jg., 1975, H. 3.

Andy Warhol, *The Philosophy of Andy Warhol*, New York - London 1975.

Dieter Wellershoff, *Doppelt belichtetes Seestück und andere Texte*, Köln 1974.

Ders., *Die Arbeit des Lebens. Autobiographische Texte*, Köln 1985.

Werkkreis Literatur der Arbeitswelt, ... *als wärst du kein Mensch. Menschenwürde im Betrieb*, Frankfurt/M. 1981.

Alfred Winterstein, *Angst vor dem Neuen, Neugier und Langeweile*. In: *Die Psychoanalytische Bewegung*, Wien, 2. Jg., 1930.

Wolf Wondratschek, *Früher begann der Tag mit einer Schußwunde*, München 1969.

Thomas Ziehe, *Pubertät und Narzißmus*, Köln 1975.

Jürgen Zinnecker (Hg.), *Schule gehen Tag für Tag. Schülertexte*, München 1982.

Emile Zola, *Die Freude am Leben*, Gütersloh o.J.

Bildnachweis

Inhaltsverzeichnis

Zeit für schöpferische Langeweile

Kulturgeschichte
in der edition suhrkamp

308/1/6.90

Psychoanalyse, Psychologie, Sozialpsychologie
in der edition suhrkamp

313/1/6.90

Psychoanalyse, Psychologie,
Sozialpsychologie
in der edition suhrkamp